大学赤本シリーズ

485

関西大学
英　語

3

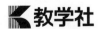教学社

は　し　が　き

　おかげさまで，大学入試の「赤本」は，今年で創刊 70 周年を迎えました。

　これまで，入試問題や資料をご提供いただいた大学関係者各位，掲載許可をいただいた著作権者の皆様，各科目の解答や対策の執筆にあたられた先生方，そして，赤本を使用してくださったすべての読者の皆様に，厚く御礼を申し上げます。

　以下に，創刊初期の「赤本」のはしがきを引用します。これからも引き続き，受験生の目標の達成や，夢の実現を応援してまいります。

　本書を活用して，入試本番では持てる力を存分に発揮されることを心より願っています。

編者しるす

＊　　　＊　　　＊

　学問の塔にあこがれのまなざしをもって，それぞれの志望する大学の門をたたかんとしている受験生諸君！　人間として生まれてきた私たちは，自己の欲するままに，美しく，強く，そして何よりも人間らしく生きることをねがっている。しかし，一朝一夕にして，この純粋なのぞみが達せられることはない。私たちの行く手には，絶えずさまざまな試練がまちかまえている。この試練を克服していくところに，私たちのねがう真に人間的な世界がはじめて開かれてくるのである。

　人生最初の最大の試練として，諸君の眼前に大学入試がある。この大学入試は，精神的にも身体的にも，大きな苦痛を感ぜしめるであろう。あるスポーツに熟達するには，たゆみなき，はげしい練習を積み重ねることが必要であるように，私たちは，計画的・持続的な努力を払うことによって，この試練を克服し，次の一歩を踏みだすことができる。厳しい試練を経たのちに，はじめて満足すべき成果を獲得できるのである。

　本書は最近の入学試験の問題に，それぞれ解答を付し，さらに問題をふかく分析することによって，その大学独特の傾向や対策をさぐろうとした。本書を一般の参考書とあわせて使用し，まとはずれのない，効果的な受験勉強をされるよう期待したい。

（昭和 35 年版「赤本」はしがきより）

目　次

掲載内容についてのお断り

- 本書には，一般入試のうちの 3 日程分の「英語」を掲載しています。
- 公募制推薦入試，AO 入試，SF 入試は掲載していません。
- 関西大学の赤本には，ほかに下記があります。

『関西大学（文系）』

『関西大学（理系）』

『関西大学（国語〈3 日程×3 カ年〉）』

『関西大学（日本史・世界史・文系数学〈3 日程×3 カ年〉）』

『関西大の英語』（難関校過去問シリーズ）

下記の問題に使用されている著作物は，2024 年 4 月 17 日に著作権法第 67 条の 2 第 1 項の規定に基づく申請を行い，同条同項の規定の適用を受けて掲載しているものです。

2024 年度：2 月 3 日実施分「英語」大問〔Ⅰ〕

　　　　　2 月 4 日実施分「英語」大問〔Ⅰ〕

　　　　　2 月 7 日実施分「英語」大問〔Ⅰ〕

2023 年度：2 月 3 日実施分「英語」大問〔Ⅰ〕

　　　　　2 月 4 日実施分「英語」大問〔Ⅰ〕

　　　　　2 月 7 日実施分「英語」大問〔Ⅰ〕—A

2022 年度：2 月 3 日実施分「英語」大問〔Ⅰ〕

　　　　　2 月 4 日実施分「英語」大問〔Ⅰ〕

　　　　　2 月 7 日実施分「英語」大問〔Ⅰ〕

　科目ごとに問題の「傾向」を分析し，具体的にどのような「対策」をすればよいか紹介しています。まずは出題内容をまとめた分析表を見て，試験の概要を把握しましょう。

=== 注　意 ===

　「傾向と対策」で示している，出題科目・出題範囲・試験時間等については，2024 年度までに実施された入試の内容に基づいています。2025 年度入試の選抜方法については，各大学が発表する学生募集要項を必ずご確認ください。

試験日が異なっても出題傾向に大きな差はないから
過去問をたくさん解いて傾向を知ることが合格への近道

　関西大学は，複数の日程から自由に受験日を選ぶことができる全学日程での実施となっています（ただし，総合情報学部は全学日程に加えて学部独自日程を実施）。

　大学から公式にアナウンスされているように，**全学日程は試験日が異なっても出題傾向に大きな差はありません**ので，受験する日程以外の過去問も対策に使うことができます。

　多くの過去問にあたり，苦手科目を克服し，得意科目を大きく伸ばすことが，関西大学の合格への近道といえます。

── 関西大学の赤本ラインナップ ── Check!

総合版　まずはこれで全体を把握！（本書との重複なし）

✓ 『関西大学（文系）』
✓ 『関西大学（理系）』

科目別版　苦手科目を集中的に対策！

✓ 『関西大学（英語〈3日程×3カ年〉）』
✓ 『関西大学（国語〈3日程×3カ年〉）』
✓ 『関西大学（日本史・世界史・文系数学〈3日程×3カ年〉）』

難関校過去問シリーズ
最重要科目「英語」を出題形式別にとことん対策！

✓ 『関西大の英語〔第10版〕』

英　語

年　度	番　号	項　　目	内　　容
2024 ●	2月3日	〔1〕A　会　話　文 　　　B　読　　　解	空所補充 段落整序
		〔2〕　　読　　　解	空所補充，内容説明
		〔3〕　　読　　　解	同意表現，内容説明，主題
	2月4日	〔1〕A　会　話　文 　　　B　読　　　解	空所補充 段落整序
		〔2〕　　読　　　解	空所補充，内容説明，主題
		〔3〕　　読　　　解	同意表現，内容説明，主題
	2月7日	〔1〕A　会　話　文 　　　B　読　　　解	空所補充 段落整序
		〔2〕　　読　　　解	空所補充，内容説明，主題
		〔3〕　　読　　　解	同意表現，内容説明，主題
2023 ●	2月3日	〔1〕A　会　話　文 　　　B　読　　　解	空所補充 段落整序
		〔2〕　　読　　　解	空所補充，内容説明，主題
		〔3〕　　読　　　解	内容説明，具体例，主題
	2月4日	〔1〕A　会　話　文 　　　B　読　　　解	空所補充 段落整序
		〔2〕　　読　　　解	空所補充，内容説明，主題
		〔3〕　　読　　　解	内容説明，具体例，主題
	2月7日	〔1〕A　会　話　文 　　　B　読　　　解	空所補充 段落整序
		〔2〕　　読　　　解	空所補充，内容説明
		〔3〕　　読　　　解	内容説明，主題
2022 ●	2月3日	〔1〕A　会　話　文 　　　B　読　　　解	空所補充 段落整序
		〔2〕　　読　　　解	空所補充，内容説明，主題
		〔3〕　　読　　　解	同意表現，内容説明，主題
	2月4日	〔1〕A　会　話　文 　　　B　読　　　解	空所補充 段落整序
		〔2〕　　読　　　解	空所補充，内容説明，主題
		〔3〕　　読　　　解	同意表現，内容説明，主題

2月7日	〔1〕A	会 話 文 解	空所補充
	B	読 解	段落整序
	〔2〕	読 解	空所補充, 内容説明
	〔3〕	読 解	内容説明, 同意表現, 具体例, 主題

(注)　●印は全問, ◗印は一部マークセンス方式採用であることを表す。

読解英文の主題

年 度	番 号	主 題
2024	2月3日 〔1〕B	ディケンズのクリスマスストーリー
	〔2〕	市バスの無料化は成功するだろうか？
	〔3〕	共感することの重要性
	2月4日 〔1〕B	この作家の正体は？
	〔2〕	伝説に名高いシェフの今も続く影響力
	〔3〕	ギリシアのオーバーツーリズムへの対処
	2月7日 〔1〕B	オーストラリアに生息するラクダ
	〔2〕	アイヌ料理が和食に及ぼしてきた影響
	〔3〕	ディープフェイク技術の倫理と必然性
2023	2月3日 〔1〕B	エッセーという言葉の別の意味
	〔2〕	ハチドリの世話をする女性
	〔3〕	ミソフォン（音嫌悪症）とは？
	2月4日 〔1〕B	「六次の隔たり」理論とは？
	〔2〕	女性登山家 田部井淳子の生涯
	〔3〕	犬は本当に微笑んでいるのか？
	2月7日 〔1〕B	ピザの箱に関する発明
	〔2〕	動物科学者ジェーン＝グドール
	〔3〕	プラスチックを「食べる」マイクロロボット
2022	2月3日 〔1〕B	単語にはいくつもの意味がある
	〔2〕	アフリカのネコ科の動物をインドに導入する
	〔3〕	教授たちは伝統的な講義に戻っていくべきではない
	2月4日 〔1〕B	自家製パンの作り方
	〔2〕	アフガニスタンに伝わる果物の保存方法
	〔3〕	手話への理解
	2月7日 〔1〕B	社会的証明の効果
	〔2〕	ルービックキューブの考案者
	〔3〕	英国式の控えめ表現を理解する

読解力重視の標準的良問

01 出題形式は？

　例年，各日程とも大問3題，全問マークセンス方式による出題である。〔1〕は会話文＋短めの英文読解，〔2〕〔3〕が長文読解となっている。試験時間は90分。

02 出題内容はどうか？

　出題範囲は「コミュニケーション英語Ⅰ・Ⅱ・Ⅲ，英語表現Ⅰ・Ⅱ」となっている。

　〔1〕Aは会話の流れに合う発言を補うもので，状況はわかりやすい。会話特有の表現が取り立てて目立つわけではないが，スムーズに解答するには慣用表現をある程度知っておくことが必要であろう。

　〔1〕Bでは段落整序が出題されている。接続表現や代名詞・指示語（this, that, so など）の指示内容をヒントにたどるのが基本的な取り組み方になる。そうしたヒントが少ない場合でも，各段落の話題が明快で，展開はつかみやすい文章である。ただし，解答の仕方が独特であることに注意すること。並べ換えた順ではなく，それぞれの段落のあとに続くものを答える形式なので，メモをするなどして解答記入に手間取らないようにしたい。

　〔2〕の長文読解は，主に空所補充と内容説明である。空所補充は文中に当てはまる語句を4つの選択肢から選ぶもので，語句の意味等の知識を問うものと文法事項に関わるものとがあり，近年は前者の割合が高い。いずれにしても文脈をたどることが第一であり，語句の知識についても，単に覚えた意味で対応するだけでなく，接続詞と前置詞，副詞の用法の違いを理解した上で解答することが求められる場合がある。内容説明は，本文の内容に合う英文を完成するのにふさわしいものを3つの選択肢から選ぶ問題が中心である。主題が問われることも多い。

　〔3〕の長文読解は，下線部の意味を問うものや内容説明が主で，いず

れも3択である。下線部の意味は語句レベルのものだけでなく，文レベルのものやそこから読み取れることなども含まれている。内容説明は〔2〕と同様，本文の内容に合う英文を完成するのにふさわしいものを選ぶ問題が中心である。また，下線部の具体例に当たるものや主題を問うものも出題されている。

03 難易度は？

　英文は，表現・内容ともに標準的なものであり，一部選択肢に紛らわしいものが含まれることはあるものの，基本的な語句・文法の知識と，文脈を読み取る力を問う良問である。読解量が多いので，時間配分には注意を要する。

対　策

01 語句・文法の知識を確実に身につける

　語句や文法の知識が直接問われるのは〔2〕Aの空所補充だが，正しい読解をするためには，これらを十分に身につけておく必要がある。英文に難解な表現や語句はないので，標準的な単語集や熟語集をしっかり消化しておくとよい。過去問やその他の問題集で問題に取り組んだときに，知らなかった語句・表現はそのつど整理して覚えよう。その際，意味だけではなく語法にも注意を払うこと。文法に関わるものは，たとえば『大学入試すぐわかる英文法』（教学社）のような文法参考書を手元に置いて，それが正解である理由，ほかの選択肢では不可の理由をしっかり確認して納得しておこう。

02 読解力を高める

　長文読解の文章は標準的なものだが，分量が多めであり，時間内に読み切る力が必要となる。読み返しをできるだけ少なくして，一読で解答した

い。初めはゆっくりでよいので，１文ずつ目を戻さずに読む練習をしよう。その際，『大学入試 ぐんぐん読める英語長文〔BASIC〕』（教学社）など，英文構造や内容についての解説が丁寧な問題集を使うとよいだろう。英語の構造どおり「何が・どうした・何を・どこで・どのように・いつ」といった順序のまま内容をつかむことが目標である。また，次にどのような内容がくるか予測が立つようになれば，文脈を読む力がついてきている証拠である。たとえば，「一般には…と考えられている」と述べられていれば，「実際にはそれは間違っている」という話になることが多い。つまり，要点は「一般の考え」ではなく，あとに述べられる「意外な事実」のほうで，そちらに重点をおいて読めばよいということである。このようにメリハリのある読解ができるようにしておこう。

　１段落内の構成にも注意を払いたい。論説系の英文なら，最初に（第１文とは限らないが）その段落の話題や要点を述べるのが定石である。そのあとに要点の言い換えや根拠，具体例が続く。段落を読み進めるたびに，段落間の関係を意識して，全体の流れと筆者の主張を読み取るように心がけたい。

　関西大学の長文読解問題は，個々の箇所についての問い（語句の補充，下線部の意味）と，段落や文章全体の内容把握の２つに分かれている。個々の箇所についての問いはそのつど解答していくとよい。一方，大問〔２〕〔３〕のＢのように内容把握が必要な問題は，基本的には本文の順番通りに並んでいるため，１段落読んだら設問を見て，その段落で答えられるものはそのときに解答する。あるいは，本文を読む前に設問にある完成前の英文を読み，その上で該当箇所を探しながら本文を読んでいくという方法もある。全体に関わる主題などの問題は，その問いがあることを念頭において，読み終わった段階ですぐ解答できるように備えておこう。

03 　過去問演習を重ねる

　関西大学では各日程で別問題となるが，出題形式・傾向，難易度などに大きな差はない。『関西大の英語』（教学社）を活用して十分に準備しておくことをすすめる。

関西大「英語」におすすめの参考書

✓『大学入試 すぐわかる英文法』（教学社）
✓『大学入試 ぐんぐん読める英語長文〔BASIC〕』
　（教学社）
✓『関西大の英語』（教学社）

2024 年度

問題と解答

2月3日実施分　　　問　題

（90分）

〔Ⅰ〕A. 次の会話文の空所(1)～(5)に入れるのに最も適当なものをそれぞれA～Dから一つずつ選び，その記号をマークしなさい。

Cathy, an Australian exchange student in Japan, meets her friend Ayako on campus.

Cathy:　Good morning, Ayako. How's it going?

Ayako:　Hi Cathy. Okay, I guess. _____ I was up late preparing a presentation for one of my English classes.
(1)

Cathy:　That's too bad. What's the presentation about?

Ayako:　We have to talk about a foreign country. I'm going to do Thailand.

Cathy:　That's a good choice. _____
(2)

Ayako:　That's right. I visited my father there last year. He has to work in Bangkok for a few years.

Cathy:　That would be interesting. _____
(3)

Ayako:　It does. But he says he doesn't mind. Summer has always been his favorite season. By the way, Cathy, could I ask a favor?

Cathy:　Sure! What is it?

Ayako:　I was wondering if you'd mind watching me practice my presentation. _____
(4)

Cathy:　No problem at all. I know it's always useful to get some feedback.

Ayako:　That's great! When can you do it?

Cathy:　Why not now? _____
(5)

2
0
2
4
年
度

2
月
3
日

問
題
編

(1)　A．The same as always, really.

　　　B．I'm pretty worn out, though.

　　　C．As refreshed as ever, in fact.

　　　D．I'm on top of the world, you know.

(2)　A．I want to talk about Thailand too.

　　　B．I lived in Thailand in my youth.

　　　C．You've been there, haven't you?

　　　D．Should you visit Thailand someday?

(3)　A．Bangkok gets exciting at night.

　　　B．It must get really hot, though.

　　　C．It allows him to have a good job.

　　　D．Besides, Bangkok has many old temples.

(4)　A．I doubt my English has improved much.

　　　B．I'm getting tired of doing it.

　　　C．I feel lonely doing it by myself.

　　　D．I'd like to know what you think of it.

(5)　A．There's no time like the present!

　　　B．I won't be ready till this afternoon.

　　　C．You promised to help me right away.

　　　D．I love giving presentations!

B．下の英文A〜Fは，一つのまとまった文章を，6つの部分に分け，順番をば
　らばらに入れ替えたものです。ただし，文章の最初にはAがきます。Aに続け
　てB〜Fを正しく並べ替えなさい。その上で，次の(1)〜(6)に当てはまるものの
　記号をマークしなさい。ただし，当てはまるものがないもの(それが文章の最
　後であるもの)については，Zをマークしなさい。

(1)　Aの次にくるもの

(2)　Bの次にくるもの

(3)　Cの次にくるもの

(4)　Dの次にくるもの

(5)　Eの次にくるもの

(6)　Fの次にくるもの

A．One of the classic Christmas stories was written by the 19th-century
British author Charles Dickens. His *A Christmas Carol*, first
published in 1843, remains a family favorite around the world.

B．So what is the story? Maybe surprisingly, it is a ghost story. A
moneylender named Ebenezer Scrooge who has lost touch with his
humanity is visited by ghosts who take him to Christmases in the
past, present, and future to give him a second chance to celebrate
Christmas.

C．A final point is that not all of Dickens' Christmas stories were ghost
stories, or even fictional. For example, "Christmas Festivities,"
Dickens' very first Christmas writing, was an essay. For those
interested, all of these and more can be found in collections in
libraries or bookstores.

D.　Nor was *A Christmas Carol* Dickens' last Christmas story. Later came *The Haunted Man and the Ghost's Bargain*. And Dickens eventually wrote together with other writers to continue the Christmas tradition.

E.　Evidence of its enduring popularity is that it may be the most-adapted story of all time. From an episode of the animated sitcom *The Flintstones*, set in the Stone Age, to one of *The Jetsons*, set in the next century, new adaptations are added seemingly every year.

F.　*A Christmas Carol* was not Dickens' first Christmas story. Before this, he wrote *The Story of the Goblins Who Stole a Sexton*. Readers interested in Scrooge may like to find out what happened to a gravedigger named Gabriel Grub first.

〔Ⅱ〕A.　次の英文の空所（　1　）～（　15　）に入れるのに最も適当なものをそれぞれA～Dから一つずつ選び，その記号をマークしなさい。

Dionisia Ramos would get on the no. 37 bus twice a day, rooting through her handbag to find the fare and drop it into the slot, so it came as a shock several months ago when the bus driver reached out his hand to stop her. "You don't have to pay," he said. "It's free for the next two years." Ms. Ramos had never heard of anything like this: Someone was paying her bus fare?

Since a pilot program began in September, use of the buses has grown by 24 percent, and the only criticism Ms. Ramos has of the Massachusetts city's experiment with fare-free transport is that it is not permanent. "Transportation should be free," she said. "It's a basic need. It's not （　1　）."

That argument is bubbling up in lots of places these days, as city officials seek big ideas to combat inequality and (　2　) carbon emissions. Some among them portray transportation as a pure public good, more like policing and less like toll roads.

The City Council in Worcester, Massachusetts' second-largest city, expressed strong support last week for waiving fares for its buses, a move that would cost (　3　) $2 million and $3 million a year in lost fares. Larger experiments are in progress in other parts of the country. The cities of Kansas City and Olympia both declared that their buses would become fare-free this year.

The argument (　4　) fare-free transport is a simple one: Who is going to pay for it? But in communities where ridership—the number of riders— has been falling, the cost of waiving fares may be less than expected.

Daniel Rivera, Mayor of Lawrence, asked his regional transport authority how much was collected on three of the city's most-used bus lines. The answer was such a small amount—$225,000—that he could offset it from the city's surplus cash (　5　).

"What I like is the feasibility of it, the simplicity of it," Mr. Rivera said. "We are already subsidizing (　6　) mode of transportation, so the 'final mile' is very short. It isn't a service people need to pay for; it's a public good."

Around 100 cities in the world offer free public transport, the vast majority of them in Europe, especially France and Poland. A handful of experiments in the United States in recent decades were viewed as unsuccessful (　7　) there was little evidence that they removed cars from the road; new riders tended to be poor people who did not own cars.

But in another sense, they were successful: They increased ridership (　8　), with rises between 20 and 60 percent in the first few months. "Think about who is using our buses: It's folks who live in communities where there are deep, deep concentrations of poverty," said Kim Janey, the president of Boston's City Council, who has proposed waiving fares on a key route through some of the city's low-income neighborhoods.

The idea also appeals to many in places like Worcester, which is struggling to persuade residents to use its buses. Ridership has dropped by 23 percent （　9　） 2016, and the buses now run half-empty, according to a report released in May by the Worcester Research Bureau.

At a City Council meeting last week, a parade of citizens lined up to express support for a proposal to make Worcester's buses free for three years, as a pilot program. Revenue from bus fares is so low, and the cost of collecting them so high, that it could be replaced by an （　10　） of $2 million to $3 million a year.

"When I heard the news, I sat up and said, 'That's a good idea!'" said Howard Fain, a public-school teacher, who said he often saw people struggling to find coins on the no. 7 bus. "Even people who can afford to pay for dinner love a free buffet," he said. "We can draw people to public transport because people like free things."

However, in Boston the idea has run into resistance from officials who say the cost would be （　11　）. Brian Kane, who oversees expenditures on Boston's public-transport system, said bus fares in Boston brought in $109 million in 2019 and $117 million in 2018.

"There's no such thing as free," Mr. Kane said. "Someone has to pay. Boston has the highest-paid bus drivers in the country. They're not going to work for free. The fuelers, the mechanics—they're not going to work for free." Advocates of free transport have suggested that the cost could be offset by a gas tax increase; but replacing $109 million would mean raising the gas tax by three-and-a-half cents, Mr. Kane said. And all the while, he said, the system is straining to cope with the current demands.

Supporters of the idea argue that Mr. Kane's numbers are （　12　） and that the true replacement cost would be closer to $36 million. That gap, they say, could be covered by a two-cent rise in the gas tax. "That's

2
0
2
4
年
度

2
月
3
日

問
題
編

where something controversial or impossible a few years ago now seems possible," said Stacy Thompson, the executive director of the Livable Streets Alliance, a transportation research group.　The Boston Globe editorial board, which endorsed the idea of making Boston's buses fare-free this month, suggested the cost could be covered by charity.

Scott MacLaughlin, a ticket agent for the Merrimack Valley Transport Authority, which serves Lawrence, is （　13　） worrying about what happens when Mayor Rivera's two-year experiment in free transport ends, in 2021.

"You're going to take it away after two years?" he said. "When you give （　14　） something for free and then you take something away, that's always going to be an issue."

And that, Mayor Rivera said with a smile, was exactly the point. "To me, it's not a pilot," he said. "I want people to get （　15　） to it."

(1)　A.　an economy　　　　　B.　an obligation
　　　C.　a luxury　　　　　　D.　a specialty

(2)　A.　recycle　　　　　　B.　reduce
　　　C.　refuse　　　　　　D.　reuse

(3)　A.　over　　　　　　　B.　around
　　　C.　under　　　　　　D.　between

(4)　A.　against　　　　　　B.　beyond
　　　C.　for　　　　　　　D.　with

(5)　A.　windfalls　　　　　B.　payments
　　　C.　withdrawals　　　　D.　reserves

出典追記：© The New York Times

(6) A．a   B．this
     C．our   D．some

(7) A．because   B．before
     C．although   D．whereas

(8) A．right away   B．right of way
     C．on time   D．overtime

(9) A．by   B．to
     C．since   D．until

(10) A．injection   B．increase
     C．inquiry   D．income

(11) A．free   B．low
     C．excessive   D．impressive

(12) A．inclusive   B．inflated
     C．increasing   D．infinite

(13) A．hardly   B．already
     C．finally   D．still

(14) A．someone   B．somehow
     C．somewhere   D．some

(15) A．flown   B．over
     C．used   D．up

B．本文の内容に照らして最も適当なものをそれぞれA～Cから一つずつ選び，
その記号をマークしなさい。

⑴　In the second paragraph, Dionisia Ramos says that her only complaint
about the program is that it is

　　A．temporary.

　　B．free.

　　C．basic.

⑵　In the sixth paragraph, starting with "Daniel Rivera," Daniel Rivera
implies that the costs of the fare-free program are

　　A．greater than expected.

　　B．based on the bus line.

　　C．quite manageable.

⑶　In the ninth paragraph, starting with "But in another," Kim Janey
proposed a similar program for Boston because it would reduce

　　A．financial inequality.

　　B．the number of cars.

　　C．environmental concerns.

⑷　In the twelfth paragraph, starting with "When I heard," Howard Fain
was most likely included by the author because

　　A．he is a neutral observer of the bus network.

　　B．he has direct experience as a bus rider.

　　C．he is an expert on the issue of bus fares.

(5)　In the fourteenth paragraph, starting with "There's no such," Brian Kane wants to

A．lower the income of Boston bus drivers.

B．hire volunteer fuelers and mechanics.

C．reject the free bus service.

(6)　In the fifteenth paragraph, starting with "Supporters," Stacy Thompson would agree that a two-cent rise in the gas tax would be

A．controversial.

B．impossible.

C．reasonable.

(7)　In the second-to-last paragraph, Scott MacLaughlin's concern stands in greatest contrast to

A．Kim Janey's.

B．Brian Kane's.

C．Daniel Rivera's.

〔Ⅲ〕 A．次の英文の下線部①〜⑩について，後の設問に対する答えとして最も適当なものをそれぞれA〜Cから一つずつ選び，その記号をマークしなさい。

What is "empathizing"?　Most of us have some awareness of our empathizing skills, but we may not know when we have reached our limits. In this sense, empathizing is not like athletic ability, where you get direct feedback during your performance about whether you are any good at it or not. You try for that high jump, and if you miss you hit the bar with some force and see and feel the bar as it falls from its supports.　During a conversation you may aim to understand and share the thoughts and feelings of another person, and you may walk away from it believing that you were truly empathetic, that <u>you sailed over the bar with plenty of room to spare</u>; however, the person you were just interacting with might never tell you how limited your empathy was: that you hit the bar with such an impact that they could hear the ringing for a long time afterwards, but that they were too hurt, or too diplomatic, to tell you.

A good empathizer can immediately <u>sense when an emotional change has occurred in someone</u>, what the causes of this might be, and what might make this particular person feel better or worse.　A good empathizer responds intuitively to a change in another person's mood with concern, appreciation, understanding, assurance, or whatever the appropriate emotion might be.

The natural empathizer can perceive fine shifts of moods, <u>all the intermediate shades of an emotion in another person that might otherwise go unnoticed</u>.　Take hostility, for example.　Some people only notice a few shades of hostility (such as aggression, hate, and threat).　In contrast, a good empathizer might recognize fifty shades of hostility (such as contempt, cruelty, disdain, and arrogance).　Empathy can be compared to color vision in this way.　Some people notice just a few shades of blue, whilst others notice a hundred.　Some people find it easy to define the subtle differences between such shades of emotion, and for others the differences can be very hard to see.

　Empathy is a defining feature of human relationships. For example, empathy stops you doing things that would hurt another person's feelings. Empathy makes you bite your lip, rather than say something that may ④ offend someone or make them feel hurt or rejected. Empathy also stops you inflicting physical pain on a person or animal. Empathy helps you tune in ⑤ to someone else's world; you have to set aside your own world—your perceptions, knowledge, assumptions, or feelings. It allows you to see another side of an argument easily. Empathy drives you to care for, or offer comfort to, another person, even if they are unrelated to you and you stand to gain nothing in return.

　Empathy also makes real communication possible. Talking at a person is not real communication. It is a monologue. If you talk for significantly ⑥ more than 50 percent of the time every few sentences, it is not a conversation. It is venting, story-telling, lecturing, controlling, persuading, or filling silence. In any conversation there is a risk that one party will hijack the topic in an undemocratic manner. They may not intend to be ⑦ undemocratic, but in hijacking the conversation the speaker does not stop to consider that if they are doing all the talking this is only fulfilling *their* needs, not the listener's. Empathy ensures this risk is minimized by enabling the speaker to check how long to carry on for, and to be responsive ⑧ to the listener's wish to switch to a different topic.

　However, you are not empathizing if you are doing all of the above in order to appear appropriate, or as an intellectual exercise. You do it because you can't help doing it, because you care about the other person's thoughts and feelings: because it matters. Someone who is less skilled at empathizing may be able to do it only when reminded, or if they discover ⑨ that they are included more often when they do or say the right thing, and they may even rehearse how to empathize to get the benefits. But they may not do it spontaneously. Other people's feelings matter less to them, and it takes an effort to maintain empathic appearances. Yet it's easy for the natural empathizer. It requires no effort at all.

Furthermore, empathy provides a framework for the development of a moral code. People build moral codes from natural empathy, fellow feeling, and compassion. And although some people believe that legal systems determine how we should act, such systems are simply an attempt to regulate behavior. The legal system reinforces a moral code. It would be marvelous if the pure process of logic could give us a sense of justice and injustice, but, as history has shown us, logic and legal systems can be used to defend oppressive, even tyrannical, regimes.

This is not a complete list of the reasons why empathy is so important, but hopefully it highlights the fact that empathy is central to what it is to be a person, as distinct from any other kind of animal.

(1) What does Underline ① actually mean?

  A. You were sensitive to your conversation partner's feelings.

  B. You gave your conversation partner enough time to think.

  C. Your conversation partner found you interesting to talk with.

(2) Which of the following can be a concrete example of Underline ②?

  A. noticing that a friend is no longer positively engaged in a conversation

  B. offering an older person your seat on the train when they look tired

  C. contacting a doctor when a relative displays symptoms of depression

(3) What does Underline ③ imply?

  A. Empathetic people are not all equally interesting.

  B. Empathizers are very emotional.

  C. Not everyone has this level of skill in empathizing.

出典追記：The Lost Self: Pathologies of the Brain and Identity by Simon Baron-Cohen, Oxford University Press

(4) What does Underline ④ actually mean?

    A．regret saying something insensitive

    B．refrain from expressing a thought aloud

    C．mention something that you don't believe

(5) Which of the following has a meaning closest to Underline ⑤?

    A．learn from someone's good habits

    B．find a way to befriend someone

    C．become aware of how someone feels

(6) What does Underline ⑥ refer to?

    A．empathy

    B．real communication

    C．talking at a person

(7) Which of the following has a meaning closest to Underline ⑦?

    A．manipulate

    B．dominate

    C．designate

(8) Which of the following can be a concrete example of Underline ⑧?

    A．ask the listener whether they are enjoying the conversation topic

    B．gauge the listener's level of interest in the conversation topic

    C．negotiate the length of the conversation topic with the listener

(9) What does Underline ⑨ imply?

    A．Some people will appear to empathize only when it serves their
       interests.

    B．Better empathizers are likely to have more friends than others.

    C．Anyone can become a good empathizer if they try hard enough.

⑽　What does Underline ⑩ actually mean?

　　A ．Humans are better than other living things because we can empathize.

　　B ．The ability to empathize is a quality that makes humans special.

　　C ．People who lack empathy share some similarities with animals.

B ．本文の内容に照らして最も適当なものをそれぞれA ～C から一つずつ選び，その記号をマークしなさい。

⑴　In the first paragraph, the author suggests that many people

　　A ．think they are better empathizers than they really are.

　　B ．use comments from listeners to improve their empathy.

　　C ．do their utmost to improve their ability to empathize.

⑵　In the third paragraph, starting with "The natural empathizer," the author differentiates the good from the bad empathizer in terms of their ability to

　　A ．put their competitive spirit to the service of others.

　　B ．distinguish many layers of emotions in others.

　　C ．remain immune to the suffering of others.

⑶　The fourth paragraph, starting with "Empathy is," suggests that one of the main virtues of empathy is

　　A ．to help us separate good from evil individuals.

　　B ．to allow us to feel sorry for others' misfortune.

　　C ．to prompt us to put ourselves in others' shoes.

(4)　In the fifth paragraph, starting with "Empathy also makes," the author believes that, in social interactions, skilled empathizers avoid

　　A．speaking for the majority of the time.

　　B．bringing up subjects related to politics.

　　C．talking about one topic at great length.

(5)　In the sixth paragraph, starting with "However," the author suggests that, for most talented empathizers, empathy is

　　A．something that they were born with.

　　B．acquired after considerable practice.

　　C．a useful tool for becoming successful.

(6)　In the seventh paragraph, starting with "Furthermore," the author suggests that empathy is necessary for the development of

　　A．fair laws.

　　B．strong countries.

　　C．virtuous societies.

(7)　The most appropriate title for this passage is

　　A．"Empathizing for Success."

　　B．"The Value of Empathy."

　　C．"Communicate Empathy Better."

2月3日実施分

解　答

Ⅰ 解答
A. (1)—B　(2)—C　(3)—B　(4)—D　(5)—A
B. (1)—E　(2)—F　(3)—Z　(4)—C　(5)—B
(6)—D

・・・・・・・・・・・・・・・・・・・・・・・・・ 全訳 ・・・・・・・・・・・・・・・・・・・・・・・・・・

A.《キャンパスでの学生同士の会話》

　オーストラリアから日本に来た交換留学生のキャシーは，キャンパスで友人のアヤコと会う。

キャシー：おはよう，アヤコ。最近どう？

アヤコ：こんにちは，キャシー。調子はいいかな。今はかなりクタクタだけどね。英語の授業のプレゼン準備で遅くまで起きていたのよ。

キャシー：それは大変ね。どんなプレゼンなの？

アヤコ：外国について話をするの。私はタイの話をするつもり。

キャシー：それはいい選択ね。あなた，行ったことあるんでしょう？

アヤコ：ええ。去年父親の所を訪ねたわ。父は数年間バンコク勤務なの。

キャシー：それは興味深いけれど，きっととても暑いんでしょうね。

アヤコ：暑いわ。でも父は気にならないって。いつだって夏は父の好きな季節なの。ところで，キャシー，お願いを聞いてくれる？

キャシー：もちろんいいわよ。どんなこと？

アヤコ：プレゼンの練習を見てもらえないかな。あなたの感想を聞きたいのよ。

キャシー：全然問題ないわ。感想をもらうのはいつだって役に立つものね。

アヤコ：よかった！　いつなら大丈夫？

キャシー：今からではどう？　今ほど絶好の時はないわ。

B.《ディケンズのクリスマスストーリー》

A．古典的なクリスマスものの1つは，19世紀のイギリスの作家チャールズ＝ディケンズによって書かれたものである。彼の『クリスマス・キャロル』（1843年初版）は，今も世界中の家族の愛読書である。

E．この作品が長期間にわたって人気を保っている証拠は，古今を通じて

2
0
2
4
年
度

2
月
3
日

解答編

最も改作されている物語であろうという点である。石器時代を舞台にしたアニメのシットコム『原始家族フリントストーン』の1話から，次世紀を舞台にした『宇宙家族ジェットソン』の1話まで，毎年のように新しい改作が追加されている。

B．では，それはどんなストーリーなのだろう？　驚くかもしれないが，怪談なのである。思いやりの心と縁遠くなっているエベネーザ＝スクルージという名の金貸しが幽霊の訪問を受ける。その幽霊が彼を過去，現在，未来のクリスマスへ連れて行き，彼にクリスマスを祝うチャンスをもう一度与えるのである。

F．『クリスマス・キャロル』はディケンズが初めて書いたクリスマスものではなかった。これよりも前に，彼は『寺男をさらったゴブリンの話』を著していた。スクルージに関心を持った読者なら，まずガブリエル＝グラブという名の墓掘り人に何が起こったかを知りたいと思うかもしれない。

D．『クリスマス・キャロル』はディケンズが最後に書いたクリスマスものでもなかった。この後，『憑かれた男』が出版された。また，最終的にディケンズは，クリスマスの慣例を継続するために他の作家たちと共作した。

C．最後の指摘は，ディケンズのクリスマスものが全て怪談というわけではなく，それどころか架空の話でもないという点だ。例えば，ディケンズのまさに最初のクリスマスものである『クリスマスの催し』は，エッセーであった。関心のある方には，既出の作品全てとさらなる作品が図書館や書店のコレクションで見つけられる。

=== 解説 ===

A．(1)　キャシーの「最近どう？」という問いかけに対して，アヤコはI guess…「…かな」とあいまいな返事を返し，直後に「英語の授業のプレゼン準備で遅くまで起きていた」と続けている。これが当該箇所の発言の理由になっていると考えると，Bの「今はかなりクタクタだけどね」が最も適切である。A．「実はいつもと同じなの」　C．「実はいつもと同じくらい元気が戻ったわ」　D．「今が最高の気分だものね」

(2)　アヤコが「タイの話をする」と言ったことに対して，キャシーが「それはいい選択ね」と受けている。当該部分はそれに続く発言なので，Cの「あなた，（そこに）行ったことあるんでしょう？」が最も適切であり，直

後のアヤコの「ええ（，その通り）」という返事にも合致する。A．「私も
タイの話をしたいわ」 B．「若いころタイに住んでいたのよ」 D．「あな
たもいつかタイを訪ねるべきかしら」

(3) 当該部分がどのような発言であったのか，直前のキャシーの発言や直
後のアヤコの2つの発言からは推測が難しい。ただし，アヤコの発言を順
に追ってみると，「ええ。でも父は気にならないって。いつだって夏は父
の好きな季節なの」となり，（夏の）暑さについてのやり取りではないか
と考えられる。よって，Bの「きっととても暑いんでしょうね」が最も適
切である。A．「バンコクは夜になると楽しいわよ」 C．「そのおかげで
父はいい仕事を見つけられるの」 D．「そのうえ，バンコクには古いお寺
がたくさんあるのよ」

(4) アヤコが直前で「プレゼンの練習を見てもらえないかな」と頼みごと
をして，キャシーが「全然問題ないわ」と引き受け，さらに「感想をもら
うのはいつだって役に立つものね」と続けている点に注目する。当該部分
でアヤコが述べたのは「感想」に関係のあるコメントではないかと推測で
きる。よって，Dの「あなたの感想を聞きたいのよ」が正解となる。A．
「英語があまり上達していないのかな」 B．「それをするのに飽きてきて
いるの」 C．「一人でそれをするのは寂しい」

(5) アヤコの「いつなら大丈夫？」という質問に対して，キャシーが「今
からではどう？」と答えている。当該部分で会話が終了していることから，
前言を補完するような発言であったと考えられる。よって，Aの「今ほど
絶好の時はないわ」が最も適切である。B．「今日の午後までは準備がで
きないの」 C．「すぐに手伝うと約束してくれたでしょう」 D．「プレゼ
ンをするのが大好きなの」

B． 正しい順序はA→E→B→F→D→Cである。

段落整序問題は，指示語や代名詞，冠詞，ディスコースマーカー（so,
therefore, for example, on the other hand など）などに注意して解答す
ることが重要である。

Aでは，古典的なクリスマスものとしてディケンズの『クリスマス・キ
ャロル』に言及している。Aの最終文が「『クリスマス・キャロル』は今
も世界中の家族の愛読書である」となっているので，後続の段落はこの1
文に関連する内容になっていると考えられる。ここで，Eの第1文のits

enduring popularity という表現に注目すると，it は『クリスマス・キャロル』を指しており，「『クリスマス・キャロル』が長期間にわたって人気を保っていること」という意味になることがわかる。よってA→Eとなる。

　Eで述べられているのは，「『クリスマス・キャロル』は改作が多い」という点である。Bの第1文では the story と定冠詞がついているが，これは『クリスマス・キャロル』を指しており，そんなにも改作されているこの作品は，そもそもどういうストーリーなのかを説明しようとしているのだと考えられる。よって，E→Bとなる。

　次に，Dの冒頭の Nor に注目する。これは否定文を受けて「～も…でない」と述べるときに用いられる表現なので，Dの段落の前には否定文を含む段落がきて，その否定を受けての Nor であると考えられる。これに合致するのはFの第1文（*A Christmas Carol* was not Dickens' first Christmas story.）である。よって，F→Dとなる。

　Cで注目すべき表現は，冒頭の A final point「最後の指摘」である。この表現は，筆者の説明がこの段落で終了している可能性を示唆している。さらに，最終文は本文全体の締めくくりと考えられ，これに続く段落の候補が見当たらない。よって，CはF→Dに続く段落であり，F→D→Cで本文は完結する。

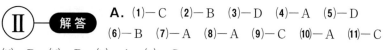

Ⅱ　**解答**　**A.** (1)—C　(2)—B　(3)—D　(4)—A　(5)—D
(6)—B　(7)—A　(8)—A　(9)—C　(10)—A　(11)—C
(12)—B　(13)—B　(14)—A　(15)—C
B. (1)—A　(2)—C　(3)—A　(4)—B　(5)—C　(6)—C　(7)—C

·· **全　訳** ··

《市バスの無料化は成功するだろうか？》

① ディオニジア＝ラモスは1日に2回，37番のバスに乗り，ハンドバッグの中を引っかき回して料金を探し，投入口に落としたものであった。だから，数カ月前にバスの運転士が手を伸ばして彼女を止めた時は衝撃的だった。「払わなくていいですよ」　彼は言った。「今後2年間は無料なんです」　ラモスさんはこんなことをかつて聞いたためしがなかった。誰かが自分のバス賃を払ってくれるのか？

② 9月に試験的プログラムが始まって以来，バスの利用は24パーセント

増えた。マサチューセッツ州の市の無料交通実験についてラモスさんが抱いている唯一の批判的見解は，それが永久的なものではないということだ。「交通手段は無料にすべきです」 彼女は言った。「それは必需品です。ぜいたく品ではありません」

③　最近，多くの場所でそのような主張がわき起こっている。市の職員たちが，不平等に立ち向かい，炭素排出を減らすための妙案を求めているからだ。交通手段は純然たる公益である，すなわち有料道路よりも治安維持に近いものであると述べる職員もいる。

④　先週，マサチューセッツ州第2の都市であるウスターの市議会は，バス料金の撤廃に対して強い支持を表明した。料金の損失分，年間200万〜300万ドルが必要になる決定である。国内の他の地域では，より大規模な実験が進行中である。カンザスシティとオリンピアは両市とも，今年，バスを無料にすると宣言した。

⑤　無料交通に反対する主張は単純なものである。代わりに誰が支払うのか，ということだ。しかし，乗客数が下降し続けている自治体では，料金撤廃の費用は予想よりも少額になるかもしれない。

⑥　ローレンス市長のダニエル＝リベラは，地元の交通局に，市内の最も利用者数の多い3つのバス路線での集金がいくらになるか問い合わせた。回答は225,000ドルと非常に少額だったので，市の予備金の余剰で埋め合わせることができた。

⑦　「その実験で私が気に入っている点は，実行可能性とわかりやすさです」とリベラ氏は述べた。「我々はすでにこの交通手段に対して助成金を与えているので，『最後の1マイル』はとても短いものです。それは市民がお金を支払うべきサービスではありません。公益なのです」

⑧　世界中の100ほどの市が公共交通を無料で提供しているが，その大部分がヨーロッパ，特にフランスとポーランドの市である。この数十年，アメリカで行われた実験の中で，実験のおかげで道路から自動車が取り除かれた証拠がほとんどない，つまり新たにバスに乗るようになった人の多くは自動車を所有していない貧しい人たちだという理由で失敗だとみなされた例はごくわずかである。

⑨　しかし，それらの実験も，別の意味では成功だった。そのおかげで乗客数が最初の数カ月ですぐに20〜60パーセント上昇したからである。「誰が

バスを利用しているかを考えてみてください。貧困がとても根深く集中している地域に暮らす人たちです」とボストン市議会議長のキム゠ジェイニーは語った。ジェイニーは市内の低所得層地域のいくつかを通る主要路線の料金撤廃を提唱している。

⑩　このアイデアは，住民を説得してバスを利用させるのに苦労しているウスターのような場所でも，多くの人々にとって魅力的である。ウスター市調査局の5月の報告によると，乗客数は2016年から23パーセントも落ち込み，今やバスはほとんどガラガラの状態で走行している。

⑪　先週の市議会会議の時には，ウスターのバスを実験的プログラムとして3年間無料にするという提案に対する支持を表明するため，市民が行列を作った。バス料金の収入は非常に低く，集金のための費用は非常に高いので，年間200万～300万ドルを投入すれば取り返せるであろう。

⑫　「このニュースを耳にした時，私は居住まいを正してこう言いました。『それは名案だ！』」 公立学校教師のハワード゠フェインはこう言った。人々が7番バス内で硬貨を見つけるのに苦労しているのをしばしば目にしていたと述べる人物である。「夕食代を支払うことができる人であっても，無料のバイキングは大好きです」と彼は言った。「人々は無料が好きですから，彼らを公共交通に引きつけることは可能です」

⑬　しかし，ボストンではこのアイデアは，費用が掛かりすぎると主張する職員たちからの抵抗にあっている。ボストンの公共交通システムの費用を監督しているブライアン゠ケインは，ボストンのバス料金は2019年に1億900万ドル，2018年には1億1700万ドルの利益をもたらしたと語った。

⑭　「無料などというものは存在しません」とケイン氏は語った。「誰かが支払わなければならないのです。ボストンのバス運転士は国内最高の給料をもらっています。彼らは無料では働いてくれません。燃料補給者や整備士，彼らも無料では働いてくれません」 無料交通を提案する人たちは，ガソリン税を上げれば費用を埋め合わせられると提案しているが，1億900万ドルを賄うことはガソリン税を3.5セント上げることを意味するのだとケイン氏は述べた。また，彼は，システムはその間中，現在の需要に対処しようと奮闘することになるだろうと語った。

⑮　このアイデアの支持者たちは，ケイン氏が述べた数字は大げさであり，本当の埋め合わせ費用は3600万ドル弱になるだろうと主張する。彼らに

よると，その差はガソリン税を２セント上げるだけでカバーできる。「その点では，数年前には議論の的になるか不可能であったことが今ではできそうになっているのです」と，交通調査団体リバブル・ストリート・アライアンスの取締役であるステイシー＝トンプソンは述べた。ボストン・グローブ紙の編集部は，今月ボストンのバス料金を無料にするというアイデアを支持しており，費用はチャリティーでカバーできるだろうと提案した。

⑯　ローレンスに応対するメリマック・バレー交通局のチケット仲介業者のスコット＝マクローリンは，2021年にリベラ市長の２年間の無料交通実験が終わった時に発生する事態に対して，すでに不安を抱いている。

⑰　「２年後にはそれを取り上げてしまうつもりなのでしょうか？」と彼は言った。「誰かに無料で与えておきながら，その後に取り上げる。そんなことをすれば，必ず問題になりますよ」

⑱　そして，それが肝心なのだと，リベラ市長は笑みを浮かべて言った。「私にとっては，実験ではありません。人々にはそれに慣れてほしいのです」

===== 解説 =====

A.（1）　第２段の最終２文（"It's a basic …）は「それは必需品です。（　　）ではありません」という意味になるので，当該箇所には a basic need「必需品」と反対の意味の語が入ると推測できる。よって，Cの「ぜいたく品」が正解となる。A.「節約」　B.「義務」　D.「特産品」

（2）　選択肢がどれも動詞の原形であることから，当該部分は combat と並んで不定詞となり，「炭素排出を（　　）するための」という意味で big ideas「妙案」を修飾していると考えられる。よって，Bの「～を減らす」が最も適切である。A.「～を再生利用する」　C.「～を断る」　D.「～を再利用する」

（3）　まず直後の表現に注目すると，$2 million と $3 million が and で結ばれていることがわかる。また，この２つはどちらも直前の cost「（費用が）かかる」の目的語であり，between A and B「A と B の間」という形になっていると考えられる。よって，D の between を選択する。A・B・C はいずれも and ではなく to ならば成立する。

（4）　当該部分の意味は「無料交通に（　　）主張」となり，その内容はコロン以下の「代わりに誰が支払うのか」である。これは，「無料にするの

は不可能ではないか」という趣旨であり，この主張と無料交通との関係を考えると，対立的であると考えられる。よって，Ａの「〜に反対の」が最も適切である。

(5)　当該文の意味は「回答は 225,000 ドルと非常に少額だったので，市の（　　）の余剰で埋め合わせることができた」となる。つまり，本来はそのために計上されているわけではないが，利用が可能なお金のことであろうと推測できる。よって，Ｄの「予備金」が最も適切である。Ａ.「意外な授かりもの」　Ｂ.「支払金」　Ｃ.「預金引き出し」

(6)　当該部分の意味は「我々はすでに（　　）交通手段に対して助成金を与えている」となるが，ここでの交通手段はバスのことで，すでに言及されている。したがって，最も適切なのは「この［すでに述べた］交通手段」という意味になるＢの this である。他の選択肢はいずれも「バス」という交通手段に限定できないので不適。

(7)　従位接続詞が入ることになるが，直後の「それら（＝公共交通を無料化する実験）のおかげで道路から自動車が取り除かれた証拠がほとんどない」は，主節の「実験が失敗だとみなされる」場合の根拠であると考えられる。よって，Ａの because「〜だから，〜という理由で」が最も適切である。Ｂ.「〜する前に」　Ｃ.「〜だけれども」　Ｄ.「〜だが一方」

(8)　当該部分の意味は「それら（＝実験）は乗客数を（　　）増やし，最初の数カ月で 20〜60 パーセント上昇させた」となる。つまり，実施後すぐに効果が出たという趣旨である。よって，Ａの「すぐに」が最も適切である。Ｂは特に成句としての意味はない。Ｃ.「時間通りに」　Ｄ.「時間外で」

(9)　当該部分の意味は「乗客数は 2016 年（　　）23 パーセントも落ち込んでいる」となる。この文は現在完了になっているので，「2016 年から（現在までの間に）」という意味であると考えられる。よって，Ｃの since が正解となる。

(10)　当該文の意味は，「バス料金の収入は非常に低く，集金のための費用は非常に高いので，年間 200 万〜300 万ドルの（　　）で取り返せるであろう」となる。つまり，バス料金無料化による損失を市が穴埋めするということである。この行為を表現しているのはＡの「投入」である。Ｂ.「増加」　Ｃ.「質問」　Ｄ.「収入」

⑾ 当該文の officials 以下の意味は,「費用が（　　）になるだろうと主張する職員たち」となる。後続の文および第14段によると,職員の1人であるブライアン＝ケインは費用を1億ドル超と見積もっており,それが高額だと主張している。よって,正解はCの「度を越した」である。A.「無料の」　B.「低い」　D.「印象的な」

⑿ 当該文の意味は,「このアイデアの支持者たちは,ケイン氏が述べた数字は（　　）であり,本当の埋め合わせ費用は3600万ドル弱になるだろうと主張する」となる。第13段で述べられているように,ケイン氏が挙げた数字は「2019年に1億900万ドル,2018年には1億1700万ドル」というものであり,当該文の3600万ドル弱と比べるとかなり大きい。よって,最も適切な選択肢はBの「誇張した,大げさな」である。A.「全部込みの」　C.「ますます増加する」　D.「無限の」

⒀ 当該文中の「2021年にリベラ市長の2年間の無料交通実験が終わった時に発生する事態」は未来のことであり,まだ実際には起こっていない事柄である。それなのにマクローリンは早くも不安を抱いているという趣旨だと考えられるので,最も適切な選択肢はBの「すでに」である。A.「ほとんど～ない」　C.「ついに」　D.「まだ」

⒁ 直前の動詞 give は第4文型を作るので,語順から,something が直接目的語,当該箇所に入るのが間接目的語であると考えられる。よって,Aの「誰か」が最も適切である。BとCは副詞なので目的語にはならず,Dも通常は後に名詞が補われる。

⒂ 前後の get と to に注目すると,get used to～「～に慣れる」という表現があることに気づく。リベラ市長は「人々が公共交通の無料化に慣れてくれれば,実験をやめる必要はなくなる」と考えているのだと推測できる。よって,Cが正解である。

B. ⑴「第2段でディオニジア＝ラモスは,計画についての自分の唯一の不満はそれが（　　）である点だと述べている」

A.「一時的な」　B.「無料の」　C.「基本的な」

　第1文（Since a pilot …）で「マサチューセッツ州の市の無料交通実験についてラモスさんが抱いている唯一の批判的見解は,それが永久的なものではないということだ」と述べられている。「永久的なものではない」＝「一時的な」と考えられるので,最も適切な選択肢はAである。

⑵ 「"Daniel Rivera" で始まる第6段で，ダニエル＝リベラは，料金無料化計画の費用は（　　）だと示唆している」

A．「予想したよりも大きい」

B．「バス路線に基づいている」

C．「まったく扱いやすい」

　第2文（The answer was …）で「回答は 225,000 ドルと非常に少額だったので，市の予備金の余剰で埋め合わせることができた」と述べられているように，無料化の実践はさほど困難ではなかったことがわかる。よって，Cが最も適切である。

⑶ 「"But in another" で始まる第9段で，キム＝ジェイニーがボストンに対してよく似た計画を提案したのは，それが（　　）を減らすだろうからである」

A．「金銭的な不平等」

B．「自動車の数」

C．「環境に対する懸念」

　第2文後半（who has proposed …）に「市内の低所得層地域のいくつかを通る主要路線の料金撤廃を提唱している」とあるように，ジェイニーは貧困層の役に立つ計画を考えている。この趣旨に合致しているのはAである。

⑷ 「"When I heard" で始まる第12段で，ハワード＝フェインが筆者に取り上げられた理由として最も可能性が高いのは（　　）という点である」

A．「バスのネットワークの中立的な監視者である」

B．「バスの利用者としての直接的な経験がある」

C．「バス料金の問題に関する専門家である」

　第1文の who 以下に「人々が7番バス内で硬貨を見つけるのに苦労しているのをしばしば目にしていた」とあることから，フェインはバスの利用者であったことがわかる。これに関連する選択肢はBである。

⑸ 「"There's no such" で始まる第14段で，ブライアン＝ケインは（　　）したいと思っている」

A．「ボストンのバス運転士の収入を下げる」

B．「ボランティアの燃料補給者と整備士を雇う」

C.「無料バスのサービスを拒絶する」

　第14段ではブライアン＝ケインの主張が紹介されている。彼の主張は，バス料金を無料にしても，バスの運行に関わる人たちの賃金が無料になるわけではないので，必ず埋め合わせが必要になるというものである。つまり，彼はバス料金の無料化に反対しているので，最も適切な選択肢はCである。

(6)「"Supporters" で始まる第15段で，ステイシー＝トンプソンはガソリン税を2セント上げることが（　　）だということに賛成するだろう」

A.「論争の的になる」　B.「不可能な」　C.「妥当な」

　第15段第2文（That gap, they …）では，ガソリン税を2セント値上げすればバス無料化の費用を埋め合わせられるという数字が紹介されている。さらに第3文（"That's where something …）では，トンプソンが，その数字は数年前には「議論の的になるか不可能であった」が，今では「できそうになっている」と述べている。つまり，現在はAやBではなくCであるということである。

(7)「終わりから2つ目の段落では，スコット＝マクローリンの関心事は（　　）とは極めて対照的である」

A.「キム＝ジェイニーの関心事」

B.「ブライアン＝ケインの関心事」

C.「ダニエル＝リベラの関心事」

　スコット＝マクローリンは，いったん無料にしたものを有料に戻せば大きな混乱が生じるのではないかと懸念している。一方，最終段にあるように，ローレンス市長のリベラは，無料化を2年間の実験で終わらせるのではなく，2年後以降も継続していきたいと考えているようである。この2人の意見は対照的であるため，正解はCとなる。

 **解答**　　A.　(1)—A　(2)—A　(3)—C　(4)—B　(5)—C
　　　　　　　　　(6)—C　(7)—B　(8)—B　(9)—A　(10)—B

B.　(1)—A　(2)—B　(3)—C　(4)—A　(5)—A　(6)—C　(7)—B

················· 全訳 ·················

《共感することの重要性》

① 「共感すること」とはどういうことだろうか？　ほとんどの人が自分の

共感力を多少は自覚しているが，いつ限界に達するのかはわかっていない
かもしれない。この意味では，共感力は運動能力のようなものではない。
運動能力なら，実行している間に，うまくできているかどうか直接反応が
返ってくるからである。高跳びをやってみたとする。失敗すれば，ある程
度の力でバーに当たり，バーが支柱から落ちる時にはそれを目にしたり感
じたりすることになる。会話をしている間，相手の考えや気持ちを理解し
共有しようとするかもしれないし，自分が本当に共感できた，つまり，十
分な余裕を持ってバーを跳び越えられたと確信すれば，その努力をやめる
かもしれない。しかし，あなたが今まさに交流している相手は，あなたの
共感がいかに乏しいものであるかを伝えてくれないかもしれない。つまり，
あなたがとても強くバーに当たったためにその後も長い間耳鳴りがしてい
るとか，あまりに傷ついているか，あるいはあなたを怒らせたくないあま
り，それをあなたに伝えられないということなのだ。

② 共感が上手な人は，ある人にいつ気持ちの変化が生じたかや，その原因
が何であるか，どうすればその人の機嫌が良くなったり悪くなったりする
のかなどを即座に感知できる。共感が上手な人は，関心や感謝や理解や確
信など，当てはまる感情が何であれ，それについての相手の気持ちの変化
に直感的に反応する。

③ 生来の共感者は，気分の微妙な変化に気づくことができる。微妙な変化
とは，彼らでなければ気づかなかったかもしれない相手の感情の中間的な
ニュアンス全てのことである。敵意を例にとってみよう。ある人たちは，
2，3の微妙に異なる敵意（攻撃や憎悪や脅しなど）にしか気づかない。
対照的に，共感が上手な人は，50種類の微妙に異なる敵意（軽蔑，無慈
悲，高慢，横柄など）を認識できるかもしれない。共感は，次のように色
の見え方に例えられる。微妙に異なる青のうち数種類にしか気づかない人
もいれば，100種類に気づく人もいる。感情のそのような種類の中の微妙
な違いを定義するのを簡単だと考える人もいれば，それ以外の人にとって
は，その差はとてもわかりにくいのである。

④ 共感は人間関係を定める特徴である。例えば，共感することで相手の気
持ちを傷つけるようなことをしなくなる。共感すれば，人は誰かを怒らせ
る，あるいは傷つけたり拒絶された気分にさせたりするようなことを言わ
ずに，唇を噛んで感情を抑えられるのだ。共感すれば，人間や動物に肉体

的苦痛を与えることもなくなる。共感すれば，他の人の世界に順応しやすくなる。それはつまり，自分の世界——自分の認識，知識，想定，気持ち——をわきに置かねばならないということだ。そうすることで，議論の別の側面を見ることが容易になる。共感によって，たとえ相手が自分とは無関係で自分が見返りに何の得もしそうにない場合でも，相手を心配しよう，相手に安らぎを与えようという気持ちになる。

⑤　共感すれば，真のコミュニケーションも可能になる。人に対して一方的に話すのは真のコミュニケーションではない。それは独白だ。2，3の文ごとに50パーセントを大きく上回る時間をかけて話すのであれば，それは会話ではない。それは怒りの発散か，語りか，お説教か，支配か，説得か，沈黙を埋める行為である。どんな会話であっても，一方が民主的でないやり方で話題を乗っ取ってしまう危険性が存在する。彼らには非民主的になろうとする意図はないかもしれないが，会話を乗っ取る際には，話し手は話すのをやめて，自分だけが話しているならそれは聞き手ではなく自分の要求を満たしているに過ぎないのだと考えたりはしない。共感は，話し手がどれくらい長く話し続けるべきかをチェックすることができ，違う話題に移りたいという聞き手の願望に敏感になれるので，確実にこの危険性を最小限にしてくれる。

⑥　しかし，上記のこと全てを，自分が適切に見えるように，あるいは知的訓練として行っているとすれば，共感しているとは言えない。それをするのは，せずにいられないからであり，相手の考えや気持ちを気にかけているからであり，それが重要だからである。共感することがあまり得意でない人がこれをできるのは，思い出した時，あるいは自分が正しいことをしたり言ったりした時のほうが受け入れてもらえることが多いと気づいた場合だけかもしれない。そしてその利益を得るために，共感する方法のリハーサルさえするかもしれない。しかし彼らはそれを自発的にはしないかもしれない。彼らにとって，他人の感情の重要度は低く，共感している様子を維持するには努力が必要となるのだ。しかし，生来の共感者にはそれはたやすい。全く努力を必要としないのだ。

⑦　さらに，共感は，道徳律の発展のための枠組みを提供してくれる。人々は，生まれ持った共感や仲間意識や同情をもとに道徳律を築く。法体系こそ我々がどう行動すべきかを決めるのだと信じている人もいるけれども，

そのような体系は行動を規制するための努力でしかない。法体系は道徳律を強化する。論理の純粋な手順が我々に正義と不正との分別を与えてくれるなら，それは素晴らしいことだが，歴史が示しているように，論理と法体系は弾圧的，さらには専制的な体制を守るためにも利用されるのである。

⑧　以上で共感が重要である理由を網羅しているわけではないが，この文章が，ほかのどの動物とも違って人間であるとはどういうことかの中心に共感は位置しているのだ，という事実を強調できていることを望んでいる。

=== 解　説 ===

A.（1）「下線部①は実はどういう意味か」

　下線部の意味は「十分な余裕を持ってバーを跳び越えられた」となるが，これは比喩的に用いられた表現であり，会話の際に相手に共感できるかどうかを走り高跳びに例えたものである。バーを楽々と跳び越えられたということは，相手の気持ちを十分に理解できたことを意味するので，Aの「会話の相手の気持ちに敏感であった」が最も近い。B.「会話の相手に考える時間を十分に与えた」　C.「会話の相手があなたのことを興味深く話せる相手だと考えた」

（2）「以下のうち，下線部②の具体例となり得るものはどれか」

　下線部の意味は「ある人にいつ気持ちの変化が生じたかを感知する」となる。この気持ちの変化はコミュニケーションの途中で生じるものだと推測できるので，興味深く会話をしていた人が途中で興味を失う，などの変化が具体例となる。これに類するのはAの「友人がもはや会話に前向きに関わっていないことに気づく」である。B.「電車内で年長者が疲れているように見えたら，席を譲ってあげる」　C.「親戚に鬱の兆候が現れたら，医師に連絡を取る」

（3）「下線部③は何を示唆しているか」

　that は主格の関係代名詞で，先行詞は all the (intermediate) shades (of an emotion in another person)「（相手の感情に生じた）（全ての中間的な）ニュアンス」である。下線部の意味は「彼らでなければ気づかなかったかもしれない相手の感情の中間的なニュアンス全て」となるが，彼らとは当該文冒頭の「生来の共感者」のことである。つまり，生来の共感者なら細かい感情の違いを見分けられるが，誰もがそうとは限らない，という趣旨で述べられている。よって，正解はCの「誰もがこのレベルの共感

力を持っているわけではない」である。A.「共感が上手な人たちがみん
な同じように興味深いわけではない」　B.「共感が上手な人は非常に感情
的である」

⑷　「下線部④は実はどういう意味か」

　bite *one's* lip は「唇を噛んで感情を抑える」という意味であるが，こ
れを知らない場合でも，「相手の気持ちを傷つけるようなことをしなくな
る」のと同意であることから推測可能である。正解はBの「意見を声に出
して表すことを控える」である。A.「無神経な発言をしたことを後悔す
る」　C.「自分が信じてもいないことを述べる」

⑸　「以下のうち，下線部⑤に最も近い意味を持つものはどれか」

　下線部の意味は「他の人の世界に順応する」となるが，セミコロン以下
にあるように，これには自分の認識や気持ちなどをわきに置く必要があり，
それは相手の認識や気持ちなどを理解するためだと考えられる。よって最
も適切なのは，Cの「人がどのような気持ちであるかを知る」である。A.
「人の良い習慣から学ぶ」　B.「人に親切にする方法を見つける」

⑹　「下線部⑥は何を指しているか」

　直前の文と併せて考えると，「人に対して一方的に話すことは，真のコ
ミュニケーションではなく独白である」という意味になると考えられる。
したがって，下線部の It が指しているものは，Cの「人に一方的に話す
こと」である。A.「共感」　B.「真のコミュニケーション」

⑺　「以下のうち，下線部⑦に最も近い意味を持つものはどれか」

　hijack は「～を乗っ取る，ハイジャックする」という意味だが，これは
比喩的表現である。本文は，一方的に話すことはコミュニケーションでは
ないと論じており，この一方的に話す行為を hijack に例えているのであ
る。よって，「乗っ取る」に近い意味としては，Bの「支配する」が最も
適切である。A.「操る」　C.「指名する」

⑻　「以下のうち，下線部⑧の具体例となり得るものはどれか」

　下線部の意味は「どれくらい長く話し続けるべきかをチェックする」と
なるが，これは「相手に共感して，相手が興味を示しているようならその
話題で話を続け，そうでない場合は早めに切り上げる」ということを指し
ていると考えられる。よって最も適切な例は，Bの「相手が会話の話題に
どの程度興味を持っているかを推し量る」である。Aの「会話の話題が楽

しいかどうかを相手に尋ねる」およびCの「会話の話題の長さを相手と協議する」は,「尋ねる」や「協議する」が直接的で,共感力のカバーする範疇を超えているので不適。

(9) 「下線部⑨は何を示唆しているか」

　下線部の意味は「自分が正しいことをしたり言ったりした時のほうが受け入れてもらえることが多いと気づいたら」となる。この部分は,共感するのが得意でない人が共感しようとするのはどういう場合かを説明している。それを踏まえると,下線部は「(共感することによって)自分が得をする場合」のことであると考えられる。よって,Aの「自分の利益にかなう時のみ共感する人もいるようだ」が正解である。B.「共感が上手な人は,他の人よりもたくさん友人がいる可能性が高い」　C.「十分に努力すれば,誰でも共感するのが上手になれる」

(10) 「下線部⑩は実はどういう意味か」

　下線部は「他のどの動物とも違って人間であるとはどういうことかの中心に共感は位置している」というような意味になる。it は形式主語で,真の主語は to be a person である。下線部の趣旨は「共感力は人間だけが持っている特別な能力である」ということであると考えられる。この趣旨に最も近いのは,Bの「共感するという能力は,人間を特別なものにしている資質である」である。

A.「人間は共感することができるので,他の生物よりも優れている」

　本文は共感力を生物の優劣を決める材料とは述べていないので不適。

C.「共感力がない人は動物と似ているところがある」

　共感が得意ではない人については述べられているが,共感力を持たない人についての記述はないので不適。

B. (1) 「第1段で,筆者は多くの人が（　　）と示唆している」

A.「自分のことを実際よりも共感が上手だと思っている」

B.「相手のコメントを使って自分の共感力を改善している」

C.「自分の共感力を改善するために最善を尽くしている」

　筆者は第1段で,共感力と運動能力が異なることを説明している。高跳びのバーのように,運動能力はその結果が目に見える形で返ってくるのに対して,共感力はたとえ低くても会話の相手が指摘してくれるわけではないため,自分で過大評価しがちである。この趣旨に近いのはAである。

(2)　「"The natural empathizer" で始まる第3段で，筆者は，共感を示している人の（　　）能力の点で共感の巧拙を区別している」

A．「自分の競争心を他人への奉仕に向ける」

B．「他人の感情の数多くの層を区別する」

C．「他人の苦しみに動じずにい続ける」

　　第3段では，共感が上手な人とそうでない人との違いが説明されている。後者は限られた種類の感情しか汲み取れないのに対して，前者は感情の微妙な差異も感知できる，というのがその趣旨である。この内容に合致しているのはBである。「競争心」や「動じない」といった表現はないので，A・Cは不適。

(3)　「"Empathy is" で始まる第4段は，共感の主な長所の1つは（　　）であると示唆している」

A．「我々が善良な人と邪悪な人とを見分けるのに役立つこと」

B．「我々が他人の不幸を気の毒に思うのを可能にしてくれること」

C．「我々が他人の立場に立つよう促してくれること」

　　第4段で述べられているのは，共感すれば相手を傷つける言動をしなくなり，自分の世界だけにかまわず他者の世界に順応するのが容易になる，ということである。つまり，その人の立場に立って考えるように仕向けるものが共感なのである。よって，Cが最も適切である。put *oneself* in *one's* shoes は「（人）の身になってみる」という意味。

(4)　「"Empathy also makes" で始まる第5段では，筆者は，共感が上手な人は社会的交流においては（　　）を避けると信じている」

A．「時間の大半を使って一方的に話すこと」

B．「政治に関係する話題を持ち出すこと」

C．「1つの話題について長時間話すこと」

　　第2文（Talking at a person …）および第4文（If you talk …）で，「一方的に」「会話時間の半分をはるかに超えて」話すことは真のコミュニケーションではないと述べられている。共感が上手な人ならば，当然こういったことは避けるはずである。よって，Aが最も適切である。第6文（In any conversation …）に undemocratic「民主的でない」という語が用いられているが，これは政治の話ではなく作法の話なのでBは不適。相手が興味を示してくれれば1つの話題で長時間話しても問題はないのでC

も不適。

(5)　「"However" で始まる第6段では，筆者は，最も共感の才能に恵まれ
た人にとっては，共感は（　　）であると示唆している」

A．「生まれつき備わっているもの」

B．「相当な練習の後で獲得される」

C．「成功するのに役立つツール」

　　第6段の趣旨は，本当の共感とは相手の気持ちを尊重することであり，
自分の損得を秤にかけて（つまり成功を手にする目的で）努力して（つま
り相当な練習をして）行うものではない，ということである。よって，B
とCは不適である。最終文（It requires no …）にあるように，生来の共
感者（つまり生まれつき共感力が備わっている人）は努力なしで共感でき
る。よって，Aが最も適切である。

(6)　「"Furthermore" で始まる第7段では，筆者は，共感は（　　）の発
展のために必要であると示唆している」

A．「公平な法律」　B．「強力な国々」　C．「徳の高い社会」

　　第7段のキーワードは何回か登場する a moral code「道徳律」である。
第1文でいきなり述べられているように，共感は道徳律の発展のための枠
組みを提供してくれる。道徳律の発展によって成し遂げられるのは「徳の
高い社会」の形成であるから，正解はCである。

(7)　「この文章に対して最も適切な表題は（　　）である」

A．「成功するための共感」

B．「共感することの重要性」

C．「共感をもっと上手に伝えよう」

　　第6段で述べられているように，自分の得（成功）のために人に共感す
るのは真の共感ではないのでAは不適。本文全体を通して説明されている
のは，共感することの重要性であり，その伝え方ではない。よってCは不
適であり，Bが正解となる。

２月４日実施分　　　問　題

（90分）

〔Ⅰ〕A. 次の会話文の空所(1)～(5)に入れるのに最も適当なものをそれぞれA～Dから一つずつ選び，その記号をマークしなさい。

Aika is an exchange student visiting her university's medical center.

Receptionist: Hello, how may I help you today?

Aika: Um, I'd like to see a doctor, please. _____ (1)

Receptionist: Certainly. Is this your first visit here?

Aika: Yes. _____ (2)

Receptionist: Then could you please show me your student ID and fill in this form?

Aika: Sure. Hmm, I just have a couple of questions about the form. I don't have a mobile phone yet, so what should I put for the phone number?

Receptionist: No problem. _____ (3)

Aika: And I haven't got a reference number for my medical insurance yet.

Receptionist: Well, if you don't mind paying in cash this time, the insurance company will pay you back later.

Aika: I don't have a lot of money on me. _____ (4)

Receptionist: The full price is about $100. Can you stretch to that?

Aika: _____ (5) And a final question—under "current medication," should I include the Chinese herbal tea I drank this morning?

Receptionist:　Absolutely. The doctor will want to know about that.

(1)　A.　Could you tell me what they look like?

　　　B.　Can you let me know where I can find one?

　　　C.　I've got a terrible stomachache.

　　　D.　You look like you're in pain.

(2)　A.　I'm so excited to be here.

　　　B.　I've just started my courses.

　　　C.　My work here begins today.

　　　D.　I'm sorry I didn't visit sooner.

(3)　A.　You can leave that blank for now.

　　　B.　You can use my phone instead.

　　　C.　You can buy one here right now.

　　　D.　You can write any number you like.

(4)　A.　I gave most of it to the insurance company.

　　　B.　I think doctors are rich enough already.

　　　C.　What special deals do you have this week?

　　　D.　How much will it cost to see a doctor?

(5)　A.　If you help.

　　　B.　I think so.

　　　C.　I exercise daily.

　　　D.　That's easy!

B．下の英文A〜Fは，一つのまとまった文章を，6つの部分に分け，順番をば
　らばらに入れ替えたものです。ただし，文章の最初にはAがきます。Aに続け
　てB〜Fを正しく並べ替えなさい。その上で，次の(1)〜(6)に当てはまるものの
　記号をマークしなさい。ただし，当てはまるものがないもの(それが文章の最
　後であるもの)については，Zをマークしなさい。

　(1)　Aの次にくるもの

　(2)　Bの次にくるもの

　(3)　Cの次にくるもの

　(4)　Dの次にくるもの

　(5)　Eの次にくるもの

　(6)　Fの次にくるもの

A．In 2013, an English newspaper received an anonymous tip that
　Robert Galbraith, the author of a new crime novel, might in fact be
　J. K. Rowling, the author of the *Harry Potter* series, writing under a
　pen name. What the newspaper did next may seem more believable
　in a mystery novel than in real life.

B．Still, Rowling has now returned to the world of Harry Potter as the
　executive producer of a new TV series, and Galbraith to writing
　crime novels. And the professor? He is reportedly working on a
　project to confirm the authorship of all the writing attributed to
　former president Abraham Lincoln.

C．It took Juola just 30 minutes to decide that the author of the two
　books was the same. To put this in perspective, in the 1960s it took a
　team of researchers three years and a big computer to confirm which
　American founding fathers authored certain important documents.

D. It compares the usage of language in one document to that of another to assess their similarity. In this case, Juola compared *The Cuckoo's Calling*, the book which was suspected to be written by Rowling, to *The Casual Vacancy*, a book which was clearly hers.

E. The editors contacted Patrick Juola, a professor of computer science. The newspaper was interested in the software program he had been developing.

F. Rowling seemed disappointed at the revelation of her identity as Galbraith. "I wish I had longer," Rowling confessed in an interview afterward. "I was never going to out myself."

〔Ⅱ〕 A．次の英文の空所（ 1 ）～（ 15 ）に入れるのに最も適当なものをそれぞ
   れA～Dから一つずつ選び，その記号をマークしなさい。

Known as "the mother of French cooking," Eugénie Brazier never completed elementary school and was forced to leave home at 19 after becoming pregnant. Yet, by the time she turned 40, she was running two restaurants and was the most awarded chef in the world. In 1933, she would become the first person to receive six stars in the Michelin Guide, a record that remained unchallenged until Alain Ducasse matched her in 1998. She was also largely responsible for teaching famous chef Paul Bocuse his trade.

Brazier was no doubt an （ 1 ） achiever. So, why, then, have her accomplishments been largely forgotten, while those like Bocuse have been praised?

One of her restaurants, the currently two-starred La Mère Brazier, is still running to this day （ 2 ） the guidance of chef Mathieu Viannay.

Inside, the 1933 Michelin guide sits proudly in a glass case, while a photo of Brazier in a crisp white blouse appears on a sliding door. Although Brazier's legacy is kept alive in the restaurant, few people know about her important contributions to French cookery.

"But her gender also had a huge role to play," explained food historian Dr. Annie Gray. "France's cookery scene was (3) split into two categories: *haute cuisine*, prepared by those with classical training (mostly men); and *cuisine de la grand-mère*, grandmother's cooking style."

In the 19th and early 20th centuries, the route to becoming a top chef in France followed strict rules. Boys aged between 10 and 13 would start as trainees in kitchens, working their way up the ranks. Advanced training would follow, mostly in Paris, but often with a period in Nice and on the Normandy coast, working in casino resorts. Women (4) trainees, and Brazier was no exception.

Growing up in the early 1900s, Brazier and her family lived on a farm, 56 km north-east of Lyon. Under her mother's instruction, Brazier began to cook as soon as she could hold a spoon. By the age of five, she could make two types of tarts, (5) she wasn't allowed to light the oven. She was responsible for the family pigs, and her schooling was occasional at best. She only attended classes during winter when there was less work to do on the farm.

Brazier's mother died when she was just 10, and she took a job at a neighboring farm to help provide for her family. But in 1914, the 19-year-old Brazier became pregnant out of marriage, and her father (6) of the house, as it was considered scandalous in those times. To make a living, Brazier got a housekeeping job with a wealthy Lyonnaise family, placing her son, Gaston, in a boarding school. She traveled with the family each year as they spent winters in Cannes in southern France, and eventually took on the additional role of cook once the family decided to live there year-round. With no cookbooks to consult, she would ask traders or local hotel staff for recipes and recreate them from memory.

After World War One, Brazier, (7   ) a more experienced cook, started working in the kitchen of Mère Filloux, a restaurant with an all-female staff, which was common at the time.   Typically, *bouchons* (traditional restaurants) were run by women called "Lyonnaise mothers," who served cheap cuts of meat to hungry businessmen and silk workers.

By 1922, Brazier had saved enough money working at Mère Filloux and other restaurants to buy a grocery shop, (8   ) she turned into a small restaurant.   There, she became well known for preparing dishes like crayfish in mayonnaise, roast pigeon, and country-style peas and carrots.   She later moved to a larger restaurant on Rue Royale in central Lyon, which is the (9   ) of the present-day La Mère Brazier.   In 1928 she opened a second restaurant with a farm and cookery school in the hills 19 km outside Lyon.

Being outside Paris both helped and (10   ) her success.   The Michelin Guide (originally a motoring handbook designed to boost sales of Michelin tires) inspired people to travel more, and as Lyon was a popular stop for motorists heading south from Paris, the reputation of the city's restaurants—including Brazier's—grew.   However, Paris was (11   ) to the great cookery schools like Le Cordon Bleu, and it held the crown for haute cuisine, which was more highly regarded than the traditional style of cooking largely found in Lyon.

In 1953, the director of New York's Waldorf Astoria Hotel tried to hire Brazier to run their restaurant, offering a large annual salary.   Brazier declined, refusing to leave Lyon.   She was even offered the Legion of Honor, the highest French award for merit, but again declined, saying that the award (12   ) be "reserved for more important things than cooking well."

Brazier died aged 81 in 1977, leaving the running of her restaurant to her granddaughter Jacotte.   In 2004, the restaurant closed, remaining empty until 2008, when it was bought by Viannay.   The restaurant's history is of the greatest importance to him.   He describes himself as "a gatekeeper," knowing the institution will endure long after he is gone.

The simplicity of ingredients and elements of Brazier's traditional style of cooking are two things that he has kept consistent since Brazier's time. Although he has modernized the menu, old （　13　） such as Bresse chicken and *cervelle de canut* (a soft Lyonnais cheese containing herbs) still regularly feature on the menu.

French chef Anne-Sophie Pic, who has followed in Brazier's （　14　） as a cookery pioneer, is currently the only woman in France to have a three-Michelin-starred restaurant. While Brazier's legacy lives （　15　） through the restaurant, the gender divide in the culinary world still exists, as only around six percent of Michelin-starred restaurants in France are run by women.

(1)　A．underrated　　　　　　B．adequate

　　　C．unknown　　　　　　D．outstanding

(2)　A．from　　　　　　　　B．by

　　　C．under　　　　　　　D．despite

(3)　A．randomly　　　　　　B．largely

　　　C．thankfully　　　　　D．closely

(4)　A．weren't made　　　　B．didn't make

　　　C．couldn't make　　　D．hadn't made

(5)　A．and　　　　　　　　B．although

　　　C．so　　　　　　　　D．while

(6)　A．took her out　　　　B．ruled her out

　　　C．showed her out　　D．kicked her out

(7)   A．now   B．once
      C．later   D．sometimes

(8)   A．and   B．but
      C．where   D．which

(9)   A．habitat   B．scene
      C．site   D．point

(10) A．earned   B．proved
      C．hindered   D．divided

(11) A．up   B．home
      C．kitchen   D．first

(12) A．couldn't   B．might
      C．should   D．wouldn't

(13) A．fashions   B．names
      C．schools   D．favorites

(14) A．footsteps   B．way
      C．heart   D．recipes

(15) A．out   B．on
      C．in   D．over

B．本文の内容に照らして最も適当なものをそれぞれA〜Cから一つずつ選び，
その記号をマークしなさい。

(1)　To a large extent Brazier is unknown today because

　　A．she was a female chef.

　　B．she received classical training.

　　C．her cooking style was unpopular.

(2)　Brazier learned how to cook

　　A．as a child.

　　B．with a spoon.

　　C．without an oven.

(3)　According to the seventh paragraph, starting with "Brazier's mother,"
Brazier sent her son, Gaston, to a boarding school because

　　A．she wanted him to train formally as a chef.

　　B．he was a difficult and restless child.

　　C．she had to work to survive.

(4)　By the end of the 1920s, Brazier owned

　　A．one restaurant.

　　B．two restaurants.

　　C．three restaurants.

(5)　According to the 11th paragraph, starting with "In 1953," Brazier
refused the Legion of Honor, arguing that

　　A．she was not talented enough.

　　B．the Legion was not for a chef.

　　C．great cooking is its own reward.

(6)　By describing himself as a "gatekeeper," Mathieu Viannay means that

　　A．no one can enter the restaurant without his permission.

　　B．the restaurant has become the Eugénie Brazier Museum.

　　C．he has made it a priority to perpetuate Brazier's cooking style.

(7)　The most appropriate title for this passage is

　　A．"Gender Bias in the Michelin Rating System."

　　B．"The Lasting Impact of a Legendary Chef."

　　C．"The Development of *Bouchon* Cooking."

〔Ⅲ〕A．次の英文の下線部①〜⑩について，後の設問に対する答えとして最も適当
　　　なものをそれぞれA〜Cから一つずつ選び，その記号をマークしなさい。

　　Crowds of tourists gather in groups along the boulevard beneath the
Acropolis on a late November morning more summery than autumnal.
A man dressed as an ancient Marathon warrior poses "for a fee" with the
magnificent fortress in the background. "We're having a great year," says
the Greek tourism minister, Vassilis Kikilias. "It's almost December and
the season is still going, which is exactly what we want—to extend it, bit by
bit."

　　Tourism in Athens—as Greece at large—has defied all expectations.
　　　　　　　　　　　　　　　　　　　　　　　　　　　①
The sector, the country's economic engine, was budgeted to bring in €15
billion this year and appeared doomed when bookings froze in February at
the start of Russia's invasion of Ukraine. Instead, earnings are more likely
to exceed €18 billion, with visitor numbers poised to come close to 30
million—nearly three times the nation's population—despite the war, the
absence of Chinese visitors, and the unwanted appearance of jellyfish, says
Kikilias.

　　At the height of the summer, about 16,000 holidaymakers each day

were making the challenging climb up to the Acropolis. In the alleyways of Plaka, the neighborhood beneath the ancient site, shopkeepers say they have never had it so good. "If anything, we just want them to go home
②
now," says Anna Simou, who works in a contemporary Greek design store in the district. "We're all exhausted and that's with management employing new staff."

But the post-pandemic rebound is not without risks. Kikilias is the first to say that the thriving industry needs to be spread more evenly
③
beyond the "two-and-a-half regions" drawing the crowds. Sustainability is also on the mind of Kostas Bakoyannis, the mayor of Athens, who last week called for a city tax to be placed on visitors to help cope with the surge in
④
demand on services. In a departure from a time when the Greek capital was viewed invariably as a transit route to the islands, more than seven million tourists are estimated to have descended on the metropolis in 2022.

"It's unfair that 650,000 permanent residents in the heart of ancient Athens should pay the bill," Bakoyannis says. "If we want to sustain the city, we need to adapt in the way that almost every other European capital has and introduce a city tax on visitors."

Americans arriving on 63 direct flights a week have been key to making Greece the world's third-most-popular tourist destination this year, according to industry figures. But as officials record the success of a sector that accounts for 25% of GDP, the shadow of overtourism—long evident on
⑤
islands such as Santorini—has spurred concerns over the dangers soaring numbers pose for the conservation of cultural gems.

As home to 18 UNESCO world heritage sites, Greece is increasingly highlighting the challenges of managing visitor numbers, with experts emphasizing the fine balance that needs to be struck between protecting ancient monuments and developing them for touristic use. The 495–429 BC
⑥
Acropolis, which is among the designated sites, was itself at the center of controversy when in 2020 the government installed concrete pathways

around the Periclean masterpiece and an unattractive glass-and-steel elevator financed by private donors to improve access.

"Red lights are flashing," says Peter DeBrine, UNESCO's leading
⑦
tourism adviser. "We have to start asking how much is too much, and 16,000 visitors clogging a monument like the Acropolis every day sounds like way too much." DeBrine said studies had shown that, more than ever, travelers wanted sustainable options. With tourism rapidly recovering in both Europe and the US, it was imperative, he said, that capacity measures were adopted at popular heritage sites.

"We have gone from overtourism to revenge tourism with the same net
⑧
effect," he told the *Guardian*, describing the latter as an impulsive response to the pandemic. "What is needed is a radically different approach which starts with consumers but extends to tourism and heritage management. It's clear that authorities have to take measures to relieve overcrowding at world heritage sites if the tourism experience isn't to be degraded and conservation is to be ensured."

UNESCO's 50th-anniversary convention in Delphi debated the impacts of the climate crisis and overtourism. It has urged members to change marketing tactics by focusing on attracting fewer, high-spending, and lower-impact tourists, rather than large groups. "Our hope is that tickets will soon only be sold online because that would be a sure way of limiting access," says DeBrine, adding that adjustment of ticket prices according to
⑨
season could also be enforced with entrance fees costing more at the height of summer. "Choosing to travel during the low season or a season between peak and off-peak seasons makes a huge impact."

Heritage sites in East Asia recently began implementing a new UNESCO visitor management and strategy tool to identify a criterion for sustainable tourism. "It's given us an idea," explained DeBrine. "We realize tourism is the lifeblood for so many communities and vital to local economies, but overtourism is a real danger. Either you're clever and you

take measures or <u>you kill the goose that lays the golden egg.</u>"
　　　　　　　　⑩

(1)　Which of the following has a meaning closest to Underline ①?

　　A．has its own unique characteristics

　　B．has refused to follow popular fashion

　　C．has been stronger than predicted

(2)　What does Underline ② refer to?

　　A．weather

　　B．vacationing

　　C．business

(3)　What does Underline ③ imply?

　　A．The government wants to reduce the flow of tourists.

　　B．Some regions refuse to accommodate the tourists.

　　C．Certain tourist spots are being overlooked.

(4)　Which of the following can be a concrete example of Underline ④?

　　A．advertising the city of Athens extensively on websites

　　B．installing fences around world heritage sites

　　C．competing on price reduction for entrance fees

(5)　Which of the following has a meaning closest to Underline ⑤?

　　A．widely observable over time

　　B．gradually becoming more problematic

　　C．planned in the distant past

(6)　What does Underline ⑥ imply?

    A．The Acropolis had a certain problem when it was built.

    B．The Acropolis exemplifies grappling with a difficult issue.

    C．The Acropolis is a flawed world heritage site in Greece.

(7)　What does Underline ⑦ actually mean?

    A．The situation is getting alarming.

    B．There are too many emergencies.

    C．Local people are losing patience.

(8)　What does Underline ⑧ refer to?

    A．wanting to travel after being restricted from doing so for a long time

    B．visiting a country even when it says it has too many tourists already

    C．traveling to a country that rarely supplies visitors to one's own country

(9)　What does Underline ⑨ imply?

    A．It is the best for most people to visit the place in summer.

    B．The more money people pay, the more profit the city reaps.

    C．Crowds may be eased if dynamic pricing is in effect.

(10)　What does Underline ⑩ actually mean?

    A．You may charge more than people are willing to pay.

    B．You may destroy the thing that has been profitable for you.

    C．You may have negative effects on the natural world.

B．本文の内容に照らして最も適当なものをそれぞれA〜Cから一つずつ選び，
　その記号をマークしなさい。

(1)　The second paragraph suggests that Greece
　　A．depends heavily on foreign visitors.
　　B．doesn't care about the war in Ukraine.
　　C．is concerned about relations with China.

(2)　In the third paragraph, starting with "At the height," the author most
　　likely included Anna Simou's opinion for
　　A．emphasis.
　　B．humor.
　　C．contradiction.

(3)　In the sixth paragraph, starting with "Americans arriving on," the
　　author's main point is that
　　A．while Santorini Island is hot with tourists, it doesn't benefit.
　　B．Greece welcomes tourists but rejects other foreign visitors.
　　C．tourism in Greece threatens cultural preservation.

(4)　What has been occurring at the Acropolis is an example of
　　A．sustainable tourism.
　　B．overtourism.
　　C．cultural tourism.

(5)　In the 10th paragraph, starting with "UNESCO's," the solution to
　　overtourism offered by Peter DeBrine might satisfy
　　A．Vassilis Kikilias, but not Kostas Bakoyannis.
　　B．Kostas Bakoyannis, but not Vassilis Kikilias.
　　C．both Vassilis Kikilias and Kostas Bakoyannis.

(6)　Based on the content of this article, sustainable tourism is concerned with

　　A．developing a new industrial system that will last for generations.

　　B．helping people pick destinations that are appropriate for their needs.

　　C．protecting the economic, social, and natural environment.

(7)　The most appropriate title for this article is

　　A．"Athens, Greece: Open for Business."

　　B．"Managing Overtourism in Greece."

　　C．"Greece's Protection From Revenge Tourism."

2月4日実施分

解 答

Ⅰ  **A.** (1)—C (2)—B (3)—A (4)—D (5)—B
      B. (1)—E (2)—Z (3)—F (4)—C (5)—D
(6)—B

・・・・・・・・・・・・・・・・・・・・・・・・・・・・・ **全 訳** ・・・・・・・・・・・・・・・・・・・・・・・・・・・・・

A.《大学の医療センターの受付での会話》

　アイカは交換留学生で，大学の医療センターを訪れている。

受付係：こんにちは。今日はどういったご用件でしょうか。

アイカ：ええと，診察をしていただきたいのです。腹痛がひどいのです。

受付係：承知しました。ここに来られたのは初めてですか？

アイカ：はい。課程が始まったばかりなんです。

受付係：では，学生証を提示して，この用紙に記入していただけますか。

アイカ：わかりました。うーん，用紙についていくつか質問があります。
　　　　私はまだ携帯電話を持っていないのですが，電話番号の欄にはどう書
　　　　けばいいでしょうか。

受付係：大丈夫です。今のところは空欄にしておいてかまいません。

アイカ：それと，医療保険の照会番号もまだ取得していないのです。

受付係：今回現金で支払っていただけるのなら，後で保険会社が返金して
　　　　くれます。

アイカ：今持ち合わせがそれほどないんです。診察してもらったらどれく
　　　　らいかかりますか。

受付係：最高で100ドルほどになります。お支払いできますか。

アイカ：できると思います。それから最後の質問ですが，「服用中の薬」
　　　　の欄には，今朝飲んだ中国ハーブ茶を入れるべきでしょうか。

受付係：もちろんです。医師はそれを知りたいでしょうから。

B.《この作家の正体は？》

A．2013年に，イギリスのある新聞社が匿名の密告を受けた。その内容
は，最近出版された犯罪小説の著者であるロバート＝ガルブレイスが，実
は『ハリー・ポッター』シリーズの著者 J.K.ローリングで，ペンネーム

で書いているらしい，というものであった。その新聞社が次に行ったことは，現実よりもミステリー小説の中でありそうなことかもしれない。

E．編集者たちは，コンピュータ科学の教授であるパトリック＝ジュオラに連絡を取った。新聞社は彼が開発中であったソフトのプログラムに興味を持っていたのだ。

D．そのソフトは，ある文書での言語の用法を，別の文書の用法と比較してその類似性を査定するのである。この場合は，ジュオラはローリングが書いたのではないかと疑われている本『カッコウの呼び声』を，明らかに彼女の作品である『カジュアル・ベイカンシー　突然の空席』と比較した。

C．その2作品の作者が同一であるとジュオラが断定するのに，ほんの30分しかからなかった。総体的に見て，1960年代には，アメリカ合衆国建国の父のうちの誰が特定の重要書類を書いたのかを確認するのに，研究者たちのチームが大きなコンピュータを使って3年かかったのである。

F．ローリングは，自分がガルブレイスと同一人物だと暴露されたことにがっかりしたようだった。のちにローリングは，あるインタビューでこう告白した。「もっと長く知られずにいたかったです。正体をばらす予定はありませんでした」

B．それでも，ローリングは今では新しいテレビシリーズの制作責任者としてハリー・ポッターの世界に戻っており，ガルブレイスは犯罪小説の執筆に戻っている。では教授は？　伝えられるところでは，彼は元大統領のエイブラハム＝リンカンが書いたと考えられている全ての文書の著作者を確認するというプロジェクトに取り組んでいるという。

========= 解　説 =========

A．(1) 　直前でアイカが「医師に診てもらいたい」と述べている点がポイント。当該箇所では，なぜその必要があるのか，つまり体調不良の旨を伝えているのではないかと推測できる。よって，Cの「腹痛がひどいのです」が最も適切である。

A．「それらの外見がどのようなものか教えていただけますか」　B．「どこでそれを見つけられるか知らせてもらえますか」　D．「痛みがありそうですね」

(2) 　当該部分の直後で受付係が診察の申し込みをするよう促していることから，アイカの発言は，直前の「ここに来られたのは初めてですか？」に

対する返事を補完するものだと考えられる。よって，Bの「課程が始まっ
たばかりなんです」が最も適切である。A.「ここに来られてとても嬉し
いです」 C.「ここでの私の仕事は今日始まります」 D.「すぐに来られ
なくて申し訳ありません」

(3) 直前でアイカが，用紙の記入について「電話番号の欄にはどう書けば
いいでしょうか」と尋ねている点がポイント。受付係は「大丈夫です」と
答えた後にこの質問に対する具体的な返事をしたのだと考えられる。よっ
て，Aの「今はそこを空欄にしておいてかまいません」が正解。B.「代
わりに私の電話を使ってかまいません」 C.「ここですぐに買うことがで
きます」 D.「何でも好きな数字を書いてかまいません」

(4) 直後で受付係が「最高で100ドルほどになります」と伝えている点が
ポイント。アイカは持ち合わせが少なくて不安なので，診察の費用がどれ
くらいになるのかを尋ねたのだと推測できる。よって，Dの「診察しても
らったらどれくらいかかりますか」が最も適切である。A.「お金はほと
んど保険会社に渡しました」 B.「先生はすでに十分お金持ちだと思いま
す」 C.「今週はどんな特別なお買い得品があるのですか」

(5) stretch to ～ は「(物) を買うほどの余裕がある」の意味である。し
たがって直前の受付係の発言は「お支払いできますか」となり，アイカは
この質問に対して返事をしたのだと考えられる。よって，Bの「そう思い
ます」が正解。A.「あなたのお手伝いがあれば」 C.「日々運動してい
ます」 D.「それは簡単だ！」

B. 正しい順序はA→E→D→C→F→Bである。

　段落整序の問題は指示語や代名詞，冠詞，さらにディスコースマーカー
(so, therefore, for example, on the other hand など) に注意して読むこ
とが大切である。

　Aは，新聞社に対し，著名な作家が別のペンネームを使って異なるジャ
ンルの小説を書いているとの情報提供があったという内容である。注意す
べきは第2文 (What the newspaper …)。「その新聞社が次に行ったこと
は，現実よりもミステリー小説の中でありそうなことかもしれない」で終
わっているので，続く段落では新聞社が何を行ったのかが説明されている
と考えられる。Eの第1文で「(新聞社の) 編集者たちは，コンピュータ
科学の教授であるパトリック＝ジュオラに連絡を取った」と述べられてい

るので，この段落がAに続くものであるとわかる。よって，A→Eとなる。

　Eの第2文（The newspaper was…）から，新聞社がジュオラに連絡を取ったのは，彼が開発中のソフトに興味があったからであることが読み取れる。したがって次の段落では，このソフトがどのようなものなのかが説明されていると推測できる。これに合致するのはDで，冒頭のItはEのthe software programを指している。よって，E→Dとなる。

　Dは，このソフトが，名目上別々の作家によるものとされている2作品を比較した，という内容で終わっている。次の段落では，当然この比較の結果がどうであったかが述べられていると考えられるので，「その2作品の作者が同一であるとジュオラが断定するのに，ほんの30分しかかからなかった」で始まっているCがこれに続き，D→Cとなる。

　Fでは，真相が暴かれた後のローリングの反応が述べられている。これはEからCまでの一連の同定作業の結果を受けたものなので，C→Fと捉えるのが自然である。

　最後に，Bが現在時制で表現されていることから，結果として関係者が今どうなっているのかを付け加えて本文を完結させたものと考えられる。よって，Bが最後にくる段落となる。

Ⅱ　解答　A.　(1)—D　(2)—C　(3)—B　(4)—A　(5)—B　(6)—D　(7)—A　(8)—D　(9)—C　(10)—C　(11)—B　(12)—C　(13)—D　(14)—A　(15)—B
B.　(1)—A　(2)—A　(3)—C　(4)—B　(5)—B　(6)—C　(7)—B

·· 全 訳 ··

《伝説に名高いシェフの今も続く影響力》

① 「フランス料理の母」として知られているが，ウジェニー゠ブラジィエは小学校も卒業しておらず，妊娠後に19歳で家を追い出された。それでも，40歳になるころには，彼女は2軒のレストランを経営し，世界で最も受賞数の多いシェフであった。1933年，彼女はミシュランガイドで六つ星を受ける最初の人物となるのだが，これは1998年にアラン゠デュカスが彼女と肩を並べるまで，比類のない記録であった。彼女はまた，有名なシェフのポール゠ボキューズに仕事を教えた主な人物でもあった。

② ブラジィエは疑いもなく傑出した成功者であった。では，ボキューズの

ような人たちが称賛されてきた一方で，彼女の業績がほとんど忘れ去られているのはなぜだろうか。

③ 彼女のレストランのうちの1軒——現在の二つ星レストランのラ・メール・ブラジエ——は，シェフのマチュ＝ヴィアネの指導の下で今日まで営業が続いている。店内では，ガラスケースの中に1933年のミシュランガイドが誇らしげに鎮座していて，一方，ぱりっとした白いブラウスを着たブラジエの写真がスライドドアに現れる。ブラジエの名残はこのレストランで生き続けているが，彼女がフランス料理法に重大な貢献をしたことについて知る者はほとんどいない。

④ 「でも，彼女の性別も大きな役割を果たしていました」と食物史家のアニー＝グレイ博士は説明した。「フランス料理の舞台は主に2つの範疇に分かれていました。それは，伝統的な訓練を受けた人たち（大半が男性）が作るオート・キュイジーヌと，おばあさんの料理法であるキュイジーヌ・デ・ラ・グランメールです」

⑤ 19世紀および20世紀初めには，フランスで一流シェフになるための道は，厳格なルールに従っていた。10〜13歳の少年が厨房の見習いとしてスタートし，働きながらランクを上げていくのだ。その後，高度な訓練が続く。その場所はたいていパリだが，ニースやノルマンディーの海岸のカジノリゾートで働く時期を伴うことも多かった。女性は見習いにされず，ブラジエも例外ではなかった。

⑥ ブラジエは1900年代初期に育ったのだが，彼女の家族はリヨンの56キロ北東にある農場で生計を立てていた。母親の指導の下で，ブラジエはスプーンを握れるようになるとすぐに料理を始めた。5歳のころには，オーブンに火をつけることが許されていなかったにもかかわらず，彼女は2種類のタルトを作ることができるようになっていた。彼女は家畜のブタの世話を担当していて，学校は時折行くのが関の山であった。彼女が授業に参加できるのは，農場でやるべき仕事が少なくなる冬季だけであった。

⑦ ブラジエの母親が亡くなったのは，彼女がまだ10歳の時で，家族の生活を助けるために彼女は近所の農場で仕事を見つけた。しかし，1914年，19歳のブラジエは未婚のまま妊娠し，それは当時恥ずべきことと考えられていたので，父親は彼女を家から追い出した。生活していくために，ブラジエはリヨンの裕福な家族から家事の仕事をもらい，息子のガ

ストンは全寮制の学校に預けた。その一家は南フランスのカンヌで冬を過ごしていたので，彼女も毎年一家とともに移動した。一家がひとたび年間を通じてそこで暮らす決心をすると，彼女は最終的に料理人の役も引き受けることになった。参照するための料理本もなかったので，彼女は商売人や地元のホテルスタッフに頼んでレシピを教えてもらい，記憶をもとにそれを再現した。

⑧　第一次世界大戦後，その時には経験豊かな料理人になっていたブラジィエは，メール・フィルーの厨房で働き始めた。そこはスタッフが全員女性のレストランで，当時はよく見られるような店であった。一般に，ブション（伝統的なレストラン）は，「リヨンの母」と呼ばれる女性たちによって経営されていた。彼女らはお腹を空かせたビジネスマンや絹織物工たちに安い肉の切り身を出していた。

⑨　1922 年までにブラジィエはメール・フィルーや他のレストランで働いて十分にお金を貯め，食料品店を購入した。彼女はそれを小さなレストランにした。そこでザリガニのマヨネーズ和えやハトの丸焼きや田舎風の豆とニンジンといった料理を作ったことで，彼女は有名になった。のちに彼女はリヨンの中心地のリューロワイヤルにある大きめのレストランに移った。そこは現在ラ・メール・ブラジィエがある場所である。1928 年，リヨン郊外 19 キロの丘に，彼女は農場と料理学校を持つ 2 軒目のレストランをオープンした。

⑩　パリ以外の場所にいたことは，彼女の成功を助けも妨げもした。ミシュランガイド（本来はミシュランのタイヤの販売を促進するために作られたドライバー用の手引書だった）が人々をもっと旅行したい気分にさせ，リヨンがパリから南へ向かうドライバーに人気の立ち寄り先となっていたので，リヨンのレストラン——ブラジィエの店も含めて——の評判は上がった。しかし，パリはル・コルドン・ブルーのような大きな料理学校の本拠地であり，リヨンで主に見られる伝統的な料理法よりも高く評価されていたオート・キュイジーヌの頂点に君臨していたのである。

⑪　1953 年，ニューヨークのウォルドーフ・アストリア・ホテルの支配人が，ブラジィエを雇ってレストランを経営させようとし，多額の年棒を提示した。ブラジィエはリヨンを離れることを拒否してこれを断った。彼女は功績に対して与えられるフランスで最高位の賞，レジオン・ド・ヌール

も提示されたが，その賞は「料理が上手なことよりも大切なことのために
取っておかれる」べきであると言ってこれも断った。

12　ブラジィエは 1977 年に 81 歳で亡くなり，レストランの経営権を孫娘の
ジャコッテに残した。2004 年，そのレストランは閉店し，2008 年まで空
き店舗だったが，その年にヴィアネによって買い取られた。彼にとって最
も重要なのは，レストランの歴史である。彼は自らを「門番」と表現して
いる。自分が死んだ後もその施設は長く残っていくと知っているからだ。

13　食材のシンプルさとブラジィエの伝統的料理法の要素は，ブラジィエの
時代から彼が一貫して持ち続けている 2 つのものである。彼はメニューを
現代風のものにしているが，ブレスチキンやセルヴェル・ド・カニュ（ハ
ーブ入りの柔らかいリヨンチーズ）といった昔の人気料理は，今もメニュ
ーの定番商品である。

14　フランス人シェフのアンヌ＝ソフィ＝ピックは，料理法の開拓者として
ブラジィエのあとを継いでおり，現在，フランスでミシュラン三つ星のレ
ストランを持つ唯一の女性である。ブラジィエの遺産はそのレストランを
通じて生き続けている一方で，フランスにあるミシュランの星付きレスト
ランのうち，女性の経営する店がわずか 6 パーセント程度しかないように，
料理界の性差別は今も存在する。

出典追記：Eugénie Brazier: The legendary 'mother of French cuisine', BBC Travel on March 21, 2023 by Anna Richards

==========　解説　==========

A. **(1)**　当該文の意味は「ブラジィエは疑いもなく（　　）成功者であっ
た」となる。彼女がどのような成功者であったのかを考えればよいが，第
1 段で彼女が素晴らしいシェフであったことが述べられているので，Dの
「傑出した」が最も適切である。他の選択肢では，直後の「では，なぜ彼
女の業績がほとんど忘れ去られているのか」という問いにうまくつながら
ない。A．「過小評価された」　B．「まずまずの」　C．「無名の」

(2)　当該部分は，ある決まった言い回しになっていると考えられる。
under the guidance of ～ で「～の指導の下で」という意味になる。よっ
て，Cが正解である。

(3)　当該部分の意味は「フランス料理の舞台は（　　）2 つの範疇に分か
れていた」となる。be 動詞と過去分詞に挟まれた箇所なので，ここには

2024年度 2月4日 解答編

副詞が入る。それぞれの選択肢の意味を比較すると，A．「手当たり次第に」，B．「主に」，C．「感謝して」，D．「密接に」となり，最も適切なのはBとなる。

⑷　当該段落ではシェフの養成について説明されているが，第2文（Boys aged between …）でその対象者は男子であると述べられている点に注意する。当該部分の意味は「女性は見習いにされなかった」になると考えられ，第5文型の受動態を作るAが最も適切であるとわかる。make＋名詞で「～になる」とする用法もあるが，この場合の make は「～の素質を持っている」という意味であり，普通，直後の名詞には good やwonderful などの肯定的な形容詞が付く。本文は女性には見習いシェフの素質がなかったと述べているわけではないので，B・C・Dは不適。

⑸　当該部分には接続詞が入る。当該部分の前後の節は，前が「2種類のタルトを作ることができるようになっていた」，後が「オーブンに火をつけることが許されていなかった」となる。2つの節の意味のつながりを考えると，「許されていなかったけれども作ることができた」とするのが最も妥当である。よって，Bの although「～にもかかわらず」が正解となる。

⑹　当該文の意味は「しかし，1914 年，19 歳のブラジィエは未婚のまま妊娠し，それは当時恥ずべきことと考えられていたので，父親は彼女を家から（　　）」となる。第1段第1文でも「19歳で家を追い出された」と述べられているので，Dの「追い出した」が正解である。A．「連れ出した」　B．「認めなかった」　C．「送り出した」

⑺　当該部分は挿入句で，「第一次世界大戦後の時点でブラジィエは経験豊かな料理人になっていた」という意味になっていると考えられる。Aのnow は物語などの中で過去時制と用いられ，「今や，その時」などの意味になる。よって，これが最も適切である。

⑻　直後の表現に注意。turn A into B「A を B に変える」という意味になると考えられるのだが，目的語がない。これは目的語が関係代名詞になって前に出たからである。よって，目的格の関係代名詞 which のDを選択する。

⑼　当該部分の意味は「そこは現在ラ・メール・ブラジィエの（　　）である」となる。それぞれの選択肢はA．「生息地」，B．「（事故・事件など

の）現場」，C.「（建物の）敷地」，D.「地点」という意味なので，最も適切なものはCである。

(10)　当該部分は both helped and （　　）となっているので，動詞の過去形が入って「助けもしたし（　　）もした」という形になるとわかる。第2文（The Michelin Guide …）ではブラジィエの店を含むリヨンのレストランの評判が上がったこと，第3文（However, Paris was …）ではパリのほうが料理界において格上とされていたことが述べられており，リヨンを拠点とするブラジィエにとって前者は「助け」，後者は「妨げ」になったと考えられる。よって，Cの「～を妨げた」が最も適切である。A.「（利益）を生んだ」　B.「～を証明した」　D.「～を分けた」

(11)　当該部分は「パリは（　　）だった」，直後は「大きな料理学校にとって」となる。前後の関係が成立するのは be home to ～「～の本拠地である」という意味になるBである。

(12)　当該文の that 以下の意味は「料理が上手なことよりも大切なことのために取っておかれる（　　）」となる。ブラジィエはレジオン・ド・ヌールを辞退したので，この部分は肯定表現になるはずである。よって，AとDは除外される。Bは「～するかもしれない」，Cは「～すべきである」で，意味を比較するとCのほうが適切である。

(13)　当該文の意味は「彼はメニューを現代風のものにしているが，ブレスチキンやセルヴェル・ド・カニュ（ハーブ入りの柔らかいリヨンチーズ）といった昔の（　　）は，今もメニューの定番商品である」となる。ブレスチキンやセルヴェル・ド・カニュは料理であり，old「昔の」と形容されながら改定後のメニューにも載っているということは，昔から好かれているということだと考えられる。よって，正解はDの「大好物」である。A.「様式」　B.「名前」　C.「学校」

(14)　follow を用いた成句で，follow in *one's* footsteps「～のあとを継ぐ」というものがある。当該部分はこの並びになっているので，Aの footsteps を選択する。

(15)　当該部分の意味は「ブラジィエの遺産はそのレストランを通じて（　　）一方で」となり，live に伴う語を選択する。live on で「生き延びる」という意味の成句となり，文意も通るので，正解はBである。

B. (1)　「今日ブラジィエがほとんど無名なのは，（　　）だからである」

A.「彼女が女性シェフだった」

B.「彼女が古典的な訓練を受けた」

C.「彼女の料理法が不人気だった」

　第2段および第3段では，ブラジィエが傑出したシェフであったにもかかわらず無名の存在であったと述べられており，第4段は「でも，彼女の性別も大きな役割を果たしていました」で始まって，第5段では，ブラジィエの時代の女性に対してはシェフになる道が開かれていなかったことが説明されている。よって，最も適切な理由はAである。

(2)「ブラジィエは（　　）料理の仕方を学んだ」

A.「子供の頃に」

B.「スプーンを使って」

C.「オーブンなしで」

　第6段でブラジィエの幼少期の様子が述べられているが，第2文(Under her mother's …)に「スプーンを握れるようになるとすぐに料理を始めた」とある。つまり，幼い頃から料理を学んだのである。よって，Aが最も適切である。spoon や oven といった語も本文中に出てくるが，BもCも正解ではないので注意すること。

(3)「"Brazier's mother" で始まる第7段によると，ブラジィエが息子のガストンを全寮制の学校に送ったのは（　　）だからである」

A.「彼にシェフとしての訓練を正式に受けてほしかった」

B.「彼が気難しくて落ち着きのない子供だった」

C.「生きていくために自分が働かなくてはならなかった」

　第3文(To make a living, …)に「生活していくために，ブラジィエはリヨンの裕福な家族から家事の仕事をもらい，息子のガストンは全寮制の学校に預けた」とあるように，彼女は働いて生計を立てなければならなかったのである。よって，正解はCである。

(4)「1920年代末までに，ブラジィエは（　　）を所有した」

A.「レストラン1軒」

B.「レストラン2軒」

C.「レストラン3軒」

　第9段最終文(In 1928 she opened …)で「1928年に彼女は2軒目のレストランをオープンした」と述べられているので，彼女は1920年代末

の時点でレストランを2軒所有していたことになる。よって，正解はBである。

⑸「"In 1953"で始まる第11段によると，ブラジィエは（　　）と主張してレジオン・ド・ヌールを辞退した」

A．「自分にはそれにふさわしい才能がない」

B．「レジオンはシェフのためのものではない」

C．「偉大な料理はそれ自体が報酬である」

　最終文（She was even offered …）で，彼女は「その賞は料理が上手なことよりも大切なことのために取っておかれるべきである」と言って辞退したと述べられている。これが理由であると考えられるので，Bが最も適切である。

⑹「自分自身を『門番』と称することで，マチュ＝ヴィアネは（　　）と言おうとしている」

A．「自分の許可なしでは誰もレストランに入れない」

B．「そのレストランはウジェニー＝ブラジィエ記念館になっている」

C．「ブラジィエの料理法を永続させることを最優先事項にしている」

　第12段最終文（He describes himself …）および第13段で述べられているように，ヴィアネがブラジィエのレストランを買い取ったのは，それをレストランとして存続させるためであり，彼女の料理法を残していくためである。この趣旨に最も近いのはCである。

⑺「この文章に対する最も適切な表題は（　　）である」

A．「ミシュランの格付け制度における性的偏見」

B．「伝説に名高いシェフの今も続く影響力」

C．「ブション料理の発展」

　ミシュランの「星」による格付けは本文でも紹介されているが，本文の主旨はあくまでもブラジィエのシェフとしての業績とそれがもたらしたものであり，格付けがテーマではない。よってAは不適。ブション料理についての記述はなく，Cも不適。「伝説に名高いシェフ」＝「ブラジィエ」，「今も続く影響力」＝「ブラジィエの遺産は生き続けている」と考えると，Bが最も適切である。

Ⅲ　解答

A. (1)—C　(2)—C　(3)—C　(4)—B　(5)—A
(6)—B　(7)—A　(8)—A　(9)—C　(10)—B
B. (1)—A　(2)—B　(3)—C　(4)—B　(5)—B　(6)—C　(7)—B

・・・・・・・・・・・・・・・・・・・・・・・・・・・・・　全　訳　・・・・・・・・・・・・・・・・・・・・・・・・・・・・・

《ギリシアのオーバーツーリズムへの対処》

① 秋っぽいというよりは夏っぽい，11月末のある朝，アクロポリスのふもとにある並木道に沿って，大勢の観光客が集まって集団となっている。古代マラトンの戦士の衣装を着た男性が，壮大な要塞を背景に「有料で」ポーズをとっている。「我々は素晴らしい1年を過ごしています」と語るのは，ギリシアの観光大臣ヴァシリス＝キキリアスである。「もうすぐ12月ですが，繁忙期はまだ続いています。これこそまさしく我々が望んでいたもの——少しずつシーズンを引き延ばすこと——なのです」

② ギリシア全体と同様に，アテネの観光事業はあらゆる予想に背いてきた。この分野はギリシアの経済的原動力で，今年は150億ユーロを稼ぐと予算立てされ，2月にロシアのウクライナ侵攻が始まって予約が止まった時には絶望的に感じられた。しかしそうではなく，キキリアスによると，この紛争や中国人観光客の不在や望まれていないクラゲの出現などにもかかわらず，観光客数は3000万人（ギリシアの人口のほぼ3倍）近くを保っていて，収益は180億ユーロを超えそうである。

③ 夏のピーク時には，毎日約1万6000人もの行楽客がアクロポリスの登頂に挑戦していた。この古代遺跡のふもと付近にあるプラカの路地で，店主たちは商売がこんなにうまくいくのは初めてだと話す。「どちらかと言えば，今はただ彼らに帰ってほしいですね」と話すのはアンナ＝シモウである。彼女はその地域にある現代ギリシアデザインの店で働いている。「私たちはみんなクタクタで，経営者側は新たにスタッフを雇用する責任があります」

④ しかし，パンデミック後の回復には危険が伴う。キキリアスは，観光客を集めている「2つ半の地域」以外にも景気の良い産業をより均等に広める必要があると最初に提唱した人物である。アテネ市長のコスタス＝バコヤニスは，持続性も気にかけている。彼は先週，サービス提供の負担が急増していることに対処する一助とするために，観光客に市税を課すことを要求した。ギリシアの首都が島々への乗り継ぎルートと常にみなされて

いた頃とは違って，2022 年にアテネに押し掛けた観光客は 700 万人以上
であったと推定される。

⑤ 「古代アテネの中心部に永住する 65 万人が支払うのは不公平です」とバ
コヤニスは言う。「市を維持したいのであれば，我々はヨーロッパの他の
ほぼ全ての首都がやっている方法に倣って，観光客に市税を導入する必要
があります」

⑥ 業界の計算によると，週に 63 便ある直行便で到着するアメリカ人が，
今年ギリシアを世界で 3 番目に人気のある観光地にするためのカギとなっ
た。しかし，GDP の 25 パーセントを占める部門が成功していると職員が
報告している一方で，オーバーツーリズムの暗い影——サントリーニ島な
どの島々では古くから明白であった——が，急増する観光客数によって文
化的に貴重なものの保護に危険が生じるのではないかという懸念に拍車を
かけている。

⑦ 18 カ所のユネスコ世界遺産の所在地として，ギリシアは観光客数を管
理するという難題をますます顕著なものにしている。古代の遺跡を保護す
ることと，それらを観光に利用し発展させていくこととの間で，うまくバ
ランスをとる必要があると専門家たちが強調しているからである。紀元前
495〜429 年に建設されたアクロポリスは世界遺産の 1 つであるが，それ
自体，2020 年に政府がペリクレスの傑作の周囲にコンクリートの小道を
取り付け，アクセスを改善するために私人に寄付を受けた見栄えのしない
ガラスと鋼鉄のエレベーターを設置した時には論争の中心となった。

⑧ 「赤信号が灯っています」と，ユネスコの観光アドバイザーのリーダー
であるピーター＝デブラインは言う。「我々はどの程度多ければ多すぎる
と言えるのかを問い始めなければなりませんが，アクロポリスのような遺
跡に毎日 1 万 6000 人の観光客が詰めかけるというのは，かなり多すぎる
ように思えます」 デブラインは，持続可能な選択肢を望む旅行者がます
ます増えていることが研究で示されていると述べた。観光業がヨーロッパ
でもアメリカでも急速に復活しているので，人気のある史跡に対しては収
容能力の対策が採用されることが必須であると彼は言った。

⑨ 「私たちはオーバーツーリズムから，同じ正味の効果のあるリベンジツ
ーリズムへと移行しました」と彼はガーディアン紙に話し，後者はパンデ
ミックの衝動的な反動であると説明した。「必要とされているのは，消費

者から始まるけれども観光業と遺跡管理に拡大する全く異なる方法です。観光体験の質を落とさず保護を確実なものにするのであれば，当局が世界遺産での過密状態を緩和する方策をとらねばならないのは明白です」

⑩　デルフィで開催されたユネスコの50周年会議では，気候危機とオーバーツーリズムの影響について議論された。会議は，参加者たちにマーケティング戦術を変えて，大きな集団ではなく少人数の，高額消費で影響力の低い観光客を引き寄せるよう求めた。「我々が望むのは，まもなくチケットがオンラインだけで販売されるようになることです。それが訪問を制限する確実な方法だからです」とデブラインは語り，夏の盛りには入場料が高くなるので，時期に応じてチケット価格を調整することも実施される可能性があるだろうと付け加える。「閑散期か，繁忙期と閑散期の間の時期に旅行するのを選べば，莫大な影響が生じます」

⑪　最近，東アジアの遺跡は，持続可能な観光業の基準を定めるために，ユネスコの新しい観光客管理と戦略法を実行し始めている。「それは我々にあるアイデアを与えてくれました」とデブラインは説明した。「我々は，観光業が非常に多くの地域にとっての活力源であり，地方経済に不可欠のものであることを理解していますが，オーバーツーリズムは本当に危険です。賢く方策をとるか，金の卵を産むガチョウを殺してしまうかのどちらかです」

=== 解 説 ===

A.（1）「以下のうち，下線部①の意味に最も近いものはどれか」

　下線部を訳すと，「全ての予想に背いた」となる。defy「～を裏切る，～に背く」　これはつまり，いろいろ予測したけれどもその通りにはならなかったという趣旨であり，最終文（Instead, earnings…）では第2文（The sector, …）の予測が良い意味で裏切られたことが述べられている。これに最も近いのは，Cの「予期されていたよりも好調だった」である。A.「独特な特徴を持っている」　B.「人気のある流行を追うのを拒絶している」

（2）「下線部②は何を指しているか」

　当該部分（they 以下）の意味は，「彼らはそれをそんなにも良好な状態にしたことがない」となるが，これは観光客で賑わう地域の店主たちの感想なので，商売（売り上げ）について述べているのだと考えられる。よっ

て，Cの「商売」が正解。A.「天候」　B.「休暇（の過ごし方）」

(3)「下線部③は何を示唆しているか」

　下線部を訳すと「景気の良い産業がより均等に広まることが必要である」となる。「景気の良い産業」とは観光業のことであり，特定の観光地だけに旅行者が集中している現状に対する改善策の必要性が述べられている。この趣旨に最も近いのは，Cの「特定の観光地が見過ごされている」である。A.「政府は旅行者の流れを減らしたがっている」　B.「旅行者の受け入れを拒否している地域がある」

(4)「以下のうち，下線部④の具体例となり得るものはどれか」

　下線部を訳すと「サービス提供の負担が急増していることに対処する」となる。当該文の冒頭で持続性，つまり観光地の保全が挙げられていることを考えると，観光客が一度に押し寄せる事態を回避するための方法が具体例となり得る。よって，Bの「世界遺産の周囲に柵を設置する」が最も適切である。A.「ウェブサイトでアテネ市を大々的に宣伝する」　C.「入場料の値下げを競う」

(5)「以下のうち，下線部⑤の意味に最も近いものはどれか」

　下線部の意味は「（オーバーツーリズムの兆候が）古くから明白であった」となる。つまり，かなり前からわかっていたという趣旨である。これに最も近いのは，Aの「長い年月にわたって広く目立っていた」である。B.「次第に問題点が増えてきている」　C.「遠い過去に計画された」

(6)「下線部⑥は何を示唆しているか」

　下線部の意味は「紀元前495〜429年に建設されたアクロポリスは世界遺産の1つであるが，それ自体が論争の中心となった」となる。これは，政府がアクロポリスを訪れる観光客の利便性のために通路とエレベーターを設置したところ，美観を損ねるという批判が出たことを述べているのだと考えられる。つまり，観光の推進と遺跡の保全とを両立するのは難しい，ということである。この趣旨に合致しているのは，Bの「アクロポリスは難しい問題への取り組みの好例である」である。A.「アクロポリスは建設された時にある問題を抱えていた」　C.「アクロポリスはギリシアでは欠点を持つ世界遺産である」

(7)「下線部⑦は実はどういう意味か」

　下線部の意味は「赤信号が灯っている」だが，これはAの「状況が憂慮

すべきものになりつつある」の比喩的表現で，オーバーツーリズムがもは
や看過できないレベルになっていることを表している。B.「危機的状態
があまりにもたくさんある」　C.「地元の人々が忍耐力を失いつつある」

⑻　「下線部⑧は何を指しているか」

　当該文で，「リベンジツーリズムはパンデミックの衝動的な反動である」
と述べられている。これは，パンデミックのために旅行が制限され，その
規制が緩和された後にそれを取り返すために旅行する人が急増する，とい
う現象を表したものである。この趣旨に最も近いのは，Aの「旅行するの
を長期間制限された後に旅行したいと思うこと」である。B.「ある国が
すでに旅行者が多すぎると発表している時でさえそこを訪れること」　C.
「こちらの国には滅多に旅行者を送ってこない国を旅行すること」

⑼　「下線部⑨は何を示唆しているか」

　下線部の意味は「夏の盛りには入場料が高くなるので，時期に応じてチ
ケット価格を調整することも実施される可能性があるだろう」となる。こ
れは繁忙期には料金を上げて訪問を抑制し，閑散期には下げて訪問を促す
ことで観光地の過密状態を緩和しようとするものである。この趣旨に最も
近いのは，Cの「変動的な価格設定が実施されれば混雑が緩和されるかも
しれない」である。A.「ほとんどの人にとっては，夏にその場所を訪問
するのが最適である」　B.「人々がたくさん支払えば支払うほど，市はよ
り多くの利益を得られる」

⑽　「下線部⑩は実はどういう意味か」

　下線部を訳すと「金の卵を産むガチョウを殺してしまう」となるが，こ
れは比喩的表現で，実際には「目先の利益のために将来の利益を犠牲にす
る」という意味である。つまり，儲かるからと言ってオーバーツーリズム
を放置していると，観光地の価値が失われて将来観光業が衰退してしまう，
ということを表している。この趣旨に合致しているのは，Bの「これまで
利益を与えてくれていたものを壊してしまうかもしれない」である。A.
「人々が払ってもいいと思う以上に請求をするかもしれない」　C.「自然
界によくない影響を及ぼすかもしれない」

B.　⑴　「第2段はギリシアが（　　）と示唆している」

A.「外国からの観光客に大きく依存している」

B.「ウクライナ紛争を気にかけていない」

2
0
2
4
年
度

2
月
4
日

解
答
編

C.「中国との関係を心配している」

　第2文（The sector, …）では観光業がギリシアの経済的原動力であること，最終文（Instead, earnings …）ではギリシアが人口の3倍近くの観光客を受け入れていることが述べられている。この趣旨に合致しているのはAである。ウクライナ情勢の影響が懸念されたことが第2文から読み取れる点，中国との国交には言及がない点で，BとCはそれぞれ不適である。

(2)　「"At the height" で始まる第3段では，筆者はアンナ＝シモウの意見を（　　）として取り入れた可能性が最も高い」

A.「強調」　B.「ユーモア」　C.「矛盾」

　シモウは店員で，観光客が殺到して忙しすぎるのでもう帰ってほしいと述べている。もちろんこれはジョークで，実際に客が帰ってしまえば彼女は困るはずである。よって，Bが最も適切である。

(3)　「"Americans arriving on" で始まる第6段で，筆者の主な論点は（　　）ということである」

A.「サントリーニ島は観光客に人気があるが，儲かってはいない」

B.「ギリシアは観光客を歓迎しているが，外国からのそれ以外の訪問者は拒絶している」

C.「ギリシアの観光業は文化の保全を脅かしている」

　第2文（But as officials …）で「急増する観光客数によって文化的に貴重なものの保護に危険が生じるのではないかという懸念」と述べられている。この内容に合致しているのはCである。Aはそのような記述がないので不適。ギリシアは実際に外国（たとえばアメリカ）からたくさん訪問者を受け入れており，観光客でなければ拒絶しているという記述はないのでBも不適。

(4)　「アクロポリスで起こり続けていることは，（　　）の一例である」

A.「持続可能な観光業」

B.「オーバーツーリズム」

C.「文化的観光業」

　アクロポリスの状況は第7段で述べられている。観光客が押し寄せ，彼らの利便性を高めるために講じた策がその観光地の景観を台無しにしてしまう，という状況が生じているのである。この現象を「オーバーツーリズ

２０２４年度　２月４日

解答編

ム」と呼ぶので，Bが正解。

⑸　「"UNESCO's" で始まる第 10 段で，ピーター＝デブラインが提案した
オーバーツーリズムの解決策は，（　　）を満足させるかもしれない」

A．「コスタス＝バコヤニスではなくヴァシリス＝キキリアス」

B．「ヴァシリス＝キキリアスではなくコスタス＝バコヤニス」

C．「ヴァシリス＝キキリアスとコスタス＝バコヤニスの両方」

　デブラインが提唱しているのは，チケットをオンラインだけで販売し，
価格調整によって特定の時期に観光客が殺到しないようにする，というも
のである。これは第 4 段第 3 文（Sustainability is …）に出てくる，観光
客に課税しようと考えているバコヤニスと同じような考え方と言ってよい。
一方，第 1 段第 3・4 文（"We're having …）を見るに，キキリアスは観
光客が多ければ多いほど好ましいと考えているようなので，この提案には
同意しないであろう。よって，Bが正解である。

⑹　「この記事の内容に基づくと，持続可能な観光業は（　　）を重視し
ている」

A．「数世代継続する新しい産業システムを発展させること」

B．「人々が自分の要求にかなった目的地を選ぶのを手助けすること」

C．「経済の，社会の，自然の環境を守ること」

　持続可能な観光業を進めるために重要なのは，観光地を保全することで
ある。本文で紹介されているのは，後付けの建造物を建設して美観を損ね
ないようにすることや，観光客数が極端に多くならないようチケットの販
売方法や価格設定で調節することなどである。この趣旨に近いのはCであ
る。

⑺　「この文章に対する最も適切な表題は（　　）である」

A．「ギリシアのアテネ：ビジネスに開かれている」

B．「ギリシアのオーバーツーリズムへの対処」

C．「リベンジツーリズムからギリシアを守る」

　本文で一貫して述べられているのは，オーバーツーリズムの問題点やそ
の解決策であり，オーバーツーリズムがキーワードであると言ってよい。
よって，Bが最も適切である。Aには「ツーリズム」すらないので不適。
Cの「リベンジツーリズム」はパンデミック後に見られる現象で，本文で
も部分的にしか述べられておらず不適。

２月７日実施分　　　問　題

（90分）

〔Ⅰ〕A．次の会話文の空所(1)～(5)に入れるのに最も適当なものをそれぞれA～Dから一つずつ選び，その記号をマークしなさい。

Kanata, a first-year student, is talking to his English teacher, Mr. Byrne, before class.

Kanata:　　Excuse me, Mr. Byrne. Can I ask you about something?

Mr. Byrne:　_____
　　　　　(1)

Kanata:　　I'm going to be studying abroad next year.

Mr. Byrne:　_____
　　　　　(2)

Kanata:　　Oh, Canada.

Mr. Byrne:　Interesting. Why Canada?

Kanata:　　_____ It just seems like a fun choice.
　　　　　(3)

Mr. Byrne:　Right, I'm sure it will be. Then, didn't you have a question for me?

Kanata:　　Yes. _____ What should I do?
　　　　　(4)

Mr. Byrne:　Hmm, good question—I'd recommend taking one of the intensive English courses this winter. They're all taught by teachers from other countries, and one of our teachers is from Canada.

Kanata:　　Oh, really?

Mr. Byrne:　And I've seen a lot more international students around this year, too. I know there's a place on campus called Talk Spot where you can meet people and have a conversation.

(5)
Kanata: Yes, that sounds great! Thank you, Mr. Byrne!

(1) A. After class.

B. Good question.

C. Go ahead.

D. I believe so.

(2) A. Could you tell me more?

B. Where will you be?

C. Have you been abroad before?

D. Could you say that again?

(3) A. Actually, I still can't decide.

B. Actually, I'm not really going.

C. Actually, I'm interested in the US.

D. Actually, I don't really know.

(4) A. I want to improve my language skills before I go.

B. I need to learn about other countries' cultures.

C. I'm not sure what to take with me.

D. I've heard it's cold over there.

(5) A. That might be of help.

B. They run a course.

C. Do you often speak with them?

D. Have you met anyone yet?

B.　下の英文A～Fは，一つのまとまった文章を，6つの部分に分け，順番をばらばらに入れ替えたものです。ただし，文章の最初にはAがきます。Aに続けてB～Fを正しく並べ替えなさい。その上で，次の(1)～(6)に当てはまるものの記号をマークしなさい。ただし，当てはまるものがないもの(それが文章の最後であるもの)については，Zをマークしなさい。

(1)　Aの次にくるもの

(2)　Bの次にくるもの

(3)　Cの次にくるもの

(4)　Dの次にくるもの

(5)　Eの次にくるもの

(6)　Fの次にくるもの

A.　If asked to name an animal commonly found in Australia, few people would mention the camel. However, there are thought to be about one million of them roaming much of Central Australia. Of course, camels aren't native to Australia. They were first imported from the Middle East in the mid-19th century.

B.　The invention of motorized transport marked a turning point, however. In a short space of time, camels became unnecessary. Some of them escaped, or were released, into the countryside, where they steadily grew in number.

C.　This made them ideally suited to life in the huge areas of hot, dry country in Central Australia. By the middle of the 19th century, having built cities on parts of the coast, British settlers were keen to know more about the interior of the country. Using camels for transport seemed like a sensible choice.

D.　These days, there are so many camels that they're causing environmental damage and competing with native animals for limited water supplies. This is a problem that governments are still working to solve.

E.　The reason that camels were brought to Australia is that they are amazingly tough. They can survive in difficult conditions for weeks without drinking any water, while carrying heavy loads.

F.　Between 1870 and 1920, roughly 20,000 camels and 2,000 cameleers (riders) were brought to Australia. Their work opened lines of supply and communication between remote settlements, contributing to the economic and cultural development of the country.

〔Ⅱ〕A.　次の英文の空所（　1　）〜（　15　）に入れるのに最も適当なものをそれぞれA〜Dから一つずつ選び，その記号をマークしなさい。

　　　　Hoshizawa—a hugely popular TV cooking-show host in Japan—was preparing for a highly anticipated cooking class, and I was there to participate. While Japanese cuisine—certain styles of cooking—offers a wealth of food delights, with an endless variety of regional dishes, today she was cooking Ainu cuisine, the food of the indigenous people of Japan. That's because, long before Japanese food became so famous, with sushi and shabu shabu prized all over the world, there was another cuisine here that has almost been forgotten. Their food culture was rich and vibrant—and had a distinct and lasting impact on Japanese cuisine.

　　　　"(　1　) Japan's indigenous people, you wouldn't have that Japanese taste that's so famous," said Remi Ie, Director of Japan at Slow Food International. "They created and fostered the food culture of Japan." She's referring to umami, the savory "fifth taste" that is often （　2　） Japanese dishes. It's found in soy, miso, and other fermented foods that give the cuisine its unique flavor. But Japan's umami in fact has its roots in Ainu culture—in the kombu that grows in rich underwater forests around Hokkaido's coastlines and has always been used in traditional Ainu cuisine.

"Originally there was no kombu in Japanese cuisine," said Hiroaki Kon, an Ainu chef and owner of Kerapirka restaurant in Sapporo, one of the few Ainu restaurants in the world. "The Japanese （　3　） it from Ainu food and now it is used in everything."

The Ainu had fat and oil from the animals they hunted, but also used kombu as a savory seasoning. They would harvest and dry the kombu, and then either deep-fry it, grind it into a powder to be sprinkled on deer meat, （　4　） mix the powder with water to form a paste or sauce. And by the 14th century, they were trading kombu and other goods with the Japanese, thus introducing this umami flavor into Japanese food. Today more than 95% of Japan's kombu comes from Hokkaido.

With much of their culture lost after the Japanese government formally took over Hokkaido in the late 1800s, there is now a （　5　） to showcase Ainu cuisine and culture to outsiders, as well as a revival of interest in their traditions and ingredients.

While Hokkaido is today best known for fresh seafood and dairy products, the Ainu cultivated millet (small-seeded grasses), wheat, and buckwheat and ate bear, deer, and salmon, among other animals and fish. They foraged for wild plants, berries, and grasses. And while Japan is known for its love of sushi and sashimi, the Ainu rarely eat （　6　） fish or flesh—it is usually boiled into soup or roasted, with the fish skin and animal hides traditionally used for clothes. Traditional seasoning would be plain—usually salt, kombu, or animal fat—with no use of soy sauce or other soy products.

The Ainu's respect for nature formed the foundation of their cuisine's simple flavors. "Ainu people only eat (7) is around them," said Kon. "They don't pick everything but think about the next year and the year after. They would always leave some part of the plant or tree so it could continue to grow." They worship many animals as deities and honor their spirits through rituals and ceremonies, and their diet has always been (8), with a strong respect for resources and the environment.

Many of the wild plants used in Ainu cuisine have healing properties, a trait which is becoming increasingly trendy in Japan and throughout Asia. (9), the characteristically bitter varieties of *sansai*, which are eaten in salads and soups, or as tempura, are purported to be high in vitamins and minerals as well as polyphenols, which contain anti-aging properties; while the *shikerebe* berry of the Amur cork tree is one of the 50 fundamental herbs of traditional Chinese medicine, used to eliminate heat and poisons from the body. The Ainu use shikerebe as a general painkiller or to cure stomachache.

As Ainu culture becomes increasingly recognized, their food and its health (10) are getting the attention of food lovers, chefs, and restaurant owners, both in Hokkaido and beyond. "Recent interest in reviving traditional Ainu culture has seen some restaurants serving the traditional cuisine—albeit an enhanced version to make items more agreeable for modern tastes," explained Jane Lawson, food and travel writer and founder of Zenbu Tours.

Kon opened Kerapirka restaurant in the Hokkaido capital in May 2019 with the goal of promoting his beloved cuisine. While he serves up traditional Ainu dishes, he also puts (11) on indigenous ingredients to entice new customers, such as cooked salmon belly with salt that contains the green onion *kitopiro*; or thin slices of lightly cured deer meat, a technique polished from his years as a chef in an Italian restaurant in Osaka. His methods seem to be working: Kon says that half his customers are non-Ainu, with an increasing number of international travelers coming to try Ainu cuisine.

　　Further away, Chef Shinobu Namae, executive chef at a three-Michelin-star French–Japanese restaurant in Tokyo, has also been (　12　) the revival of Ainu culture by including traditional Ainu foods and techniques on his menu. He reproduces their unique kombu powder, for instance—but rather than using it to flavor meat, "we sprinkle it on vegetables and salads; it concentrates the flavor," he said.

　　(　13　), back at Hoshizawa's cooking class, the excited buzz in the room finally started to subside and the dishes were ready to sample. The results were simple but delicious: the heaviness of the millet dumplings was (　14　) by the slightly sweet kombu sauce, while each sip of soup sang with the individual flavors of salmon, potato, carrot, and kelp. It was all delightful, but as I was eating, I realized that it was about much more than food. I was tasting a slice of some almost-lost indigenous (　15　) that will, hopefully, now start to get the attention it deserves.

(1)　A．Without　　　　　　B．Regarding
　　　C．Taking　　　　　　D．Despite

(2)　A．similar to　　　　　B．distant from
　　　C．associated with　　D．divided into

(3)　A．rejected　　　　　　B．adopted
　　　C．condensed　　　　　D．substituted

(4)　A．and　　　　　　　　B．so
　　　C．yet　　　　　　　　D．or

(5)　A．movement　　　　　B．performance
　　　C．property　　　　　　D．license

出典追記：Japan's unknown indigenous cuisine, BBC Travel on August 12, 2020 by Ellie Cobb

(6) A. cooked   B. raw
     C. straight   D. living

(7) A. which   B. whichever
     C. wherever   D. what

(8) A. profitable   B. sufficient
     C. sustainable   D. efficient

(9) A. In contrast   B. As a result
     C. For example   D. By comparison

(10) A. issues   B. profits
     C. interests   D. benefits

(11) A. the campaign   B. a twist
     C. a layer   D. the heat

(12) A. championing   B. regulating
     C. assessing   D. financing

(13) A. Meanwhile   B. To sum up
     C. Indeed   D. All in all

(14) A. strengthened   B. offset
     C. reset   D. soured

(15) A. association   B. groups
     C. connections   D. wisdom

B．本文の内容に照らして最も適当なものをそれぞれA〜Cから一つずつ選び，
その記号をマークしなさい。

(1)　Based on the fourth paragraph, starting with "The Ainu," it is clear
that

　A．kombu cannot be easily bought outside of Hokkaido.

　B．kombu's role in trade has been largely unexplored.

　C．the Ainu didn't limit the use of kombu to one particular dish.

(2)　In the sixth paragraph, starting with "While Hokkaido," the author
implies that the Ainu

　A．harnessed the great power of the ocean waves.

　B．developed a high level of artistry in their garment-making.

　C．took full advantage of their environment.

(3)　In the seventh paragraph, starting with "The Ainu's respect," the
author implies that the Ainu

　A．like to plan ahead.

　B．live in the moment.

　C．reflect on the past.

(4)　Based on the eighth paragraph, starting with "Many of the wild," the
best item to maintain a youthful appearance would be

　A．the sansai plant.

　B．the Amur cork tree.

　C．the shikerebe berry.

(5) According to the ninth paragraph, starting with "As Ainu culture," traditional Ainu cuisine

   A. is sometimes modified to suit present-day preferences.

   B. has remained unchanged over the course of its history.

   C. struggled for respect outside of its natural home.

(6) The main purpose of the second-to-last paragraph is

   A. to show that Ainu cuisine is in danger of losing its true identity.

   B. to illustrate how Ainu cuisine can gain wider acceptance.

   C. to claim that Ainu cuisine is best suited to flavor green, leafy foods.

(7) The author's primary objective in this passage is

   A. to argue that Ainu cuisine has always flourished as a distinct food culture.

   B. to convey the impact that Ainu cuisine has had on Japanese cooking.

   C. to inform on the variety of ways in which Ainu cuisine can be preserved.

〔Ⅲ〕 A．次の英文の下線部①〜⑩について，後の設問に対する答えとして最も適当
なものをそれぞれA〜Cから一つずつ選び，その記号をマークしなさい。

When an actor gives an amazing performance, can someone else "improve" it with digital editing? Are there ever cases where a movie being "digitally enhanced" might artistically ruin the experience? A lot of recent articles have covered the explosion in AI technology, and how it's intruding ① on entire sectors. Video editing is no exception.

In a recent online post, the visual-effects artist Daniel Hashimoto experimented with using new NVIDIA technology on the award-winning TV show *The Bear*. Hashimoto had the AI change the eyes from pointing away to looking at the camera. The main character was no longer looking into the distance, but rather at *you*. It's a small thing, and might not ② matter to most people. To others, however, it completely ruins the effect of the scene, distorting the artist's intent.

As with any transformational technology, we are all going to adapt to this new world. Experts in ethics, politicians, and digital consumers of all kinds will have to work out how to deal with a world where video might not be as it seems. A recent paper from a team at Carnegie Mellon University, in the US, studied the ethical issues surrounding video editing, especially "deepfakes," technology involving digital manipulation. They did two things. First, they asked many industry leaders and companies in the field of AI video technology what they thought their responsibilities were. Second, they asked what factors might limit or establish boundaries for those leaders.

What ethical duties, then, do AI developers feel they have? According to Gray Widder and his colleagues, the answer is, "not many." In general, AI industry leaders present three arguments. The first is the "open source" argument. This is where a program is either made free to use or the source can be copied and used by others. As one AI leader put it, "Part of the point

of open-source free software is that you are free to use it. There are no restrictions on it. And we can't do anything about that."
　　　　　　　　　　　　　③

The second is the "genie's out of the bottle" argument. In other words, this is the idea that if we don't do it, someone else will. Technological development is inevitable. You cannot stop progress. Once AI is "out there," you can't then somehow reverse it. AI video editing is here, so let's deal with it.

The third is the "don't blame the manufacturer" argument. If someone uses a tool for evil purposes, that's on them, and not the tool makers. If
　　　　　　　　　　　　　　　　　④
someone writes a book based on racial prejudice, draws a racist picture, or plays a hateful song, you don't blame word processors, pencils, and guitars. When someone spreads false information, that's their crime, not the AI programmers'.

　　All are pretty compelling arguments. The first, perhaps, could be
　　⑤
refuted. Creating open-source programs is a choice. Access could be restricted to certain tools. But the second and third arguments are well made. Those who try to fight progress are often doomed to fail, and tools do
　　　　　⑥
not, in themselves, morally deserve disapproval. What, then, is needed to prevent a future flooded with nasty or misleading deepfakes? The paper from Carnegie Mellon University highlights two answers.

First, there are explicit ethical lines to be drawn: namely, professional norms and the law. Unofficially, a culture of certain standards could be engineered; we create industry stigma or acceptable-use standards. But officially, there is an obvious red line in video editing: consent. If you don't agree to your image being used or manipulated, then it's wrong for someone to do so. It's a line that can be easily turned into law—if you deepfake someone without their consent, then you risk a criminal charge. The
　　　　　　　　　　　　　　　　　　　　　　　　　　　　　⑦
illegality would certainly limit its use.

Second, there's a reputational issue here. Most people, most of the time, don't like being deceived. We want to know if what we're seeing is accurate. So, if we find out a website regularly features deepfakes, we're less likely to see it as reputable. If, on the other hand, a website *calls out* <u>(8)</u> deepfakes, promises never to use them, and has software detecting their use, users are more likely to trust, use, and pay for it. Deepfakes might get a laugh, but they don't get a good reputation.

So, the genie is most certainly out of the bottle, and the Internet Age is giving way to the AI Age. <u>We're all left blinking and puzzled at this bright new dawn.</u> <u>(9)</u> Yet, the world will adapt. Societies will find a way to bring these technologies into human life with minimal disruption and maximum advantage. As we've done with other tools for thousands of years, we'll keep doing human things alongside or with AI. There's nothing world-ending about the AI Age.

But we do need to consider what rules and norms ought to be established. We are in the adjustment period of a new age, and <u>the way we act now will define generations to come.</u> <u>(10)</u> Like the leaders of a revolution just won or pioneers facing a new land, there's something to be *built* here. And it should be built with ethics and philosophy in mind.

(1)　Which of the following has a meaning closest to Underline ①?

　　A．discussed

　　B．protected

　　C．hidden

(2)　What does Underline ② refer to?

　　A．the cultural significance of the TV show

　　B．the presentation of the main character

　　C．a recent change in technology

(3)　What does Underline ③ actually mean?

　　A．AI leaders regret their inability to supervise the use of open-source programs.

　　B．AI leaders doubt the motives of those who use open-source programs regularly.

　　C．AI leaders have no control over how open-source programs are used by others.

(4)　What does Underline ④ actually mean?

　　A．They are at fault.

　　B．They will be punished.

　　C．The idea was theirs.

(5)　What does Underline ⑤ imply?

　　A．AI leaders are working hard to win public support for their opinions.

　　B．The opinions of AI leaders are likely to be accepted by the public.

　　C．The AI leaders' opinions force the public to engage with the topic.

(6)　What does the author want to express most in Underline ⑥?

　　A．Progress often has quite tragic consequences.

　　B．Failure isn't guaranteed, but progress certainly is.

　　C．It is hopeless to try to resist the march of progress.

(7)　What does Underline ⑦ imply?

　　A．Deepfakes might not exist if there were laws against them.

　　B．The possibility of punishment would bring attention to deepfake use.

　　C．Making deepfakes unlawful would discourage their misuse.

2024年度　2月7日　問題編

(8)　Which of the following has a meaning closest to Underline ⑧?

  A.　draws critical attention to

  B.　mocks without remorse

  C.　promotes the accuracy of

(9)　What does Underline ⑨ actually mean?

  A.　We haven't decided how to take full advantage of the situation.

  B.　We don't really understand how to make sense of this new era.

  C.　We can't believe that we were able to reach this position so soon.

(10)　What does Underline ⑩ actually mean?

  A.　There is great wisdom in taking action now to create a better future.

  B.　The future depends on how well our children prepare for an AI era.

  C.　Our present actions will have great consequences for the future.

B.　本文の内容に照らして最も適当なものをそれぞれA～Cから一つずつ選び，その記号をマークしなさい。

(1)　In the second paragraph, the author mentions what Daniel Hashimoto did in order to show that

  A.　most people probably won't notice small changes made to videos.

  B.　even tiny changes to videos can have major effects on their impact.

  C.　when watching videos, it's important to observe any changes.

(2)　Research conducted by a team at Carnegie Mellon University found that industry leaders in AI video technology

  A.　believed that they weren't responsible for misuse of AI technology.

  B.　thought that AI technology should be regulated far more strictly.

  C.　felt that there were no significant threats related to AI technology.

(3)　Based on the seventh paragraph, starting with "All are pretty," the weakest argument given is

A．the "open source" argument.

B．the "don't blame the manufacturer" argument.

C．the "genie's out of the bottle" argument.

(4)　In the ninth paragraph, starting with "Second, there's," the author suggests that the number of deepfakes could be limited by

A．public groups that actively monitor website content.

B．how long websites remain popular and are considered funny.

C．their effect on the profits of websites that use them.

(5)　In the tenth paragraph, starting with "So, the genie," the author implies that the AI Age is something that

A．should be deeply troubling to us.

B．probably has fewer pros than cons.

C．we needn't overly worry about.

(6)　The view the author of this passage wants to express most is that

A．deepfake technology presents many complex challenges, but these can be overcome with careful and thoughtful approaches.

B．deepfake technology is troubling for a variety of reasons, but it is still possible to halt its progress and minimize its frequency.

C．deepfake technology poses numerous threats to society, but currently it has very little effect on our daily lives.

(7)　The most appropriate title for this article is

A．"Deepfake Technology and Laws to Control Its Abuse."

B．"The Ethics and Inevitability of Deepfake Technology."

C．"Public Shaming of Deepfake Technology Use in Companies."

解　答

Ⅰ　解答　　A.　(1)—C　(2)—B　(3)—D　(4)—A　(5)—A
　　　　　　B.　(1)—E　(2)—D　(3)—F　(4)—Z　(5)—C
(6)—B

···　全訳　···

A.《学生と英語教師との会話》

　1年生のカナタが，授業前に英語教師のバーン先生と話をしている。

カナタ：すみません，バーン先生。ちょっとお尋ねしてよろしいですか。

バーン：どうぞ。

カナタ：来年留学することになっているんです。

バーン：どこに留学するのかね。

カナタ：カナダです。

バーン：いいね。なぜカナダなのかね？

カナタ：実は，よくわからないんです。ただ，楽しそうな選択肢なので。

バーン：そうだね，きっと楽しいと思うよ。それで，私に質問があったの
　　　　ではないかね。

カナタ：ええ。留学前に英語の技能を高めておきたいのです。何をすべき
　　　　でしょうか？

バーン：うーん，良い質問だね。この冬に英語の集中講座を1つとること
　　　　をお勧めするよ。どの講座も外国出身の教師が教えていて，カナダ出
　　　　身の人も一人いるんだ。

カナタ：本当ですか？

バーン：それに，今年はあちこちで留学生を前よりかなりたくさん目にし
　　　　たよ。構内には，人と会って会話ができるトークスポットという場所
　　　　があるんだ。それが役に立つかもしれないね。

カナタ：いいですね。ありがとうございます，バーン先生。

B.《オーストラリアに生息するラクダ》

A.　オーストラリアでよく目にする動物の名前を挙げるよう求められた場
合，ラクダという人はほとんどいないだろう。しかし，オーストラリア中

央部の大部分を約100万頭のラクダが歩き回っていると考えられている。もちろん，ラクダはオーストラリア原産ではない。19世紀半ばに中東から初めて輸入されたのだ。

E. ラクダがオーストラリアに連れてこられたのは，驚くほど丈夫だからだ。厳しい条件下で，まったく水を飲まなくても数週間も生き延びて，重い積み荷を運ぶことができるのだ。

C. このおかげで，ラクダはオーストラリア中央部の広大な高温乾燥地帯での生活に完璧に適応することができた。19世紀半ばまでに，沿岸部には都市が建設されていたので，イギリスからの入植者は，オーストラリアの内陸部についてもっと知りたがっていた。移動のためにラクダを利用したのは賢明な選択だと思われた。

F. 1870年から1920年にかけて，ざっと2万頭のラクダと2千人のラクダ乗りがオーストラリアに連れてこられた。彼らの仕事は離れた居住地間の供給と情報交換の路線を開き，オーストラリアの経済と文化の発展に貢献した。

B. しかし，自動車輸送の発明が転換点となった。ラクダはすぐに不要になってしまった。逃げ出したり解放されたりして田舎のほうへ移動したラクダもいて，そこで着々と数を増やしていった。

D. 最近では，とてもたくさんのラクダがいるので，環境に損害を与えたり，土着の動物と限られた水資源を争ったりしている。これは，現在も政府が解決のために取り組んでいる問題である。

=============== 解説 ===============

A. (1)　直前でカナタが「ちょっとお尋ねしてよろしいですか」と尋ね，それを受けたバーン先生の発言であることから，バーン先生は質問を促すような発言をしたのだと考えられる。よって，Cの「どうぞ」が最も適切である。A.「授業の後にね」　B.「良い質問だね」　D.「きっとそうだと思うよ」

(2)　直前でカナタが「来年留学することになっている」と伝え，さらにバーン先生の発言の直後に「カナダです」と答えていることから，バーン先生はカナタの留学先を尋ねたのだと考えられる。よって，Bの「どこに留学するのかね」が正解。be の後には studying が省略されている。A.「もっと話してもらえるかな」　C.「以前外国に行ったことはあるかい？」

D.「もう一度言ってもらえるかな」

⑶　直前のバーン先生の「なぜカナダなのか」という質問に答えている箇所である。直後で「楽しそうな選択肢なので（選んだだけです）」と付け加えているので、はっきりとした理由があって選んだのではないことがわかる。よって、Dの「実はよくわからないんです」が最も適切である。A.「実はまだ決めかねています」　B.「実は本当に行くつもりはないんです」　C.「実はアメリカに興味があるんです」

⑷　カナタが当該の発言をした直後に「何をすべきでしょうか」と尋ね、それを受けてバーン先生は英語の集中講座を勧めているので、カナタは英語の上達のために何をすべきかを尋ねたのだと考えられる。よって、Aの「留学前に英語の技能を高めておきたいのです」が最も適切である。B.「外国の文化について学ぶ必要があります」　C.「何を持って行ったらいいかはっきりわかりません」　D.「あの辺りは寒いと聞いたことがあります」

⑸　バーン先生は直前でトークスポットという場所を紹介しているが、これはカナタの英語が上達するための提案であり、続いてその旨を伝えるような発言をしたのだと考えられる。よってAの「それ（トークスポット）が役に立つかもしれないね」が正解。B.「ある講座が運営されているよ」　C.「彼らとよく話をするのかい？」　D.「もう誰かと会ったかね」

B.　正しい順序はA→E→C→F→B→Dである。

　段落整序の問題は指示語や代名詞、冠詞、さらにディスコースマーカー（so, therefore, for example, on the other hand など）に注意して読むことが重要である。

　Aでは、オーストラリア中央部に100万頭ほど生息していると言われるラクダが、オーストラリアにとっては外来種であるという事実が紹介されている。流れとしては、これ以降の段落でオーストラリアにラクダが持ち込まれた理由やその後の経緯などが説明されているものと予想される。その前提で各段落を見てみると、Eでラクダがオーストラリアに持ち込まれた理由が述べられているので、これがAに続く段落だと考えられる。よって、A→Eとなる。

　次に、CがThisで始まっている点に注意する。第1文の意味は「このことが、ラクダをオーストラリア中央部の広大な高温乾燥地帯での生活に

完璧に適応させた」となる。つまり，This はラクダの特性を受けていると考えられ，Eの内容がそれにあたる。よって，E→Cとなる。

　EとCでラクダがオーストラリアに連れてこられた理由が説明されたので，後続ではその後の経過が述べられていると考えられる。Fでは Between 1870 and 1920 「1870〜1920 年」，B では The invention of motorized transport 「自動車輸送の発明」がキーワードとなる。時系列で考えると，Fの後にBが起こったと考えるのが妥当である。よって，C→F→Bとなる。

　最後に，D は These days 「最近では」で始まり，現在時制で述べられていることから，現状を説明して文章全体をまとめているものと思われる。よって，B→Dとなり，本文は完結する。

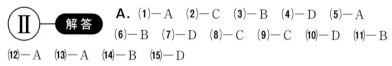

A. (1)—A　(2)—C　(3)—B　(4)—D　(5)—A　(6)—B　(7)—D　(8)—C　(9)—C　(10)—D　(11)—B　(12)—A　(13)—A　(14)—B　(15)—D

B. (1)—C　(2)—C　(3)—A　(4)—A　(5)—A　(6)—B　(7)—B

・・・・・・・・・・・・・・・・・・・・・・・・・・・・・・　全 訳　・・・・・・・・・・・・・・・・・・・・・・・・・・・・・・

《アイヌ料理が和食に及ぼしてきた影響》

① 　星澤——日本で絶大な人気を誇るテレビの料理番組の司会者——は，とても楽しみにされている料理教室の準備をしており，私は参加者としてそこにいた。日本料理—— cuisine とは一定の料理法のことである——は果てしなくさまざまな地方料理でたくさんの食の喜びを提供してくれるが，今日彼女が作るのはアイヌ料理，つまり日本の土着民族の食べ物であった。その理由は，寿司やしゃぶしゃぶが世界中で評価されて日本料理が非常に有名になるずっと以前に，別の料理法が存在し，ほとんど忘れ去られてしまっているからである。彼らの食文化は豊かで活気に満ちており，日本料理に明確で永続的な影響を与えた。

② 　「日本の土着民族がいなければ，あの有名な日本の味を獲得することはなかったでしょう」と，国際スローフード協会の日本担当の伊江玲美は語った。「彼らは日本の食文化を生み出し育成したのです」　彼女は，しばしば日本料理を連想させる塩味のきいた「5つ目の味」旨味に言及している。旨味は，大豆や味噌や，料理に独特の味わいを与えるその他の発酵食品に

見られる。しかし，実は日本の旨味はアイヌ文化——北海道の沿岸部にある水中の海草群で豊かに育つ昆布——が起源で，伝統的なアイヌ料理でずっと使われてきたのである。

③ 「もともと日本料理に昆布は存在しませんでした」と，アイヌ人シェフであり札幌のレストラン，ケラピリカのオーナーである今博明は言った。ケラピリカは世界でも数少ないアイヌ料理レストランの1つである。「日本人はアイヌ料理からそれを取り入れて，今ではあらゆるものに使っています」

④ アイヌ民族は，自分たちが狩猟した動物から脂肪や油脂を手に入れていたのだが，塩気のある調味料として昆布も利用していた。彼らは昆布を収穫して乾燥させ，その後，油で揚げて粉状にすりつぶしたものをシカの肉に振りかけるか，あるいはその粉を水と混ぜてペーストかソースにした。14世紀には，彼らは昆布やその他の商品を日本人と取引しており，その結果，この旨味が日本料理に取り入れられたのである。現在では，日本の昆布の95％以上が北海道産である。

⑤ 1800年代後半に日本政府が正式に北海道を支配するようになった後，アイヌ民族の文化の多くが失われてしまったので，今では，彼らの伝統や食材に関心が高まっていることに加えて，彼らの料理法や文化を外部の人たちにPRしようとする動きもある。

⑥ 北海道は今日では新鮮な魚介類と乳製品が最も有名だが，アイヌ民族はキビ（種が小さいイネ科の植物），小麦，ソバなどを栽培し，さまざまな動物や魚の中でも特にクマやシカやサケを食べていた。彼らは野生の植物やベリー類や草を探し回った。日本は寿司と刺身を好むことで有名だが，アイヌ民族が生魚や生肉を食べることはめったにない——たいていはスープに入れて煮るか焼くかして，魚や獣の皮は伝統的に衣服に利用していた。伝統的な調味料は質素なもの——だいたいは塩，昆布，動物性脂肪——で，醬油や他の大豆製品は使わなかった。

⑦ 自然に対するアイヌ民族の尊敬の念が，彼らの料理の質素な味付けの基礎をなしていた。「アイヌ民族は，自分たちの身の回りにあるものしか食べません」と今は述べた。「彼らはあらゆるものを採取するのではなく，翌年やその次の年のことを考えます。生育が継続するように，必ず草木の一部を残すのです」 彼らは多くの動物を神として崇拝し，儀式や式典を

通じてその精を敬っている。よって彼らの食事は資源や環境に対して強い
敬意があり，いつも持続可能なものなのである。

⑧　アイヌ料理で利用される野生植物の多くに癒しの特性があるが，これは
日本やアジア全域でますます流行している特徴である。たとえば，苦みを
特徴とする山菜は，サラダやスープに入れられるか天ぷらとして食される
が，老化防止の性質を持つポリフェノールだけでなく，ビタミンとミネラ
ルも豊富だと言われている。一方，シケレベ，つまりキハダの実は，漢方
薬の基本的な薬草 50 種の 1 つで，体内の熱や毒素を除くために用いられ
る。アイヌ民族はシケレベを一般的な痛み止めとして，あるいは腹痛を治
すために使っている。

⑨　アイヌの文化がますます認知されていくにつれ，北海道でもそれ以外の
地域でも，彼らの食事やその食事がもたらす健康上の恩恵が，美食家やシ
ェフやレストランオーナーたちの注意を集めるようになっている。「最近
の伝統的なアイヌ文化の復活への関心によって，伝統的な料理——現代の
味覚により合ったものになるよう強化されたバージョンではあるが——を
出しているレストランも出てきています」　こう説明したのは，旅行ライ
ターでゼンブツアーズの創設者のジェーン = ローソンである。

⑩　2019 年 5 月，今は自慢の料理を広めるという目的で，札幌でケラピリ
カをオープンした。伝統的なアイヌ料理を提供する一方で，彼は土着の食
材をひとひねりして，新しいお客を引き寄せてもいる。それはたとえば，
キトピロという緑のタマネギが入ったサケハラスの塩焼きや，軽く保存処
理を施されたシカ肉を薄くスライスしたもので，彼が大阪のイタリア料理
店でシェフとして過ごした年月で磨かれた技術である。彼のやり方はうま
くいっているようである。今は，お客の半分はアイヌ以外の人で，アイヌ
料理を試そうとやって来る国外の旅行者も増えていると話す。

⑪　さらに，東京にある三ツ星フランス・日本料理店の総料理長の生江史伸
も，メニューに伝統的なアイヌの食料と技法を取り入れることでアイヌ文
化の復活を支援している。たとえば，彼はアイヌの独特な昆布粉を複製し
ている——しかしそれを肉の味付けに使うのではなく，「私たちはそれを
野菜やサラダの上に振りかけて，味を濃縮させるのです」と彼は語った。

⑫　一方，星澤の料理教室に戻ると，室内の興奮したざわめき声がようやく
静まり始め，料理の試食の準備が整った。試食の結果は質素だが美味だっ

た。キビの茹で団子の濃厚さがほのかに甘い昆布出汁で相殺され，一方スープを一口飲むたびに，サケやジャガイモやニンジンや海藻の独特の風味が奏でられた。全てが素晴らしいものであったが，食べながら私は，これは食べ物以上のものだと理解した。私は，ほぼ失われてしまった土着の英知——うまくいけばふさわしい注目を集めだしてくれるだろう——が詰まった一切れを味わっていたのだ。

=========== 解説 ===========

A. **(1)** you wouldn't + 動詞の原形 … という表現から，当該文は仮定法過去であると考えられ，当該箇所には仮定法を作る語が入る。Aのwithout は「～がなければ…だろうに」という構文を成立させるので，これが正解となる。

(2) 当該部分の意味は，「日本料理（　　）塩味のきいた『5つ目の味』」となる。選択肢の意味は，A.「～に似た」，B.「～とはかけ離れた」，C.「～を連想させる」，D.「～に分類される」となるが，「味」が「料理」に「似ている」や「分類される」という表現は不自然であり，「かけ離れている」わけでもない。よって，A・B・Dは不適。日本料理の特徴といえば旨味なので，Cが正解となる。

(3) 当該部分の意味は，「日本人はアイヌ料理からそれを（　　）した」となる。第2段および第3段では，旨味がアイヌ料理起源で，その後，日本料理にも使われるようになったということが説明されている。この趣旨に合致するのは，Bの「取り入れた」である。A.「拒絶した」 C.「凝縮した」 D.「代用した」

(4) かなり位置が離れているが，either が用いられている点に注意。either *A* or *B* で「*A* か *B* のどちらか」の意味となる。つまり，deep-fry it, grind it into a powder to be sprinkled on deer meat が *A*，mix the powder with water to form a paste or sauce が *B* になっているのである。よって，当該箇所にはDの or が入る。

(5) 当該部分の意味は，「今ではアイヌの料理法や文化を外部の人たちにPR しようとする（　　）もある」となる。選択肢は，A.「動き」，B.「興行」，C.「財産」，D.「免許」となり，文脈に最も合致しているのはAである。

(6) 当該部分は「アイヌ民族は（　　）の魚や肉を食べることはめったに

ない」という意味になる。同文の前半で「日本は寿司と刺身を好むことで有名だが」と述べられていることから，当該箇所にはBの「生の」が入ると考えられる。A.「調理済みの」　C.「水などで割っていない」　D.「生きている」

(7)　文法的に考える。選択肢を見れば関係詞が入ることが予想されるが，直後に動詞が続いているので，主格の関係代名詞に絞られる。また，直前に名詞が存在しないので，先行詞を必要としない関係代名詞であると考えられる。よって，Dの what が正解となる。

(8)　当該部分の意味は「彼ら（アイヌ民族）の食事は常に（　　）であった」となる。直後では，その背景として「資源や環境に対して強い敬意を持っている」と説明しているので，自然との共存を重視していることがわかる。よって，Cの「持続可能な」が最も適切である。A.「利益をもたらす」　B.「十分な」　D.「効率の良い」

(9)　前後の意味のつながりを考える。直前では「アイヌ料理で利用される野生植物の多くには癒しの特性がある」と述べられており，当該文では野生植物の例として山菜が挙げられている。このことから，最も適切な成句は，Cの「たとえば」である。A.「対照的に」　B.「結果として」　D.「比較すると」

(10)　直前の its はその前の their food「彼ら（アイヌ民族）の食事」を指していると考えられるが，its health でひとかたまりと捉えると，「食事の健康」という意味になり不自然である。したがって，health は形容詞的に「健康の」と考え，それに続く名詞を選ぶ。選択肢の意味は，A.「問題」，B.「（金銭的な）利益」，C.「利子」，D.「恩恵」となり，最も適切なのはDである。

(11)　当該部分の意味は「彼は土着の食材に（　　）を加えて新しいお客を引き寄せている」となる。Bでは put a twist on 〜「〜をひとひねりする」という表現となり，文意も通る。よって，Bが正解。

(12)　当該部分の意味は「メニューに伝統的なアイヌの食料と技法を取り入れることでアイヌ文化の復活を（　　）している」という意味になる。選択肢の意味は，A.「擁護する」，B.「規制する」，C.「査定する」，D.「融資する」であり，文脈に最もかなっているのはAである。

(13)　直後の「星澤の料理教室に戻ると」に注目する。第1段で筆者が星澤

氏の料理教室に出席していることが本文の導入として述べられ，しばらくその話題から離れた後で再び戻っているのがこの箇所である。よって，話題の転換に用いるＡの「一方では」が最も適切である。Ｂ.「要約すれば」　Ｃ.「本当に」　Ｄ.「概して」

⒁　当該部分の意味は「キビの茹で団子の濃厚さがほのかに甘い昆布出汁で（　　）された」となる。「（おそらく苦みがあるであろう）濃厚さ」と「ほのかな甘さ」は対立関係にある味なので，Ｂの「相殺される」が最も適切である。Ａ.「強化される」　Ｃ.「設定し直される」　Ｄ.「すっぱくされる」

⒂　当該部分の意味は「ほぼ失われてしまった土着の（　　）の一切れ」となる。これは，アイヌ民族が長年にわたりさまざまな工夫をしながら育ててきた旨味に対する表現であり，筆者の敬意も含まれている。よって，最も適切なのはＤの「英知」である。Ａ.「関係」　Ｂ.「集団」　Ｃ.「関係」

B．⑴　「"The Ainu"で始まる第４段によると，（　　）ということが明らかである」

Ａ.「昆布は北海道の外では容易に購入できない」

Ｂ.「商売における昆布の役割は，大部分は調査されていない」

Ｃ.「アイヌ民族は昆布の使用をある特定の料理に限定してはいなかった」

　　第２文（They would harvest…）で述べられているように，アイヌ民族は昆布を乾燥させて油で揚げ，すりつぶして粉にしたり水と混ぜてペーストにしたりして，さまざまな料理に用いている。この内容に合致しているのはＣである。

⑵　「"While Hokkaido"で始まる第６段で，筆者はアイヌ民族が（　　）と示唆している」

Ａ.「大海の波の大きな力を動力源に利用した」

Ｂ.「衣服の製作において高い水準の芸術的手腕を発達させた」

Ｃ.「環境をフルに利用した」

　　第６段では，アイヌ民族がさまざまな植物を栽培，採集し，いろいろな動物や魚を食し，その皮を衣服にも利用していたことが説明されている。まさに環境を最大限に活用していたと言ってよい。この趣旨に合致しているのはＣである。動力源については記述がないのでＡは不適。衣服の芸術

２０２４年度　２月７日

解答編

性について触れられていないのでBも不適。

(3)　「"The Ainu's respect" で始まる第7段で，筆者はアイヌ民族が（　　）と示唆している」
A．「将来のために計画を立てることを好む」
B．「瞬間に生きている」
C．「過去のことを回想する」

　第3文（"They don't pick …"）で，「彼らはあらゆるものを採取するのではなく，翌年やその次の年のことを考える」と述べられている。Aはこの部分に合致している。

(4)　「"Many of the wild" で始まる第8段によると，見た目の若さを維持するのに最適な品は（　　）であろう」
A．「山菜」　B．「キハダ」　C．「シケレベの実」

　（　9　）で始まる第2文参照。「山菜は老化防止の性質を持つポリフェノールが豊富である」と述べられている。よって，Aが外見の若さを維持するのに最適である。

(5)　「"As Ainu culture" で始まる第9段によると，伝統的なアイヌ料理は（　　）」
A．「現代の好みに合うよう変えられることもある」
B．「その歴史の過程において変わらないままである」
C．「発祥地の外で尊敬を勝ち取るため奮闘した」

　第2文（"Recent interest in …"）で「現代の味覚により合ったものになるよう強化されたバージョンではあるが」と述べられているように，アイヌ料理は不変のものではなく変化が加えられることもあることがわかる。よって，正解はAである。

(6)　「終わりから2つ目の段落の主たる目的は（　　）である」
A．「アイヌ料理が真のアイデンティティを失う危険にさらされていると知らせること」
B．「アイヌ料理がどのように広く受け入れられるかを解説すること」
C．「アイヌ料理が緑の薬物の多い食事に風味を加えるのに最適だと主張すること」

　第11段では，フランス・日本料理店のシェフがアイヌの食材や技法を取り入れていると述べられている。これはアイヌ料理が広く受け入れられ

ていることの一例である。よって，この趣旨に合致しているのはBである。
(7) 「この文章における筆者の最も重要な目的は（　　）である」
A．「アイヌ料理が独特な食文化としてずっと繁栄してきたと主張すること」
B．「アイヌ料理が日本料理に及ぼしてきた影響を伝えること」
C．「アイヌ料理を守ることができるさまざまな方法について知らせること」

　（　1　）で始まる第2段第1文で「日本の土着民族がいなければ，あの有名な日本の味を獲得することはなかっただろう」という言葉が引用されているように，筆者はアイヌ料理の特徴を紹介しながら，それが日本料理に取り入れられてきた歴史を説明している。この主旨に合致しているのはBである。アイヌ料理が「ほとんど忘れ去られてしまっている」と述べられているのでAは不適。アイヌ料理を広めようとするシェフに関する記述はあるが，アイヌ料理を保護するさまざまな方法が示されているとまでは言えないのでCも不適。

Ⅲ　**解答**　**A.** (1)—A　(2)—B　(3)—C　(4)—A　(5)—B
(6)—C　(7)—C　(8)—A　(9)—B　(10)—C
B. (1)—B　(2)—A　(3)—A　(4)—C　(5)—C　(6)—A　(7)—B

·· **全 訳** ··

《ディープフェイク技術の倫理と必然性》

① 　ある俳優が素晴らしい演技を披露する時，他の誰かがそれをデジタル編集で「より良くする」ことができるだろうか。「デジタル的に改良され」ている映画が，その経験を芸術性の観点で台無しにするかもしれないような場合が存在するだろうか。近ごろ，多くの記事がAIテクノロジーの激増と全部門への侵害の程度を扱っている。動画の編集も例外ではない。

② 　最近のネット投稿によると，視覚効果アーティストのダニエル＝ハシモトが，賞を獲得したテレビ番組「ザ・ベアー」でNVIDIAという新しい技術を試した。ハシモトはAIに，視線を外している状態からカメラを見るように変えさせた。主役はもはや遠くを見てはおらず，むしろあなたを見ていた。それは小さなことで，ほとんどの人にはどうでもいいことかもしれない。しかし，それ以外の人にとっては，作り手の意図をゆがめ，そ

の場面の効果を完全に台無しにしてしまうのである。

③　どんな革新的な技術でもそうだが，我々はこの新しい世界に順応しそうである。倫理学の専門家や政治家やあらゆる種類のデジタル利用者は，動画が見かけ通りとは限らない世界の扱い方を考え出さなければならなくなるだろう。アメリカのカーネギー・メロン大学のチームが出した最近の論文は，動画編集，特にデジタル操作を伴う技術「ディープフェイク」を取り巻く倫理的問題を研究したものである。彼らが行ったのは次の2点だった。まず，AI動画技術の分野に属する多くの産業リーダーと企業に，自分たちの社会的義務とはどのようなものだと思うかを尋ねた。次に，そのようなリーダーにとって，境界を限定したり作ったりする要因はどのようなものかを尋ねた。

④　では，AIの開発者たちは，どのような倫理的義務があると感じているだろうか。グレイ＝ウィダーのチームによると，その回答は「多くない」である。一般に，AI産業のリーダーたちは，3つの主張を提示している。1つ目は「オープンソース」論である。これは，プログラムは自由に使えるようにされているか，ソースを他人がコピーして使ってもよいとする論である。あるAIリーダーはこう表現した。「オープンソースの自由ソフトウェアの要点に，自由に使えるという点があります。制限はありません。私たちはそれについて何もできません」

⑤　2つ目は「魔人は瓶から出ている」論である。これはつまり，たとえ自分がしなくても他の誰かがするだろうという考え方である。技術の発展は不可避である。前進を止めることはできない。ひとたびAIが「世に出て」しまえば，それをどうにかしてバックさせることはできないのである。AIによる動画編集が存在するのだから，使おうではないか。

⑥　3つ目は「製造者の責任ではない」論である。誰かが邪悪な目的でツールを使った場合，それはそのツールを作った側ではなく，使った側の責任である。ある人物が人種的偏見に基づいて本を書いたり，人種差別的な絵を描いたり，憎しみに満ちた歌を演奏したとしても，ワープロや鉛筆やギターを責めないだろう。誰かが誤った情報を拡散したのなら，それはその人の罪であり，AIプログラマーの罪ではない。

⑦　どれもかなり説得力のある主張だ。1つ目の主張は論駁されるかもしれない。オープンソースのプログラムを作ることは1つの選択肢だからであ

る。特定のツールに対してアクセスを制限することはできるだろう。しかし，２つ目と３つ目の主張はよくできている。進歩と闘おうとする者は，多くの場合，失敗する運命にあり，ツール自体が道徳的に非難に値するわけではない。では，悪意がある，または誤解を招きやすいディープフェイクが将来氾濫するのを防ぐには，何が必要だろうか。カーネギー・メロン大学の論文は，２つの解答を強調している。

⑧　まず，明確な倫理的一線，すなわち職業上の規範と法律の一線を引くべきである。非公式には，一定の基準を持つ文化を築くことが可能だ。つまり，産業的な恥辱となるもの，あるいは使っても問題のない基準を設定するのである。しかし，公式には，動画編集には絶対に譲れない明確な事項が存在する。それは承諾である。本人が自分の画像を利用されたり操作されたりするのに同意していなければ，誰かがそれをするのは間違っていることになる。それこそが容易に法律に変わり得る一線なのである——承諾なしに誰かのディープフェイクを作ったら，刑事告訴の危険を冒すことになるのだ。きっとその違法性が使用を制限するだろう。

⑨　第二に，評判の問題も存在する。大部分の人は，たいていの場合，だまされることを好まない。自分が目にしているものが正確なのかどうかを知りたいと思うものだ。したがって，あるウェブサイトが頻繁にディープフェイクを扱っていることがわかったら，私たちがそれを信頼できると考える可能性は低くなる。これに対して，ウェブサイトがディープフェイクを批判し，それを使わないと約束し，ディープフェイクの使用を発見するソフトを備えている場合，利用者がそれを信頼し，利用し，料金を支払う可能性は高くなる。ディープフェイクは笑いを取れるかもしれないが，良い評判を得ることはないのである。

⑩　さて，魔人はほぼ確実に瓶から出ており，インターネット時代はAI時代に取って代わられつつある。我々はみな，この新しく明るい日の出がまぶしくて困惑したままである。それでも，世界は順応していくだろう。社会はこれらの技術を，混乱は最小限，利点は最大限の状態で，人間生活に持ち込む方法を見つけるだろう。過去数千年にわたって他のツールに対して行ってきたように，我々は人間としての物事をAIと並んで，あるいはAIと共に行い続けていくだろう。AI時代に関して，世界を終末に導くようなものは何もない。

⑪　しかし，我々は，どんな規則や規範を作り出すべきかを考慮する必要が確かにある。我々は新しい時代に適応していく時期にあり，今の行動の仕方が来るべき時代を定義していくだろう。勝利を収めたばかりの革命指導者や新しい土地に立ち向かう開拓者のように，ここには築き上げるべきものがあるのだ。それは倫理や哲学を念頭に置いて築き上げられるべきものなのである。

出典追記：Deepfakes: When is it morally wrong to alter videos?, Big Think on March 13, 2023 by Jonny Thomson

====== 解　説 ======

A. **(1)** 「以下のうち，下線部①の意味に最も近いものはどれか」

　下線部を含む部分の意味は「近ごろ，多くの記事が AI テクノロジーの激増と全部門への侵害の程度を cover している」となる。これは多くの記事で AI についての意見や議論が扱われている，という趣旨である。よって，Aの「～を議論する」が正解である。B．「～を保護する」　C．「～を隠す」

(2) 「下線部②は何を指しているか」

　下線部は「それは小さなことだ」という意味だが，It が何を指しているかというと，直前の文で述べられている内容，つまり，テレビ番組の中で主役がカメラ目線になっていることを指している。よって，Bの「主役の表現方法」が最も適切である。A．「そのテレビ番組の文化的重要性」　C．「最近の技術の変化」

(3) 「下線部③は実はどういう意味か」

　下線部の意味は「私たちはそれについて何もできない」となるが，これはオープンソースの自由ソフトウェアを悪用する者がいても，ソフトの制作者側はそれを防いだり罰したりできない，という意味である。よって，Cの「AI 産業のリーダーたちは，オープンソースのプログラムが他人にどう使用されるかについて規制できない」が最も近い。Aの「AI 産業のリーダーたちは，オープンソースのプログラムの使用を監視する力がないことを悔やんでいる」は，悔やんでいるとまでは述べられていないので不適。Bの「AI 産業のリーダーたちは，オープンソースのプログラムをいつも使用している人たちの動機を疑っている」は本文には記述がない。

(4) 「下線部④は実はどういう意味か」

　下線部を含む文の意味は「誰かが邪悪な目的でツールを使った場合，それはそのツールを作った側ではなく，使った側にある」となる。この段落は「製造者の責任ではない」論を紹介しているので，「それ」が指しているのは「責任」のことであると考えられる。よってAの「彼らがとがめられるべきである」が正解。B．「彼らは罰せられるであろう」　C．「そのアイデアは彼らのものだった」

⑸　「下線部⑤は何を示唆しているか」

　下線部の意味は「どれもかなり説得力のある主張だ」となる。「説得力がある」というのは，その主張が相手（ここでは世間一般）に受け入れられるということなので，最も適切な選択肢はBの「AI産業のリーダーたちの意見は大衆に受け入れられそうである」となる。A．「AI産業のリーダーたちは自分たちの意見への大衆の支持を勝ち取るために懸命に努力している」　C．「AI産業のリーダーたちの意見によって，大衆はその話題と関わらざるを得なくなる」

⑹　「筆者が下線部⑥で最も表現したいと思っていることは何か」

　下線部の意味は「進歩と闘おうとする者は，多くの場合，失敗する運命にある」となる。これは，「（技術の）進歩には誰も逆らうことはできない」という趣旨であろうと考えられる。これに最も近いのは，Cの「進歩に抵抗しようとしても成功する見込みはない」である。A．「進歩はしばしば全く悲惨な結果を伴う」　B．「失敗は確実なものではないが，進歩は確実に保証される」

⑺　「下線部⑦は何を示唆しているか」

　下線部の意味は「きっとその違法性が使用を制限するだろう」となる。これは，承諾なしに他者をディープフェイクに利用することを禁じる法律ができれば，刑事告訴されることを恐れて画像編集ソフトの使用が減るだろうという意味である。この趣旨に最も近いのは，Cの「ディープフェイクを違法にすることで悪用を防げるだろう」である。Aの「対抗する法律があれば，ディープフェイクは存在しなくなるかもしれない」は，なくなるとまでは述べられていないので不適。B．「罰せられる可能性があれば，ディープフェイクの使用に関心がもたらされるだろう」

⑻　「以下のうち，下線部⑧の意味に最も近いものはどれか」

　当該部分の意味は「これに対して，ウェブサイトがディープフェイクを

calls out すれば」となる。「これに対して」というのは，同段第 4 文（So, if we find out …）の「あるウェブサイトが頻繁にディープフェイクを扱っていることがわかったら，私たちがそれを信頼できると考える可能性は低くなる」に対して，という意味であると考えられるので，当該文では，ディープフェイクと距離を置いていて信頼できそうなウェブサイトの特徴を挙げていると推測できる。call out 〜 で「〜を（公然と）批判する」となり，これに最も近いのは，Aの「〜に批判的な注意を集める」である。B.「〜を良心の呵責なく馬鹿にする」　C.「〜の正確さを促進する」

(9)　「下線部⑨は実はどういう意味か」

　下線部の意味は「我々はみな，この新しく明るい日の出がまぶしくて困惑したままである」となる。「この新しく明るい日の出」とは AI 時代の到来を指しており，「まぶしくて困惑している」とは，AI は素晴らしいものに思えるけれども AI との関わり方には不安を感じている，といった状態を指していると考えられる。この趣旨に合致しているのは，Bの「我々はこの新しい時代をどう理解すればよいか，あまりわかっていない」である。A.「我々はその状況をフルに活用する方法をまだ決められていない」C.「我々はこの地点にこんなにも早く到達できたことが信じられない」

(10)　「下線部⑩は実はどういう意味か」

　下線部の意味は「我々の今の行動の仕方が来るべき時代を定義していくだろう」となり，「AI 時代はこれまでに経験のない時代なので，既存の定義はなく，今の AI との関わり方がそのまま定義として定着していくことになるだろう」という趣旨であると考えられる。よって，最も適切なのはCの「我々の今の行動が未来に大きな影響を及ぼすだろう」である。A.「より良い未来を創るために今行動を起こすことは非常に賢明である」　B.「未来は我々の子供たちが AI 時代への準備をどれくらい周到にできるかにかかっている」

B. (1)　「第 2 段で，筆者はダニエル＝ハシモトが（　　）ということを示すために何をしたかを述べている」

A.「動画に加えられた小さな変更にはおそらくほとんどの人が気づかないだろう」

B.「動画への小さな変更でさえ動画の影響力に大きな効果を持ち得る」

C.「動画を見ている時にはどんな変更でもよく観察することが重要であ

る」

　第2段では，動画内の主役の視線を変えるという小さな変更でも場面全体を台無しにする可能性があると述べられており，この点が第2段の趣旨であると考えられる。よって，Bが最も適切である。

(2)「カーネギー・メロン大学のチームが実施した研究で，AI動画技術産業のリーダーたちが（　　）ということがわかった」

A．「AI技術の乱用に対して自分たちは責任がないと信じている」

B．「AI技術はもっと厳格に規制されるべきであると考えている」

C．「AI技術に関係する重大な脅威は存在しないと感じている」

　第6段では，「製造者の責任ではない」論が説明されている。これは，AI関連のツールが悪用された場合，その責任は利用者が負うべきものであり，製造者側には罪はない，とするものである。この趣旨に合致しているのはAである。

(3)「"All are pretty"で始まる第7段によると，提示された中で最も弱い主張は（　　）である」

A．「『オープンソース』論」

B．「『製造者の責任ではない』論」

C．「『魔人は瓶から出ている』論」

　第2文（The first, perhaps, …）で「1つ目の主張は論駁されるかもしれない」，第5文（But the second …）で「2つ目と3つ目の主張はよくできている」と述べられている点に注目すると，最初の主張が最も弱いということがわかる。よって，Aが正解である。

(4)「"Second, there's"で始まる第9段で，筆者はディープフェイクの数は（　　）によって制限できるだろうと主張している」

A．「ウェブサイトの内容を積極的に監視する公のグループ」

B．「ウェブサイトが人気を保ち，面白いと見なされる期間の長さ」

C．「ディープフェイクがそれを利用するウェブサイトの利益に及ぼす影響」

　第9段では，ウェブサイトがディープフェイクに対してとる態度によってそのサイトの評判が左右され，それが，人々がウェブサイトを利用し料金を支払うかどうかに影響を及ぼすということが述べられている。この趣旨に合致しているのはCである。

⑸「"So, the genie" で始まる第 10 段で，筆者は，AI 時代は（　　）ものだと示唆している」
A．「我々にとって非常に煩わしいはずの」
B．「おそらく支持が反対より少ない」
C．「我々が過度の心配をする必要がない」
　筆者は第 5 文（As we've done …）で，人類は過去のツールに対してそうであったように，AI についても順応し共存していくだろうという考えを示し，最終文（There's nothing …）では「AI 時代に関して，世界を終末に導くようなものは何もない」と述べている。この趣旨に最も近いのは C である。
⑹「この文章の筆者が最も述べたい見解は（　　）ということである」
A．「ディープフェイク技術はたくさんの複雑な難問を呈示しているが，これらは慎重で思慮深い方法により克服可能である」
B．「ディープフェイク技術はさまざまな理由で問題があるが，その進歩を止めてその頻発を最小限にとどめることはまだ可能である」
C．「ディープフェイク技術は社会に数えきれない脅威を引き起こすが，目下我々の日常生活に及ぼす影響は非常に小さい」
　各選択肢の前半部分は，細かい意味は微妙に異なるが大筋では同じ内容になっている。よって，but 以下の部分が決め手になる。まず，筆者はディープフェイクが我々の日常生活に及ぼす影響より責任や規範の問題を主に論じているが，「影響は今のところ小さい」とは述べていないので，C は当てはまらない。また，筆者はディープフェイク技術の進歩を止めることについては言及していないので，B も不適。A は第 8・9 段で具体的な克服法が紹介されている点と合致しているので，これが最も適切である。
⑺「この文章に対する最適な表題は（　　）である」
A．「ディープフェイク技術とその悪用を規制する法律」
B．「ディープフェイク技術の倫理と必然性」
C．「企業におけるディープフェイク技術の使用に対する吊し上げ」
　筆者は本文の中で，ディープフェイクをはじめとする AI 技術の時代が到来しつつある（＝避けられない）と述べ，その利用については倫理観が不可欠であると論じている。この主旨をカバーしている表題は B である。

//////////////// · **memo** · ////////////////

/////////////// · **memo** · ///////////////

２月３日実施分　　　　問　題

(90 分)

〔 Ⅰ 〕 A．次の会話文の空所(1)〜(5)に入れるのに最も適当なものをそれぞれA〜Dか
ら一つずつ選び，その記号をマークしなさい。

Yuta is renting equipment from James, who works at the university outdoor activities rental center.

James:　Hi. What kind of equipment are you looking for today?

Yuta:　Hello. I know I need sleeping bags and a tent, but otherwise I'm not sure what I should get. _____
　　　　　(1)

James:　Are you going camping, or kayaking, or something else?

Yuta:　Sorry, what's kayaking? Isn't that some type of boat?

James:　That's right. A kayak is a one-person boat that's light and easy to use. You can see some hanging on the wall in the back.

Yuta:　Oh, okay. _____ I'm not a big fan of the
　　　　　　　　　(2)
water, though.

James:　No problem. Are you going camping, then?

Yuta:　Yeah. My friend and I are hoping to go camping next weekend.

_____
(3)

James:　Sure. Let me show you the sleeping bags and tents we have. Do you need something to cook with as well?

Yuta:　Well, we'll be making a fire, but we don't have any pans or anything.

James:　In that case, you could rent one of these small stove burners and a pot. You'll be able to cook all sorts of simple dishes on it.

Yuta:
(4)_____

James: All right. As for our sleeping bags, usually we rent out these pads
too that you can put on the ground. _____
(5)

Yuta: Okay, that will work. I want to experience nature, but since I've
never camped before, I doubt I'll survive without a little comfort.

(1) A．Do you carry any equipment?

　　 B．Are your tents on sale?

　　 C．Are there items for water sports?

　　 D．Do you have any suggestions?

(2) A．I'll need two of those.

　　 B．I've seen those before.

　　 C．I already have one.

　　 D．I can buy one later.

(3) A．Would you like to come with us?

　　 B．We need something to stay overnight.

　　 C．We could really use a portable stove.

　　 D．Could you tell us some good locations?

(4) A．Can I ask the staff?

　　 B．I'm a good cook.

　　 C．Let's do that then.

　　 D．Is that okay?

(5) A．They are soft and warm.

　　 B．They make some noises.

　　 C．They can be a bit painful.

　　 D．They are meant for indoors.

B．下の英文A〜Fは，一つのまとまった文章を，6つの部分に分け，順番をばらばらに入れ替えたものです。ただし，文章の最初にはAがきます。Aに続けてB〜Fを正しく並べ替えなさい。その上で，次の(1)〜(6)に当てはまるものの記号をマークしなさい。ただし，当てはまるものがないもの(それが文章の最後であるもの)については，Zをマークしなさい。

(1)　Aの次にくるもの
(2)　Bの次にくるもの
(3)　Cの次にくるもの
(4)　Dの次にくるもの
(5)　Eの次にくるもの
(6)　Fの次にくるもの

A．We all know what an essay is, and maybe you have written one before. But did you know there is more than one meaning of the word *essay*?

B．If you read something similar to one of those examples, you may have read an essay. When I have some time to read essays, one of my favorite essayists to read is Bill Bryson. He writes essays that are fun to read.

C．So, the next time you have to write an essay, please remember, just try your best and write something you would like to read!

D．But it can also be a verb: *to essay*. *To essay* means to try or to attempt. This usage is less common than essay as a noun. If we think about it that way, just about anything can be an essay.

E. Consequently, you may have read one without knowing it. Just like short stories are short forms of fiction, essays are short forms of creative nonfiction, which includes biography, food writing, and travel writing to name a few.

F. When most Americans hear the word *essay*, they usually think that it refers to something they had to write in school, beginning with an introduction and ending with a conclusion.

〔Ⅱ〕A. 次の英文の空所（　1　）〜（　15　）に入れるのに最も適当なものをそれぞれA〜Dから一つずつ選び，その記号をマークしなさい。

Alannah Zurovski takes care of everyone in her life: in her work taking care of the elderly, at home with her rescue dog, Mowgli, and in her Oxnard, California neighborhood, where she has developed a reputation for rescuing baby hummingbirds. Hummingbirds are small and fragile birds whose wings move so fast that you cannot even see them. They drink the juices of flowers. When we interviewed Alannah for our magazine, she had just returned from picking up the latest addition to her household, a newly rescued baby hummingbird she had named Spunky. But we were calling to talk to her about an earlier hummingbird rescue success story: a baby hummingbird that she named Hummer.

In many ways, Alannah's bird rescue story starts with her dad. A pilot based in Colorado, he shares a lifelong love of animals with his （　1　）, and as a frequent flier himself he has what Alannah describes as a "spiritual connection with birds." When Alannah fostered her first hummingbird several years （　2　）, she knew exactly who to call for help. "At first I thought, I have no idea! What's the formula, what do I do? You call your mom when you have a baby." But in this case, her father, who has rescued many birds （　3　）, got the call. "He said, here's what you feed him," Alannah laughs. "Most of the ones I've gotten have been babies, and they need to be fed at （　4　） every 30 minutes," she explains. "It's like having a newborn!" With a little help from dad, Alannah's hummingbird-rescuing career had just begun. When a neighbor found Hummer on the ground in their yard, Alannah was ready to nurse him back to （　5　）. But how would her dog Mowgli react to a tiny hummingbird in the house?

Alannah, who has a background in early childhood studies, describes herself as a natural caregiver for "anything in need." In 2015, that （　6　） led her to adopt Mowgli from a local dog rescue shelter. "I had just gone through a really （　7　） time of losing my grandfather, and I was just needing something," she says. "Needing something to focus, needing something to take care of."

When she met Mowgli, the rescue center told her he had been left at the back door in a box. "They had no information on him. They didn't know how old he was, they didn't know any of his health conditions," she says. Mowgli came home with her, and the two have been best friends ever since. Mowgli and Alannah recently （　8　） the anniversary of the day they met with homemade dog-friendly ice cream. The sweet dog has even become an important part of her hummingbird fostering.

Alannah had faith in his kind nature, and when she brought Hummer home, Mowgli reacted even better than she would have hoped. "He just seemed to know that, you know, 'my human mother took me in when I didn't have any place to go, and so if she's bringing this little thing into the house, it must need it,'" Alannah comments. Truly a match （　9　） in heaven, Mowgli's gentle soul definitely mirrors his human mom's innate kindness.

Amazingly, （　10　） seeing him as a threat, Hummer took to Mowgli as well. In between feedings, the dog and the hummingbird liked to nap together on the heating pad, with Hummer sitting on Mowgli's shoulder, chirping away to his animal friend. Mowgli even helped with Hummer's flying practice. "At the time I had close to 100 houseplants," Alannah admits. "Hummer wasn't really ready to fully fly yet, and so he'd usually end up hitting a wall, or hitting a plant, or hitting something! I'd try to keep my (　11　) on him, but they're so tiny and they go so fast. But Mowgli would get up and sniff him out and go right to where he was so I could find him."

Hummer spent just 36 hours with Alannah and Mowgli (including one sleepless night of half-hourly dog-supervised feedings), but his impact (　12　) their lives is still being felt. When Hummer started to fly with (　13　) in the house, Alannah knew it was time to release him into the outside world again. She placed him in an outdoor hanging planter, knowing he would be safe there until he was ready to take off. Through the open front door, Alannah and Mowgli could hear him chirping loudly, as though saying goodbye and thank you. But Hummer's story is not over (　14　).

As Alannah tells it, every morning she gets up and lets Mowgli out into her gated front yard to go to the bathroom, and nearly every morning a hummingbird appears and sits in the hanging planter nearby for a few minutes. "It has to be Hummer," she says. Alannah thinks he might see Mowgli, or recognizes the sound of her voice; maybe he just knows their routine. (　15　) the reason, the hummingbird appears "probably five out of seven days a week," as soon as she lets Mowgli out. It definitely seems like more than a coincidence! "I don't know it for sure," Alannah admits. "But I do know it never happened before I had Hummer."

As Alannah and Mowgli care for Spunky, their new rescue, Alannah is again impressed with Mowgli's gentle care for the tiny bird. With Hummer, Mowgli "seemed to fall right into place," she says. "And he's doing the same thing with this one right now."

　　We have no doubt that soon, another hummingbird will join Hummer in visiting Mowgli every morning.

(1)　A.　hobby　　　　　　　　　　B.　flying

　　　C.　daughter　　　　　　　　　D.　pets

(2)　A.　since　　　　　　　　　　　B.　ago

　　　C.　past　　　　　　　　　　　D.　after

(3)　A.　yourself　　　　　　　　　　B.　themselves

　　　C.　himself　　　　　　　　　　D.　herself

(4)　A.　always　　　　　　　　　　B.　hardly

　　　C.　times　　　　　　　　　　　D.　least

(5)　A.　health　　　　　　　　　　B.　flying

　　　C.　death　　　　　　　　　　　D.　eating

(6)　A.　power　　　　　　　　　　B.　hope

　　　C.　will　　　　　　　　　　　D.　instinct

(7)　A.　hard　　　　　　　　　　　B.　long

　　　C.　good　　　　　　　　　　　D.　prime

(8)　A.　recorded　　　　　　　　　B.　celebrated

　　　C.　moved　　　　　　　　　　D.　decided

(9)　A.　heard　　　　　　　　　B.　made
　　　C.　seen　　　　　　　　　　D.　had

(10)　A.　in addition to　　　　　　B.　consequently
　　　C.　instead of　　　　　　　D.　in spite of

(11)　A.　eye　　　　　　　　　　B.　hand
　　　C.　ear　　　　　　　　　　D.　mind

(12)　A.　in　　　　　　　　　　　B.　on
　　　C.　of　　　　　　　　　　　D.　at

(13)　A.　fear　　　　　　　　　　B.　gratitude
　　　C.　anger　　　　　　　　　D.　confidence

(14)　A.　soon　　　　　　　　　　B.　always
　　　C.　yet　　　　　　　　　　D.　recently

(15)　A.　Anything　　　　　　　　B.　Whether
　　　C.　As long　　　　　　　　D.　Whatever

B．本文の内容に照らして最も適当なものをそれぞれA～Cから一つずつ選び，
　その記号をマークしなさい。

(1)　Right before the magazine interview, Alannah had rescued
　　A.　a baby hummingbird called Hummer.
　　B.　a baby hummingbird called Spunky.
　　C.　an elderly dog called Mowgli.

(2)　In the second paragraph, starting with "In many ways," Alannah says her father has a "spiritual connection with birds" because

   A．he worked as a pilot.

   B．he loves many animals.

   C．he has raised a few birds.

(3)　Soon after her grandfather died, Alannah

   A．got her university degree in childhood studies.

   B．adopted Mowgli from an animal shelter.

   C．held an anniversary party for Mowgli.

(4)　In the fifth paragraph, starting with "Alannah had faith," the author suggests that

   A．Mowgli and Hummer did not get along.

   B．Mowgli was in great need of a friend.

   C．Mowgli understood Alannah's intentions.

(5)　36 hours after being rescued, Hummer

   A．began having sleeping problems.

   B．became friends with Mowgli.

   C．was set free by Alannah.

(6)　The eighth paragraph, starting with "As Alannah tells it," suggests that

   A．Hummer visits Alannah and Mowgli regularly.

   B．hummingbirds repeat the same activities every day.

   C．Mowgli often remembers what Hummer looks like.

(7)　The author's primary purpose in this passage is to

 A．tell Alannah's story of rescuing hummingbirds.

 B．highlight the need for more animal rescue centers.

 C．discuss whether hummingbirds and dogs can get along.

〔Ⅲ〕A．次の英文の下線部①〜⑩について，後の設問に対する答えとして最も適当
　　なものをそれぞれA〜Cから一つずつ選び，その記号をマークしなさい。

  Lunch at a conference in Arizona was a southwestern buffet of chicken and Mexican food.　I had recently met a friendly man with a shaved head and a pale rectangular face named Paul Tabachneck, so we sat down together at a table to eat.　Tabachneck ate carefully, eyes focused on his plate or a spot on the pale-colored wall.　But his conversation was lively—he talked about playing music on his guitar in the New York subway while trying to achieve a dream of being a professional musician.　After about ten minutes, I scraped my knife against my plate while cutting my chicken.　Tabachneck quickly turned his head around to look at me, his eyes suddenly cold.

  "<u>Did you have to do that</u>?" he complained.　"And did you know that
   ①
your jaw pops when you eat?"

  We are all annoyed by annoying sounds: fingernails on chalkboards, car alarms, an actor's high-pitched voice.　But for some people, <u>particular</u>
                ②
<u>sounds send them into a disturbing frenzy.</u>　There is the Atlanta journalist who wanted to reach across the table to strangle his loudly chewing father; the Arizona computer scientist who hated the sound of knives so much that his girlfriend developed a strong dislike as well; the Oregon housewife who moved her family members out of her home so she would not have to listen to them.　Psychologists call them misophones—people with a strong negative reaction to <u>specific, usually low-volume sounds</u>.　But because the condition
     ③
is poorly understood, they struggle to convince others that their problem is

not a personality problem. In this hotel, where one of the first scientific conferences on misophonia was being held, sufferers finally met others of their kind and shared their tales of aural pain. <u>You just had to be very, very careful with your knives, forks, and spoons.</u>
(4)

When Tabachneck was 14, he and his father were watching a movie at home. His dad was trying to finish his ice cream, striking his spoon against the bowl, making a sharp sound.

Up to that point, Tabachneck's relationship with sound was normal. He loved music and enjoyed hearing people laugh; he found sirens somewhat unpleasant. But <u>this</u> was different—it provoked a combination
(5)
of anxiety and physical discomfort. It was the beginning of a lifetime of noise-related misery.

Tabachneck went to college to study computer science but dropped out because the clicking in the computer labs made him so tense. He took a job in customer service and found he had the right skills for it. But some colleagues made him crazy. One man chewed loudly, another talked with his mouth full, and a third brought in an old keyboard because he liked the sound.

<u>Tabachneck's personal relationships also suffered.</u> He loved one
(6)
girlfriend enough to consider marrying her but had to eat in a separate room to avoid hearing her chew. A later romance ended because the woman made noise chewing gum. He is now dating someone who occasionally bends her fingers to make her joints pop. "Most people can't be in a relationship with a misophone," he says, "because <u>they don't want to feel
(7)
guilty for eating cereal in a glass bowl.</u>"

<u>After hearing problems were ruled out, his issues were thought to be
(8)
psychological.</u> Over the years, doctors gave him different diagnoses and medications. Nothing made sense until a hearing specialist told Tabachneck that he seemed as if he had a case of an emerging disorder called misophonia.

In 1997, a hearing specialist, Marsha Johnson, met a girl who could not bear the noise her father made when he chewed his nails. She heard other similar cases, and she talked to fellow hearing specialists who had also observed the same condition. Johnson has become aware of the disorder, creating an online forum and helping to organize the Arizona conference.

It is impossible to know how many sufferers there are. Of the 4,000 misophones who post on the forum, half a dozen were at the conference. <u>Among them, Tabachneck was sort of a star.</u>
⑨

Johnson says misophones will try anything for relief. Desperate misophones often try to cover over irritating sounds with continuous natural noise. Johnson mentioned sufferers who work as dance instructors or in noisy bowling alleys; others use iPods, fans, fountains, YouTube channels, and sets of headphones that play white noise such as the sound of running water.

Following the conference, Tabachneck conducted his own experiment: He went to see a film in a theater. At a previous outing, one couple was eating snacks so loudly, it seemed like they were being rude on purpose.

This time, taking advice from a misophonic buddy, Tabachneck requested a set of headphones for those with hearing difficulties and found a seat in the back of the theater. With the headphones' padding, the snack-chewing sounds eventually disappeared as the film filled his ears. He relaxed. "Toward the end," he says, "I actually removed the headphones to hear the audience's reaction to the last few scenes. And <u>it</u> was totally worth it."
⑩

(1) What does Underline ① actually mean?

A. You should not have done that.

B. Tell me your reason for doing that.

C. You were obligated to do that.

(2)　What does Underline ② imply?

A．Certain sounds make some people go somewhere else.

B．Distinct sounds greatly bother some people, but others do not.

C．Specific sounds can cause physical harm to some people.

(3)　Which of the following can be a concrete example for Underline ③?

A．the roaring sound of a jet engine

B．the sound of tearing paper slowly

C．a variety of loud traffic sounds

(4)　What does the author want to express most in Underline ④?

A．This conference was full of people with great sensitivity to certain noises.

B．This conference had a formal dinner to help the misophones get relaxed.

C．This conference made many attempts to ensure the safety of the attendees.

(5)　What does Underline ⑤ refer to?

A．the sound of unpleasant sirens

B．the sound of other people laughing

C．the sound of a spoon hitting a bowl

(6)　What does Underline ⑥ actually mean?

A．The close connections Tabachneck had with others were damaged.

B．The people Tabachneck was close to caused him to feel pain.

C．Close friends and family were unable to truly love Tabachneck.

(7)　What does Underline ⑦ imply?

A．Misophones are better off eating out of wooden bowls.

B．People should learn not to complain when dating misophones.

C．Many everyday activities could potentially disturb misophones.

(8)　What does Underline ⑧ actually mean?

A．The hearing condition was initially diagnosed incorrectly as a mental problem.

B．The hearing condition began as a mental problem but turned into a physical one.

C．The hearing condition appeared to be a mental problem, not a physical one.

(9)　What does Underline ⑨ imply?

A．Tabachneck sought attention and recognition from other misophones.

B．Tabachneck had become well known in the misophone community.

C．Tabachneck used his worldwide fame to unite many misophones.

(10)　What does Underline ⑩ refer to?

A．following a suggestion from a misophonic friend

B．putting on his headphones in the theater

C．listening to how the audience responded

B．本文の内容に照らして最も適当なものをそれぞれA～Cから一つずつ選び，その記号をマークしなさい。

(1)　For misophones, minor sounds negatively affect their

A．eagerness to be near others.

B．general hearing ability.

C．desire to live on their own.

(2)　The third paragraph, starting with "We are all," suggests that many people

　A．fear that misophones will react suddenly and violently upon hearing certain sounds.

　B．discriminate against misophones by not allowing them to live in some areas.

　C．doubt that misophones' sensitivity to sounds is a real medical problem.

(3)　People went to a hotel in Arizona because

　A．Tabachneck invited people to meet and discuss a problem.

　B．it hosted one of the first conferences on this disorder.

　C．it offered a special lunch party for misophones.

(4)　Something we learn about Tabachneck's disorder is that

　A．it did not exist until a particular time in his life.

　B．he could bear it more easily when he was a child.

　C．it generally goes away with time as it did for him.

(5)　According to the sixth paragraph, starting with "Tabachneck went to," Tabachneck had problems studying in college and working at a job because

　A．he was bothered a lot by little sounds.

　B．he had trouble making friends.

　C．he did not have the right kinds of skills.

(6)　According to the 11th paragraph, starting with "Johnson says," a misophone would most likely try to get relief by

　A．watching music videos online to make them feel better.

B．sitting near a waterfall to be comforted by the noise.

C．listening to irritating sounds in order to get used to them.

(7) The main idea of this passage is that

A．Tabachneck is a hero who taught the world about misophonia.

B．we should avoid making certain sounds around everyone.

C．there is an unusual disorder that not many people know about.

解　答

I 　解答
A. (1)—D　(2)—B　(3)—B　(4)—C　(5)—A
B. (1)—F　(2)—C　(3)—Z　(4)—E　(5)—B　(6)—D

◆全　訳◆

A. ≪キャンプ用品レンタルセンターでの会話≫

ユウタが大学の野外活動レンタルセンター勤務のジェームズから備品を借りようとしている。

ジェームズ：こんにちは。今日はどんな備品をお探しですか？

ユウタ　　：こんにちは。寝袋とテントが必要なのですが，それ以外には何を用意すべきかはっきりわからないのです。何か提案してもらえませんか？

ジェームズ：行こうとしているのはキャンプですか，カヤックですか，それ以外のことですか？

ユウタ　　：すみません，カヤックって何ですか？　ボートの一種ではないですか？

ジェームズ：そうです。カヤックとは軽量で使いやすい1人用のボートのことです。後ろの壁にいくつかかかっていますよ。

ユウタ　　：ああ，わかりました。前に見たことがありますよ。でも，水はそれほど好きではないんです。

ジェームズ：わかりました。では，キャンプに行かれるのですか？

ユウタ　　：ええ。友人と一緒に来週末にキャンプに行こうと考えてます。夜を過ごせるものが欲しいんです。

ジェームズ：わかりました。私たちが扱っている寝袋とテントを見ていただきましょう。調理器具も必要ですか？

ユウタ　　：そうですね，たき火はするつもりですが，鍋などは持ってないんです。

ジェームズ：それでしたら，この小さなストーブバーナーとポットを借りられますよ。簡単な料理でしたら何でもそれで作れます。

ユウタ　　：では，そうすることにしましょう。

ジェームズ：承知しました。私たちの寝袋については，たいていは地面に
　　　　　　敷くことのできるパッドも貸し出しています。柔らかくて暖
　　　　　　かいんです。

ユウタ　　：なるほど，それは役に立ちそうですね。自然を体験したいの
　　　　　　ですが，これまでキャンプの経験がないので，少しは快適に
　　　　　　しないと切り抜けられるか自信がないのです。

B. ≪エッセーという言葉の別の意味≫

A．私たちは誰でも，エッセーがどういうものか知っているし，みなさん
も以前に書いたことがあるだろう。しかし，エッセーという言葉の意味は
1 つではないということを知っていただろうか。

F．大部分のアメリカ人がエッセーという言葉を耳にすると，たいていは
自分たちが学校で書かねばならなかった，導入で始まり結論で終わるもの
のことであると考える。

D．しかし，それはエッセーするという動詞でもある。エッセーするとは，
努力したり試みたりするという意味である。この用例は名詞としてのエッ
セーよりもなじみが薄い。そういうふうに考えれば，どんなものでもだい
たいエッセーになり得るのだ。

E．したがって，あなたは知らず知らずのうちにエッセーを読んだことが
あるかもしれない。短編が短い形のフィクションであるのと全く同様に，
エッセーは短い形の創造的なノンフィクションであり，いくつか例を挙げ
ると，伝記や食べ物についての書き物や旅行記がそれに含まれる。

B．そのような例の 1 つと似たものを読んだなら，エッセーを読んだこと
があると言えるだろう。私がエッセーを読む時間があるとき，私が好んで
読むエッセーストはビル＝ブライソンである。彼の書くエッセーは楽しく
読むことができる。

C．ゆえに，今度エッセーを書かねばならないときには，最善を尽くして
自分が読みたいと思うものを書くことを忘れないでほしい！

━━━━◀ 解　説 ▶━━━━

A. (1)直前のユウタの発言が「寝袋とテントが必要なのですが，それ以外
には何を用意すべきかはっきりわからないのです」となっている点から，
他に何が必要なのかを尋ねたのだと考えられる。よって D の「何か提案し
てもらえませんか？」が最も適切である。A．「何か備品を持って行きま

すか？」　B.「テントはセール中ですか？」　C.「ウォータースポーツ向けの品物はありますか？」

(2)ここまでのやり取りで，ユウタがカヤックとは何かを尋ね，ジェームズがその説明をしている。その結果，カヤックがおおよそどういうものかわかったユウタの発言なので，Bの「前に見たことがありますよ」が正解である。Dの「あとで買うかもしれません」は直後の水が好きでないという発言の内容と合致しない。A.「2つ必要です」　C.「すでに持っています」

(3)直後のジェームズの発言に注目する。「私たちが扱っている寝袋とテントを見ていただきましょう」とあるので，ユウタはキャンプで夜寝る時に必要なものが欲しいのだと考えられる。よってBの「夜を過ごせるものが欲しいんです」が最も適切である。A.「僕たちと一緒に行きませんか？」　C.「実際に持ち運びできるストーブを使うことができました」　D.「どこか良い場所を教えてくれませんか？」

(4)ジェームズが直前でストーブバーナーとポットを勧めて，直後で「承知しました」と答えていることから，ユウタはジェームズの勧めに従ったのだと考えられる。よってCの「では，そうする（ストーブバーナーとポットを借りる）ことにしましょう」が正解。A.「スタッフの方に尋ねていいですか？」　B.「僕は料理が上手です」　D.「それで大丈夫ですか？」

(5)発言の中でジェームズは寝袋だけでなくパッドも勧めている。直後のユウタの発言から，彼がキャンプにも快適さを求めていることがわかるので，パッドの快適性が説明されたのだと考えられる。よってAの「柔らかくて暖かいんです」が最も適切である。B.「いくらか音が出ます」　C.「ちょっと痛いかもしれません」　D.「屋内用です」

B. 正しい順序はA→F→D→E→B→Cである。

　段落整序の問題は，指示語や代名詞，冠詞，さらにディスコースマーカー（so, therefore, for example, on the other hand など）に注意して読むことが大切である。

　Aでは，エッセーという言葉は意味が1つではないということが述べられている。この場合，論の流れとしては，すぐにその特殊な意味について説明を始めることも考えられるが，本文では一般に受け入れられている通常の意味も出てきている。このことから，「一般的にはこういう意味だが，

実はこういう意味もある」という流れであると考えられる。つまり，Ａの直後には一般的な意味の説明であるＦが続き，さらに別の意味を説明しているＤが続く。よってＡ→Ｆ→Ｄとなる。

　Ｄが，「どんなものでもたいていエッセーになり得るのだ」という表現で終わっているので，これに続く段落は，別の意味でのエッセーに含まれる書き物が例示されているＥが最も適切である。また，文頭に置かれている Consequently「したがって」も，Ｄの内容を受けたものだと考えられる。よってＤ→Ｅとなる。

　さらにＢの中に見られる those examples「それらの例」は，Ｅの最終文で列挙した伝記や旅行記などを指していると考えられる。よってＥ→Ｂとなる。

　最後にＣであるが，この段落はこれからエッセーを書く時の注意として読者に呼びかける形で，本文全体のまとめとなっている。よってＢ→Ｃとなり，本文は完結する。

Ⅱ **解答** **A.** (1)—Ｃ　(2)—Ｂ　(3)—Ｃ　(4)—Ｄ　(5)—Ａ　(6)—Ｄ　(7)—Ａ　(8)—Ｂ　(9)—Ｂ　(10)—Ｃ　(11)—Ａ　(12)—Ｂ　(13)—Ｄ　(14)—Ｃ　(15)—Ｄ
B. (1)—Ｂ　(2)—Ａ　(3)—Ｂ　(4)—Ｃ　(5)—Ｃ　(6)—Ａ　(7)—Ａ

◆全　訳◆

≪ハチドリの世話をする女性≫

　アラナ＝ズロフスキーは生活の中であらゆる人の世話をしている。仕事では高齢者の世話をし，家庭では救助犬のモウグリの世話をし，カリフォルニア州のオックスナードの近辺では，ハチドリのひなを救ったことで評判を高めている。ハチドリは，目に見えないほどの速さで翼を動かす，小さくてか弱い鳥である。その鳥は花の汁を吸う。私たちが雑誌の取材でアラナにインタビューしたとき，彼女は家族の一員となる新入りを拾って戻ってきたところだった。それは新たに助けてきたハチドリのひなで，彼女はスパンキーと名付けた。しかし，私たちが電話していたのは，以前にハチドリを助けて成功したことについて彼女と話すためだった。彼女がハマーと名付けたハチドリのひなである。

　多くの点で，アラナが鳥を助けた話は彼女の父親とともに始まる。コロ

ラドを拠点とするパイロットである彼は，動物に対する終生の愛情を娘と共有しており，彼自身が頻繁に空を飛ぶ存在なので，アラナが「鳥との魂のつながり」と称するものが彼にはある。数年前にアラナが初めてハチドリの世話をしたとき，彼女は誰に助けを求めるべきかはっきりとわかった。「初めは，全くわからないと思いました。何が解決策なのか，自分が何をすればいいのか。赤ちゃんができたのなら母親に電話すればいいのでしょうけれど」　だが，この場合は，自分でたくさんの鳥を救ったことがある父親が電話を受けたのだった。「これを食べさせてやりなさい，と父は言いました」とアラナは笑う。「私が引き取っているハチドリの大半はひななので，少なくとも 30 分おきにはエサをあげることが必要です」と彼女は説明する。「まるで生まれたばかりの新生児のようなものです」　父親に少し手伝ってもらって，アラナのハチドリ救助の仕事は始まったばかりだった。隣人が庭の地面でハマーを見つけたとき，アラナは彼を世話して飛べる状態に戻してやろうと覚悟を決めた。だが，愛犬のモウグリは，家の中で小さなハチドリを見つけてどう反応するだろうか。

　アラナは幼児研究の学習歴があり，自分のことを生まれつき「困っていれば何でも」世話をする人間だと評する。2015 年に，その天分が彼女に地元の犬救援シェルターからモウグリを引き取らせたのである。「私はちょうど，祖父を亡くしたことで本当につらい時期を過ごしていました。まさに何かを必要としていたんです」と彼女は語る。「集中するもの，世話をするものを必要としていました」

　彼女がモウグリと出会ったとき，救助センターから彼は箱に入れられて裏口に置き去りにされていたと知らされた。「彼に関する情報は何もありませんでした。何歳なのかも，どんな健康状態なのかもわかりませんでした」と彼女は言う。モウグリは彼女と一緒に帰宅し，それ以来 2 人は親友の間柄である。最近モウグリとアラナは，出会いの記念日を犬も食べられる自家製アイスクリームでお祝いした。その愛らしい犬は，彼女がハチドリを引き取るようになったことのまさに重要な部分となっている。

　アラナはモウグリの優しい性質を信じており，ハマーを家に連れてきたとき，モウグリは彼女の期待以上の反応を示した。「彼には『自分にどこにも行き場所がないときに人間のママは自分を連れてきてくれた。だから彼女がこの小さな生き物を家に連れてきたということは，そうすることが

その生き物には必要に違いない』のだとちゃんとわかっているようでした」とアラナはコメントする。本当に神が創り給うた理想的な組み合わせのごとく，モウグリの穏やかな心は人間のママがもつ生来の優しさと全く同一なのだ。

　驚くべきことに，モウグリを脅威と考えるのではなく，ハマーも彼のことを好きになった。エサやりの合間には，その犬とハチドリは，ハマーがモウグリの肩に止まって友人に対してさえずりながら暖房用のパッドの上で一緒に昼寝をするのが好きだった。モウグリはハマーの飛行練習を手伝うことさえしてやった。「当時室内用の鉢植えが 100 近くあったのですが」とアラナは認める。「ハマーは実は完全に飛べる用意はまだできていなかったので，たいていの場合彼は結局壁にぶつかるか鉢植えにぶつかるか，とにかく何かにぶつかっていました。目を離さないようにしていたのですが，とても小さくて動きも速いのです。それでも，私がハマーを見つけられるように，モウグリは起き上がって彼のにおいをかぎ，彼のいる場所に正確に行ってくれました」

　ハマーがアラナとモウグリと一緒に過ごしたのは（半時間ごとにモウグリによる保護のもとエサやりをした眠れない一夜を含めても）わずかに36 時間だったが，彼らの生活にハマーが与えた影響は今も感じられる。ハマーが家の中を自信をもって飛べるようになったとき，アラナは彼を再び外の世界へ放してやる時だと悟った。彼女は彼を外につるしたプランターに置いた。そこなら飛び立つ準備ができるまで安全でいられるとわかっていたからである。開いた玄関のドアを通して，アラナとモウグリにはハマーが大きな声でさえずっているのが聞こえた。まるでさようなら，ありがとうと言っているかのようだった。しかし，ハマーの話はまだ終わりではない。

　アラナが言う通り，彼女は毎朝起きると浴室に行くためにモウグリを門のある前庭に入れる。そしてほぼ毎朝，１羽のハチドリが現れて，近くにつるしたプランターに数分間腰を落ち着ける。「ハマーに違いありません」と彼女は言う。アラナはこう考える。彼はモウグリに会いに来ているのかもしれない。あるいは自分の声を聴き分けることができるのだろう。ひょっとしたら私たちの日課を知っているのかもしれない，と。理由が何であれ，そのハチドリは「おそらく週７日間のうち５日は」モウグリを外に出

すや否や現れる。これは紛れもなく偶然の一致以上のものだろう。「はっきりとはわかりませんが」とアラナは認める。「ハマーと出会うまではこういうことがなかったのは確かです」

　アラナとモウグリが新たに救出したスパンキーを世話していると，アラナはモウグリがこの小さな鳥の世話を穏やかにしていることに改めて感銘を受けている。ハマーといると，モウグリは「何もかもうまくやっているようでした」と彼女は言う。「今はこの鳥に対して同じことをしています」

　間違いなく，間もなく別のハチドリがハマーに加わって，毎朝モウグリを訪れることだろう。

出典追記:This Rescue Dog Helps His Owner Nurse Baby Hummingbirds Back to Health, Reader's Digest on February 7, 2023 by Chloë Nannestad

■■■■■■　◀解　説▶　■■■■■■

A．(1)当該箇所は「彼は動物に対する終生の愛情を自分の…と共有している」という意味になる。「彼」は her dad，つまりアラナの父親のことなので，ここでは his daughter，つまりアラナ自身を指していると考えられる。よってCが正解となる。A．「趣味」　B．「飛行」　D．「ペット」

(2)主節の時制が過去であることから，当該箇所は「数年前に」という意味であると考えられる。その意味を表現できる選択肢はBの ago である。A．「～以来」　C．「過去の」　D．「～後」

(3)選択肢がどれも再帰代名詞なので，当該部分の主語が何であるかを考えればよい。主語は関係代名詞の who で，その先行詞は her father である。よって正解はCの himself となる。

(4)当該箇所は「私が引き取っているハチドリの大半はひななので，…30分おきにはエサをあげることが必要です」という意味になると考えられる。つまり「最低でも」30分おきのエサやりが必要だったのである。この表現は at least となるので，Dが正解である。

(5)nurse O back to ～ で「看病してOを～の状態に戻す」という意味になる。Aの health「健康」が最も適切。本文の後半ではハマーの飛行の練習について詳しく述べられているので，「再び飛べる」=「健康な状態」と考えるべきであろう。

(6)当該箇所は「その…が彼女に地元の犬救援シェルターからモウグリを引き取らせた」という意味になる。直前の文でアラナが世話好きであること

が述べられていることから，Dの「天分」が最も適切であると考えられる。A.「力」　B.「希望」　C.「意志」

⑺当該箇所は「本当に…時期を過ごしていた」という意味になる。「祖父を亡くしたことで」とあることから，どんな時期であったかを想像すると，Aの「つらい」が最も適切である。B.「長い」　C.「良い」　D.「最良の」

⑻当該箇所は「最近モウグリとアラナは，出会いの記念日を…した」という意味になる。よって最も適切な表現はBの「祝った」である。A.「記録した」　C.「移動した」　D.「決定した」

⑼モウグリとアラナの関係性を説明している部分である。当該箇所には過去分詞が入って，「天国で…された組み合わせ」という意味になる。make a match「縁組みをする」という表現があり，ここではそれが用いられていると考えられる。よってBの made が正解。

⑽当該箇所が「モウグリを脅威と考える」という意味であるのに対して，後半部分は「ハマーも彼のことを好きになった」とあり，当該箇所が否定された形になっている。この流れに最も適している表現はCの「～ではなくて」である。A.「～に加えて」　B.「したがって」　D.「～にもかかわらず」

⑾keep *one's* eye on ～ で「～を（安全であるように）見張る」という意味になる。ここでは，アラナがハマーの飛行の練習を見守っていたと考えられるので，この表現を作るAが正解となる。

⑿直前の impact に注目する。an impact on ～ で「～への影響」という意味になる。当該箇所は「彼（ハマー）が彼ら（アラナとモウグリ）の生活に与えた影響」となり，文意が成立する。よってBが正解。

⒀当該箇所は「ハマーが家の中を…をもって飛べるようになったとき」という意味になる。これ以前の記述でハマーがうまく飛べない様子が語られているので，Dの「自信」が最も適切である。A.「恐怖」　B.「感謝」　C.「怒り」

⒁当該文全体が否定文である点に注意する。not yet で「まだ～ない」という意味になる。実際，後続の段落で述べられているように，ハマーに関する話はまだ続きがある。よってCが最も適切である。

⒂当該箇所が … the reason でひとまとまりになっている点に注意する。

これは複合関係代名詞 whatever に主語と動詞の the reason is が続いて，さらに動詞の is が省略されたものと考えられる。よって正解はDである。

B. (1)「雑誌のインタビューの直前，アラナは…を救出していた」

A．「ハマーと名付けたハチドリのひな」

B．「スパンキーと名付けたハチドリのひな」

C．「モウグリと名付けた老犬」

　雑誌のインタビューがあったことについては，第1段第4文（When we interviewed …）に記述があり，そこでは一番新しく救出したハチドリのひな（スパンキー）のことが述べられている。よってBが正解である。

(2)「"In many ways," で始まる第2段で，アラナは…だから父親には『鳥との魂のつながり』があると述べている」

A．「パイロットとして働いていた」

B．「多くの動物を愛している」

C．「鳥を何羽か飼ったことがある」

　第2文（A pilot based …）に as a frequent flier himself「彼自身が頻繁に空を飛ぶ存在なので」とあり，これが彼が「鳥との魂のつながり」を持っていることの理由であると考えられる。よってAが最も適切である。

(3)「祖父が亡くなった直後，アラナは…」

A．「幼児研究で大学の学位を取った」

B．「動物シェルターからモウグリを引き取った」

C．「モウグリの記念パーティーを開いた」

　アラナの祖父が亡くなったことについては第3段第3文（"I had just …）で述べられているが，直前の第2文で彼女がモウグリを引き取ったことが記されている。よってこの内容に合致するのはBである。

(4)「"Alannah had faith" で始まる第5段で，筆者は…と主張している」

A．「モウグリとハマーはうまくいかなかった」

B．「モウグリは友達をとても必要としていた」

C．「モウグリにはアラナの意図がわかっていた」

　第2文（"He just seemed …）で述べられているのは，アラナが考えていること——ハマーを連れ帰って世話をしてやること——がモウグリにはちゃんとわかっているようだったということである。この内容に合致しているのはCである。

⑸「救出されて 36 時間後，ハマーは…」

A．「睡眠が難しくなり始めた」

B．「モウグリと仲良くなった」

C．「アラナによって自由にしてもらった」

　36 時間というのは，家の中で飛行の練習をした時間を含めて，ハマーがアラナとモウグリと一緒に過ごした時間である。つまりその後ハマーはアラナの家を出ていったということになる。この内容に合致しているのは C である。

⑹「"As Alannah tells it," で始まる第 8 段は…だと示唆している」

A．「ハマーがアラナとモウグリの所を定期的に訪問している」

B．「ハチドリが同じ活動を毎日繰り返している」

C．「モウグリがハマーの見かけがどうであったかをしばしば思い出している」

　第 1 文で毎朝ハチドリが訪れることが述べられており，続く第 2 文でアラナは「ハマーに違いありません」と話している。この内容を表している選択肢は A である。

⑺「この文における筆者の主要な目的は…ことである」

A．「アラナがハチドリを助けた話をする」

B．「動物救助センターがもっと必要だということに焦点を当てる」

C．「ハチドリと犬がうまくいくかどうかを論じる」

　本文では，アラナがハチドリ（ハマー）を救助して世話をした事実が詳しく述べられている。この点に注意すれば，筆者の目的が A であったことがわかる。B のような主張はしていないし，C の内容は本文中のごく一部にとどまっている。

Ⅲ　解答　A．⑴—A　⑵—B　⑶—B　⑷—A　⑸—C　⑹—A　⑺—C　⑻—C　⑼—B　⑽—C

B．⑴—A　⑵—C　⑶—B　⑷—A　⑸—A　⑹—B　⑺—C

◆全　訳◆

≪ミソフォン（音嫌悪症）とは？≫

　アリゾナでの会議の昼食は，チキンとメキシコ料理の南西部のビュッフェだった。私は最近，ポール＝タバクネックという名前の，頭を剃り上げ

て青白く長方形の顔をした親しみやすい人物と知り合いになっていたので，一緒にテーブルに着席して食事をした。タバクネックは注意深く食事をした。視線は自分の皿か淡い色の壁の染みに注がれていた。だが，彼の会話は生き生きとしていた——彼は，プロのミュージシャンになるという夢を実現しようとして，ニューヨークの地下鉄でギター演奏をしたことについて話した。10分ほどして，私はチキンを切っている最中にナイフを皿にこすりつけた。タバクネックは素早く振り向いて私を見た。彼の目は突然よそよそしくなった。

「そうせざるを得なかったのか」彼は嘆いた。「それと，君は食べるときに顎（あご）が鳴るのを知っていたかい」

私たちはみんな，うるさい音にはいらいらさせられる。黒板に爪を立てる音，車のクラクション，俳優の高音の声などだ。だが，人によっては，特定の音によって恐ろしいほどの半狂乱になってしまう。アトランタのジャーナリストは，テーブルの向こう側まで行って，くちゃくちゃと音を立てて食べる父親を絞め殺したくなった。アリゾナのコンピュータ科学者は，ナイフの音が嫌すぎて，彼の恋人もまた強く嫌悪感を抱くようになっていった。オレゴンの主婦は，家族の音を聞かなくても済むように彼らを家の外に追い出した。心理学者は彼らのことをミソフォン（音嫌悪症）——特定の，たいていは低音量の音声に対して強い拒否反応をする人々——と呼ぶ。だが，その症状はほとんど理解されていないので，彼らは自分の問題が人格的なものではないと他人を説得するのに苦労している。このホテルでは，ミソフォニアについての初めての学術会議の1つが開催されていたのだが，患者たちがようやく同じ病気の他人と出会い，聴覚の苦痛についての話を共有していたのである。ただ，ナイフやフォークやスプーンを使うときにはくれぐれも注意しなければならなかった。

タバクネックが14歳のとき，彼は父親と家で映画を見ていた。彼の父親はアイスクリームを食べ終えようとしていて，器にスプーンをぶつけて鋭い音を立てていた。

その時まで，タバクネックと音との関係は正常だった。音楽を愛していたし，人が笑うのを聞くのも楽しかった。彼はサイレンがなにやら不快なこともわかっていた。しかし今回は違っていた——この音は不安と肉体的苦痛の結びつきを引き起こしたからだ。それは彼の終生続く音関連の苦難

の始まりだった。

　タバクネックはコンピュータ科学を学ぶために大学に進学したが，コンピュータ室のクリック音にとても神経質になって退学してしまった。彼は顧客サービスの仕事に就き，自分にはそれに適したスキルがあることに気づいた。しかし，同僚が彼を激怒させた。ある男性は食べ物を音を立てて噛み，またある男性は口にほおばったままでしゃべった。また別の男性はその音が好きだからと古いキーボードを持ち込んだ。

　タバクネックの人間関係もそのあおりを受けた。彼は恋人のことを愛していて結婚も考えていたが，彼女の咀嚼音を聞くのを避けるために別々の部屋で食事しなければならなかった。その後の恋愛は，女性がガムを噛むときに音を立てるので終わってしまった。今彼は，時折指を曲げて関節を鳴らす女性とつきあっている。「ほとんどの人はミソフォンの人間と親しい関係になれないでしょう」と彼は言う。「ガラスの器でシリアルを食べることに罪悪感を持ちたくないでしょうから」

　聴力の問題が除外された後は，彼の問題は心理的なものだと考えられた。長年にわたって，医師たちは彼にさまざまな診断と治療をした。ある聴覚専門家がタバクネックにミソフォニアと呼ばれる近年見つかった障害の症例に当てはまるようだと伝えるまでは，どれも意味をなさなかった。

　1997 年，聴覚専門家のマーシャ＝ジョンソンがある少女と面会した。彼女は父親が爪を噛むときにたてる音が我慢できなかったのだ。彼女は他にも似たような症例を聞き取り，さらに同じ症例の観察を続けている同僚の聴覚専門家に話した。ジョンソンはこの障害の存在に気付くようになり，オンラインのフォーラムを創設してアリゾナの会議の組織を援助した。

　どれくらいの患者がいるのかを知るのは不可能である。フォーラムに投稿している 4,000 人の中で，この会議には 6 人が出ていた。彼らの中で，タバクネックはスター的存在だった。

　ジョンソンは，ミソフォンの人間は安堵のためならどんなことでもやってみるだろうと語る。絶望的なミソフォン患者は，いらいらする音を連続的な自然の音で隠そうとすることが多い。ジョンソンは，ダンスのインストラクターとして働く患者や騒々しいボウリング場で働く患者について言及した。他にも，アイポッドや扇風機や噴水やユーチューブチャンネルや流水音のようなホワイトノイズが流れるヘッドホンセットなどを使う人た

ちにも言及した。

　会議に続いて，タバクネックは自身の実験を行った。彼は映画館に映画を見に行ったのだ。前回の外出では，1組のカップルがとても大きな音でスナックを食べていて，わざと無作法に振舞っているかのようであった。

　今回は，ミソフォンの仲間から助言をもらって，タバクネックは聴覚に障害を持つ人用のヘッドホンセットを要求し，映画館の後ろのほうの座席を見つけた。ヘッドホンのパッドをつけたら，映画の音声が彼の耳にあふれていたので，スナックを食べる音は必然的に消えていた。彼はリラックスすることができた。「終わり近くになって」と彼は述べている。「私は実はヘッドホンをはずして最後の数シーンに対する観客の反応を聞きました。本当にその価値はありました」

出典追記 : Misophonia: When Everyday Noises Ruin Your Life, Reader's Digest on April 15, 2016 by Charles Bethea

━━━━━◀解　説▶━━━━━

A. ⑴「下線部①は実はどういう意味か」

　第1段の内容に注意すると，タバクネックのこの発言は，筆者がナイフを皿にこすりつけて音を出したことに対して非難するためのものであったと考えられる。よってAの「あなたはそれをすべきではなかったのに」が最も適切である。B.「それをした理由を教えてください」　C.「あなたはそれをせざるを得なかった」

⑵「下線部②は何を示唆しているか」

　send O into ～ で「Oを～の状態にする」という意味なので，下線部は，人によっては「特定の音によって恐ろしいほどの半狂乱になってしまう」となる。この趣旨に最も近いのは，Bの「独特な音にとても困る人もいればそうでない人もいる」である。A.「特定の音がある人たちを別の場所に行かせる」　C.「特定の音がある人々には肉体的な害をもたらす可能性がある」

⑶「以下のうち，下線部③の具体例になり得るものはどれか」

　下線部③は「特定の，たいていは低音量の音声」という意味で，ミソフォンの人が拒否反応を示す音を指している。これに合致しているのはBの「ゆっくりと紙を引き裂く音」であり，A.「ジェットエンジンの轟音」やC.「さまざまな交通の騒音」のような大きな音を指しているのではない。

⑷「筆者が下線部④で最も表現したいのは何か」

　下線部④の意味は「ナイフやフォークやスプーンを使うときにはくれぐれも注意しなければならなかった」であるが，これはその場にミソフォンの人が大勢いたからに他ならない。したがってこの表現が意味するものは，Aの「この会議は特定の音に大きな過敏性を持つ人々でいっぱいだった」である。B.「この会議はミソフォンの人がくつろげるようにフォーマルな夕食が出た」　C.「この会議は参加者の安全を保証するために多くの努力をした」

⑸「下線部⑤は何を表しているか」

　第4段（When Tabachneck was …）と第5段（Up to that …）では，タバクネックに初めてミソフォンの症状が出た時の状況が記されている。this はその症状を誘発した音を指しているのである。それは第4段最終文（His dad was …）の「器にスプーンをぶつける鋭い音」である。よってCの「スプーンが器に当たる音」が正解である。A.「不快なサイレンの音」に関しては，下線部の直前文にて somewhat unpleasant「なにやら不快な」と記されるにとどまり，強い嫌悪感を催す音ではなかったとわかるため，不適。B.「他の人たちが笑っている声」

⑹「下線部⑥は実はどういう意味か」

　下線部⑥の意味は「タバクネックの人間関係もそのあおりを受けた」となる。直前の第6段（Tabachneck went to …）では，タバクネックがミソフォンの症状のために勉学や仕事の面で苦労したことが述べられているが，当該段落では，交際相手がタバクネックが嫌悪する音を立てたため，関係が破綻したことが記されている。この内容に合致しているのはA.「タバクネックが他の人たちと持っていた親密なつながりが損なわれた」である。下線部は，タバクネックの人間関係について焦点をあてているものなので，Bの「タバクネックが親しくしている人たちが彼に苦痛を感じさせた」は不適。また，タバクネックが苦痛を覚える原因は特定の音にあるのであって，親しい人そのものが原因ではないことにも注意。C.「近しい友人や家族がタバクネックを心から愛することができなかった」

⑺「下線部⑦は何を示唆しているか」

　下線部⑦の「ガラスの器でシリアルを食べる」というのは，ごく普通の日常的行為であるが，ミソフォンの人にとっては耐え難い音になり得る。これが当該箇所が表している内容である。これに最も近いのはCの「多く

の日常の活動はミソフォンの人を潜在的に悩ませるかもしれない」である。A.「ミソフォンの人は木製の器で食べた方が賢明である」　B.「人はミソフォンの人とデートするときには不平を言わないことを学ぶべきである」

⑻「下線部⑧は実はどういう意味か」

　下線部⑧の意味は「聴力の問題が除外された後は，彼の問題は心理的なものだと考えられた」となる。rule out ～「～を除外する」　つまり，「心理的なもの」とする判断は最初に下されたのではないのである。この点で，Aの「聴力の状況は，初めは精神的な問題として誤って診断された」とBの「聴力の状況は，精神的な問題として始まったが，肉体的な問題に変わった」は不適である。よって正解はCの「聴力の状況は，肉体的な問題ではなく精神的な問題のように思われた」となる。

⑼「下線部⑨は何を示唆しているか」

　下線部⑨の意味は「彼らの中で，タバクネックはスター的存在だった」となるが，これは「フォーラムに投稿している人（ミソフォン患者）たちの中で」という意味である。この趣旨に最も近いのはBの「タバクネックはミソフォンの人たちの間で有名になっていた」である。A.「タバクネックは他のミソフォン患者から注意と承認を求めた」　C.「タバクネックは多くのミソフォン患者をまとめるために自分の世界的名声を利用した」

⑽「下線部⑩は何を指しているか」

　it が指しているのは直前の文（"Toward the end, …）にある「ヘッドホンをはずす」という行動である。タバクネックがそうしたのは，「最後の数シーンに対する観客の反応を聞く」ためであった。これに合致しているのはCの「観客の反応の様子を聞くこと」である。A.「ミソフォンの友人からの提案に従うこと」　B.「映画館の中でヘッドホンを着用すること」

B.⑴「ミソフォンの人たちにとって，取るに足らないような音が彼らの…に否定的に影響する」

A.「他の人たちの近くにいたいという熱望」

B.「通常の聞き取り能力」

C.「独力で生活したいという願望」

　第1段で紹介されているエピソードのように，人が普段何気なく発する

音がミソフォンの人には耐えられない場合がある。つまりごく普通の対人関係を築くことが阻害されるのである。この趣旨に近いのは A である。

⑵「"We are all" で始まる第 3 段は，多くの人が…ことを示唆している」

A．「ミソフォンの人が特定の音を聞いた瞬間に突然乱暴に反応するのを恐れている」

B．「ミソフォンの人がある地域で暮らすのを許可しないことによって彼らを差別している」

C．「音に対するミソフォンの人の過敏性が本当に医療上の問題なのか疑っている」

　設問文中の many people は「（ミソフォンではない）多くの人々」のことであると考えられる。第 5 文（But because the …）で「彼らは自分の問題が人格的なものではないと他人を説得するのに苦労している」と述べられているように，多くの人はミソフォンの実情を理解していないのであるが，恐怖や差別にエスカレートしているわけでもない。よって最も適切なのは C である。

⑶「人々がアリゾナのホテルに行ったのは…だからである」

A．「タバクネックが人々に集まって問題について話し合うよう依頼した」

B．「そのホテルがこの障害に関する最初の会議の 1 つを主催した」

C．「ミソフォンの人たちのために特別な昼食パーティーを提供した」

　第 3 段第 6 文（In this hotel, …）に「このホテルでは，ミソフォニアについての初めての学術会議の 1 つが開催されていた」とあり，これが大勢の人が集まった理由である。よって B が正解である。

⑷「タバクネックの障害について私たちがわかるのは…ということである」

A．「彼の人生のある時期までは存在しなかった」

B．「子供のころはもっと容易に我慢することができた」

C．「彼についてそうであったように時間とともに消え去るのが普通である」

　第 4 段（When Tabachneck was …）と第 5 段（Up to that …）でわかるように，タバクネックがミソフォンを発症したのは 14 歳の時であり，それまでは彼と音との関係は正常であった。これを説明しているのは A である。

⑸「"Tabachneck went to" で始まる第 6 段によると，彼が大学での勉強や就職先での仕事に問題を抱えていたのは…だからである」

Ａ．「小さな音にとても悩まされた」

Ｂ．「友人を作ることが困難だった」

Ｃ．「ちゃんとした類の技能がなかった」

　当該段落では，勉学や仕事面で彼を悩ませたのは学生や同僚らが立てるコンピュータのクリック音や物を噛む音，古いキーボードの音などであったことが述べられている。つまり音が問題だったのである。よってＡが正解である。

⑹「"Johnson says" で始まる第 11 段によると，ミソフォンの人たちは…によって最も安堵感を得ようとしがちである」

Ａ．「より心地よくなるためにオンラインで音楽ビデオを見ること」

Ｂ．「その音に慰めてもらうために滝の近くに座ること」

Ｃ．「慣れるためにいらいらする音を聞くこと」

　第 2 文（Desperate misophones often …）によると，ミソフォンの人たちは「いらいらする音を連続的な自然の音で隠そうとすることが多い」とある。選択肢のうち，連続的な自然の音を聞くことができるシチュエーションはＢである。

⑺「この文の主題は…ということである」

Ａ．「タバクネックはミソフォンのことを世界に知らしめた英雄である」

Ｂ．「私たちはあらゆる人の周りで特定の音を出すのを避けるべきである」

Ｃ．「多くの人が知らない珍しい障害が存在する」

　本文のトピックはミソフォンという障害であるが，これは一般の人たちが理解できない障害が存在することの一例である。よって最も適切な主題はＣである。

◆講　評

　2023 年度も例年通り大問 3 題の出題であった。

　Ⅰの**Ａ**の会話文問題は，キャンプ用品レンタルセンターでの学生と係員との会話という設定である。会話文問題では，当該箇所の直前または直後の表現を手掛かりとして考えていくのがポイントである。**Ｂ**の段落整序問題はエッセーという語の意味について論述した文章である。今回

の問題では，明らかに結語と思われる文があるのでそれが最終になると考えればよい。

　Ⅱの読解問題は，行き場のないハチドリを引き取って面倒を見る女性を取り上げた英文。Aは単語・語句を入れる空所補充問題。品詞の知識があると解答しやすい設問も含まれている。Bは内容説明の英文を完成させる形式の設問。比較的正解を絞り込みやすい選択肢になっているので確実に正解したい。

　Ⅲの読解問題は，ミソフォンという音への心理障害を扱った英文。あまり知られていない障害ではあるが，文自体は読みやすく理解しやすい。Aは下線部の意味や指示内容を問う問題。問われる場所が指定されているので，主にその前の部分を精読して解答していくことになる。BはⅡと同様に，内容説明文の完成問題であるが，こちらの方がやや難度が高い。時間をかけてじっくり取り組む必要がある。

　今回の英文は比較的読みやすく，問題の全体的なレベルも標準的と言ってよい。とは言え，やはり 90 分という制限時間内ですべての問題にあたるのはかなりの読解力を要する。普段から十分な量の英文を読む練習をしておくとよいだろう。

2月4日実施分　　　問　題

(90分)

〔Ⅰ〕 A. 次の会話文の空所(1)～(5)に入れるのに最も適当なものをそれぞれA～Dから一つずつ選び，その記号をマークしなさい。

Yu, an international student, is discussing yoga with Kris.

Kris: I am so glad that you agreed to give yoga lessons a try, Yu. You won't regret it, I promise!

Yu: ＿＿＿＿＿＿＿＿＿＿＿＿ But I have to warn you that I am not
(1)
flexible at all. I rarely stretch, and when I do, I usually feel sore the next day.

Kris: I wouldn't worry about that. This lesson is for beginners, so you should be fine. Anyway, yoga isn't only about stretching.

Yu: ＿＿＿＿＿＿＿＿＿＿＿＿
(2)

Kris: It's also about proper breathing and allowing yourself to relax mentally. It's an exercise that offers many incredible benefits.

Yu: ＿＿＿＿＿＿＿＿＿＿＿＿ I don't see how simple breathing and
(3)
stretching exercises will help me so much in my daily life.

Kris: Well, let's take an example. As a student, I bet you sit in front of your computer or at a desk much of the day, right?

Yu: ＿＿＿＿＿＿＿＿＿＿＿＿ I am sitting nearly all day long. In fact,
(4)
my back sometimes starts to hurt.

Kris: In that case, yoga is perfect for you. It will strengthen your stomach and back muscles so that you can sit up straight and keep a good posture. I am sure those back pains will eventually disappear.

Yu:　　(5)_____　Now I am starting to look forward to

　　　　our first lesson together!

Kris:　Great! I am happy to hear that. Anyway, I have to go now, but I'll

　　　　see you at the yoga lesson.

Yu:　　All right then. See you there.

(1)　A．Why don't you keep it?

　　　B．You're making a mistake.

　　　C．I regret it already!

　　　D．I'll try anything once.

(2)　A．So, what are you about to do?

　　　B．Well, what else is involved?

　　　C．Actually, is that everything?

　　　D．Hmm, how can you really know?

(3)　A．It sounds appropriate.

　　　B．That's not surprising at all.

　　　C．I'm okay, but thanks anyway.

　　　D．That's a little hard to believe.

(4)　A．Absolutely.

　　　B．Never.

　　　C．On occasion.

　　　D．Not necessarily.

(5)　A．But they will likely return.

　　　B．You seem quite doubtful.

　　　C．I like your confidence.

　　　D．It will never work out.

B. 下の英文A〜Fは，一つのまとまった文章を，6つの部分に分け，順番をばらばらに入れ替えたものです。ただし，文章の最初にはAがきます。Aに続けてB〜Fを正しく並べ替えなさい。その上で，次の(1)〜(6)に当てはまるものの記号をマークしなさい。ただし，当てはまるものがないもの(それが文章の最後であるもの)については，Zをマークしなさい。

(1) Aの次にくるもの

(2) Bの次にくるもの

(3) Cの次にくるもの

(4) Dの次にくるもの

(5) Eの次にくるもの

(6) Fの次にくるもの

A. Have you ever considered how easy it would be to meet your favorite artist or a person you admire? According to the "Six Degrees of Separation" theory, it is possible, but what does this theory actually propose?

B. In recent years, the idea of connections by six degrees has become even more influential through popular culture. Advances in communication technology, particularly related to the Internet, have drawn great attention to social networks.

C. This concept suggests that any person on Earth is connected to someone else through a maximum of six or fewer connections, be it through acquaintances, friends, or members of their family. You may wonder where this interesting idea comes from.

D. It was originally proposed in 1929 by Hungarian writer Frigyes

Karinthy. In a short story, Karinthy wrote about a group of people trying to connect any person in the world to themselves by a chain of five others.

E. In fact, as some of these, such as Facebook, Twitter, and Instagram become increasingly popular, it is worth considering how the Six Degrees of Separation theory can help not only to connect friends, but also to establish interesting and valuable professional relationships.

F. However, it was not until much later that the Six Degrees of Separation theory became more well known. In fact, despite the many social science experiments related to network theory over the years, it was a play by American writer, John Guare, that made this theory popular.

〔Ⅱ〕A. 次の英文の空所（　1　）～（　15　）に入れるのに最も適当なものをそれぞれA～Dから一つずつ選び，その記号をマークしなさい。

Some 75 percent of Japan is mountainous, and it is hardly surprising that the country has produced a number of world-class climbers, including Yuichiro Miura and Ken Noguchi. Junko Tabei, though, broke new ground for women everywhere with her Everest ascent (she was only the 38th person to summit) as well as her 1992 completion of the "Seven Summits"—she was the first woman to climb the highest peaks on all seven continents, including Antarctica's Mount Vinson.

When I interviewed Tabei in late 2013, I was surprised by her physical stature. There she was, all of 152 centimeters tall and with a twinkle in her eye, like any Japanese grandmother hoping to share a story about the years gone by.　In her office in Tokyo's Ichigaya, she showed me something marvelous: the old wooden ice axe from her Everest ascent.

"The final ascent was a step-by-step struggle, but when I arrived, I didn't have an overwhelming sense of achievement.　It was more like relief.　I couldn't believe the climb was finally over and I had to go down （　1　）," she recalled.　"The precious thing about that moment was, beyond being the first woman there, the summit of Everest was utterly beautiful, without a single man-made object in sight."

Tabei was born in 1939 in Miharu, a small town in Fukushima Prefecture, the youngest daughter of seven children.　As a young child, she suffered pneumonia several times and was physically weak, performing （　2　） at sports, but she had a gift for singing.　When she was 10, however, a school trip to Mount Nasu and Mount Asahi in the Nasu Mountain Range in Tochigi Prefecture（　3　） her life.

"I'd never seen such scenery of sand and rocks and strange smells—even though it was a mountain, it had no green plants," she told me.　"There was a stream of hot water and it was cold at the top even in summer.　This wasn't something I had learned about in school.　It was something I could experience directly, physically by walking and seeing it with my own eyes.　It was really intense and I wanted（　4　）.　That was the starting point for me and I still feel it."

The experience made Tabei a tirelessly passionate climber.　She （　5　） to learn winter mountaineering after graduating from Showa Women's University in Tokyo and, at a time when mountaineering clubs in Japan routinely banned women, she（　6　） the Ladies Climbing Club in 1969.　The following year, she became the first woman to reach the 7,555-meter summit of Mount Annapurna III.

I did not know it when I met her, but Tabei was suffering from cancer.

She continued climbing peaks around the world after her 2012 diagnosis. In July 2016, she（　7　）to 3,010 meters on Mount Fuji to encourage a group of students from parts of Tohoku hit by the 2011 earthquake and tsunami.　Just before her death, she scribbled a note to her husband Masanobu, "I am not a sick person," along with a sketch of Mount Everest. She passed away in October 2016 at age 77,（　8　）climbed the highest peaks of 73 countries.

Tabei became a celebrity with her conquest of Everest and wrote a number of books about her exploits. Until recently, most of her writing was only（　9　）in Japanese.　Fortunately, parts of her books have been translated and compiled into *Honouring High Places*, a book of beautifully illustrated recollections. It contains suspenseful tales of survival,（　10　）insights into Tabei's courageous spirit. In one example, Tabei relates how she gave a presentation at a Japanese university and one student rudely asked whether it was true that female mountaineers are not good looking. She remarked, "If you look at me, you know that isn't（　11　）."

"My impression of Tabei is one of strength, clear thinking, confidence, and determination.　I love that she believed in a person's will to succeed, and that all goals are achievable one step（　12　)," says co-author Helen Y. Rolfe, who rewrote Tabei's memoirs into English. This was an opinion shared by many; as part of the fact-checking process, translator Yumiko Hiraki contacted one of Nepal's embassies to（　13　）the spelling of a Sherpa guide's name. The embassy's response was immediate: "For Junko Tabei, we'll do anything."

Tabei's legacy includes the Junko Tabei Fund, which is（　14　）to promoting outdoor activities such as Mount Fuji trips for students, and a new permanent exhibit at the Miharu History & Folk Museum.　But perhaps the most important thing she left behind can be seen on mountains throughout Japan.

In the memoir that closes *Honouring High Places*, her longtime friend Setsuko Kitamura writes: "Whenever I see hikers and mountaineers, regardless of age and gender, wrapped in bright-colored outfits here and there in Japan, I cannot help taking it as the new scenery made possible by Junko Tabei, as that sight was not present or even thought of prior to her Everest expedition. By demonstrating what we the women can do, and then what we the middle-senior aged can still do, as Tabei did when she reached that age group, she continued （　15　） the door to nature for all."

(1)　A．all over it　　　　　　B．and up again
　　　C．instead of up　　　　D．looking over there

(2)　A．frequently　　　　　　B．sadly
　　　C．poorly　　　　　　　D．skillfully

(3)　A．changed　　　　　　　B．followed
　　　C．risked　　　　　　　D．saved

(4)　A．less than that　　　　B．more of it
　　　C．nothing like this　　D．one of those

(5)　A．came out　　　　　　B．took over
　　　C．gave up　　　　　　D．went on

(6)　A．founded　　　　　　　B．motivated
　　　C．left　　　　　　　　D．protested

(7)　A．dropped by　　　　　B．led in
　　　C．made it　　　　　　D．ran down

出典追記：The Japan Times, October 13, 2018

(8)　A．being　　　　　　　　B．after

　　 C．having　　　　　　　 D．nonetheless

(9)　A．accountable　　　　　 B．affordable

　　 C．allowable　　　　　　 D．available

(10)　A．as compared to　　　　B．as well as

　　 C．in spite of　　　　　　D．in terms of

(11)　A．any difference　　　　 B．the case

　　 C．my business　　　　　 D．your trouble

(12)　A．at a time　　　　　　 B．by a moment

　　 C．for a while　　　　　　D．in a day

(13)　A．confirm　　　　　　　B．create

　　 C．inform　　　　　　　 D．notice

(14)　A．constructed　　　　　 B．dedicated

　　 C．maintained　　　　　　D．widespread

(15)　A．answering　　　　　　B．finding

　　 C．leading　　　　　　　 D．opening

B．本文の内容に照らして最も適当なものをそれぞれA～Cから一つずつ選び，
　 その記号をマークしなさい。

(1)　When she first met Tabei, the author was surprised to

　　A．hear about this pioneer woman's account of her younger years.

B．see an average woman who avoided contact with others.

C．encounter a small woman who was such a prestigious climber.

(2)　When she finally reached the summit of Everest, Tabei

A．could not think of anything but going down to the next destination.

B．was moved by the sheer natural beauty surrounding her.

C．felt excited standing at the world's highest place all by herself.

(3)　As she recalls her school trip to mountains in Tochigi, Tabei was

A．disappointed at the dreary scenery she came across.

B．pleased to see how graceful nature was.

C．surprised to find such an unexpected landscape.

(4)　After her interview with the author, Tabei

A．continued to climb mountains up until her death.

B．devoted the rest of her life to helping disaster victims.

C．decided to train Tohoku students to be successful climbers.

(5)　Tabei's *Honouring High Places* is

A．a collection of her autobiographical pieces adapted and edited for foreign readers.

B．a colorfully illustrated guidebook of the world-famous mountains she climbed in her life.

C．a series of publications she launched to enlighten aspiring young women about climbing.

(6)　Setsuko Kitamura tells us that a change caused by Tabei is that

A．there are more women climbers than men in many areas.

B．climbing has become popular with more kinds of Japanese people.

C．there is a deeper awareness of nature and scenery than before.

⑺　The passage as a whole is best characterized as

　A．an analysis of how a pioneering adventurer was inspired.

　B．a review of a female climber's life-long accomplishments.

　C．an autobiographical account of Tabei's most exciting adventure.

〔Ⅲ〕A．次の英文の下線部①〜⑩について，後の設問に対する答えとして最も適当
なものをそれぞれA〜Cから一つずつ選び，その記号をマークしなさい。

The dog's mouth opens wide, her lips pull up at the corners, and her
tongue hangs out. Most would look at this face and see an unmistakable
grin. But is that really what is going on here? Do dogs use this expression
in the same way as people, to convey their joy, pleasure, or contentedness?
In other words, are dogs really smiling at us?

The answer has roots in our 30,000-year history of keeping dogs as
domesticated animals. Thanks to that history, humans and dogs have
developed a unique bond, which has also made dogs very useful subjects for
the study of communication. "Studying dogs is a really unique opportunity
to look at social communication between species," said Alex Benjamin, a
researcher of dog psychology.

Most of this research also reinforces the idea that the communicative
bond we share with dogs is unique. For instance, researchers have found
that dogs enjoy the human gaze and use eye contact in a way that few other
animals do.

A study published in the journal *Current Biology* tested how wolves
and dogs responded to the impossible task of opening a container to get at
some meat that they knew was within. The researchers found that while
the wolves simply walked off when they discovered they could not open it,
dogs turned around and gave them a long, questioning look—suggesting
①

that these animals knew a person could help them complete the task.

Another study, published in the journal *Science*, found that both dogs and humans experience an increase in levels of oxytocin—a hormone that plays a role in bonding and strengthening relationships—when they gaze, or stare, at one another. Even more intriguing, <u>dogs that sniffed oxytocin</u>②<u>would then spend more time watching humans</u>.

"A shared gaze can be a strong basis for cooperation," especially if, like dogs, you can't rely on spoken language, Benjamin explained. Humans may have bred this trait into dogs over the course of our long history together, she said. <u>"Dogs that look at us are much easier to cooperate with and</u>③<u>train.</u>" In any case, it is clear that eye contact is important to dogs as a way to intentionally gather information and communicate.

But what about the expressions that cross their faces? Do these have any relevance to humans—and do dogs use them to communicate with us?

That brings us to the "smile." Does your dog's wide-mouthed expression carry the same significance as a human grin? Juliane Kaminski, a researcher in comparative psychology who studies dog behavior, advised caution. "I've had a dog all my life, so I know that if you know your dog really well, you're able to read its behaviors. I've got no problem with <u>giving certain behaviors a label</u>," she said. "But as a scientist,④of course, I say, 'How would we know that?' We have zero data telling us what this actually means."

The problem with dog expressions is that our research tools are typically subjective, and paired with <u>our tendency to assume human traits</u>⑤<u>apply to animals</u>, it is very possible that we misinterpret what we see on dogs' faces.

In fact, there is very little objective research to support the idea that dogs "smile." Some findings, published in the journal *Scientific Reports*, show that this particular expression, called "relaxed open mouth" in dogs, typically occurs in positive settings, like when dogs are inviting one another to play. But whether it is really what we would call a smile, or whether dogs are intentionally doing this to communicate something, remains unknown.

To answer that question, we would need more objective research techniques to understand how specific facial expressions relate to particular situations and what precisely motivates those expressions. That is needed for all dog expressions, which are generally understudied, Kaminski said.

⑥

This revelation is probably unsettling for any dog owner who has interpreted that open mouth turned upwards as a smile all these years. But in some ways, it does not matter, because there is so much other proof of our special relationship with dogs.

⑦

Consider that they are the only creatures we know of that can successfully follow and understand human gestures, like pointing. Even chimpanzees, our closest relatives, cannot follow this communicative cue as well as dogs can. Also, dogs actually show a preference for certain types of speech, as Benjamin has found in her research. She discovered that dogs prefer the company of humans who not only used dog-related phrases like "Who's a good boy?" but also spoke to the animals in higher-pitched, singing-like voices.

⑧

So, whether or not we can share a friendly smile with our four-legged friends, it is clear that they understand us in surprisingly nuanced ways. Benjamin said we ought to be motivated by this to become better, more sensitive communicators ourselves. "Dogs are already so good at understanding us. They can understand very subtle signals," Benjamin said. "So, it's our job as the humans to give them signs so that they can understand how to cooperate with us." And if you want to smile while you are at it—why not?

⑨

⑩

(1)　What does Underline ① actually mean?

A．the dogs cannot understand what the wolves are doing

B．humans expect dogs to ask by using eye contact

C．dogs are requesting assistance from humans

(2)　What does Underline ② imply?

A．There is a connection between certain scents and becoming more emotionally attached.

B．Even the scent of the hormone caused dogs to relax and see more things.

C．Humans who want to watch dogs more can provide them with particular scents.

(3)　What does the author want to express most in Underline ③?

A．It would be better if other pets also made eye contact.

B．Some dogs look at humans more than they need to.

C．Their habit of looking at humans makes dogs obedient pets.

(4)　What does Underline ④ actually mean?

A．being able to figure out when your dog is behaving well

B．choosing a word to represent something dogs do

C．coming up with a name for a dog that fits its personality

(5)　What does Underline ⑤ actually mean?

A．We frequently see ourselves in other beings.

B．We usually think other creatures are inferior to us.

C．We are quick to investigate other organisms.

(6)　Which can be a concrete example for Underline ⑥?

A．removing our biases from the way we study dogs

  B．finding a way to research animals that uses objects

  C．using the same techniques for studying human smiles

 (7)　What does Underline ⑦ imply?

  A．People tend to hold on to their pre-existing beliefs about their dogs.

  B．The lack of reliable research into dog communication is unacceptable.

  C．Some people feel upset by their dogs' human-like expressions.

 (8)　What does Underline ⑧ refer to?

  A．mental signal

  B．spoken message

  C．body language

 (9)　What does Underline ⑨ actually mean?

  A．People need to be more sensitive in dog interactions.

  B．Dogs can catch more of our signals than we realize.

  C．We can assume that dogs' smiles are similar to ours.

 (10)　What does Underline ⑩ refer to?

  A．being near your pet

  B．communicating with your pet

  C．making your pet behave better

B．本文の内容に照らして最も適当なものをそれぞれ A ～ C から一つずつ選び，その記号をマークしなさい。

 (1)　In the third paragraph, starting with "Most of this research," the author emphasizes that

A．dogs are not comparable to other animals when it comes to vision.

B．there is a distinctive type of interaction humans have with dogs.

C．scientists focusing on communication are interested in dogs.

(2) In the fourth paragraph, starting with "A study published," the author suggests that

A．dogs tend to depend on humans to get what they want.

B．comparing wolves and dogs reveals the different eating patterns.

C．wolves are not interested in meat placed in a human-made container.

(3) In the fifth paragraph, starting with "Another study," the author mentions the hormone changes in humans and dogs to explain why

A．dogs get along so well with humans.

B．dogs use eyesight to get what they need.

C．dogs have such a strong sense of smell.

(4) In the eighth paragraph, starting with "That brings us," Juliane Kaminski's personal story shows that the way we understand our dogs

A．becomes more accurate the longer we interact.

B．is strengthened by giving them many labels.

C．is shaped by our many experiences with them.

(5) In the 10th paragraph, starting with "In fact, there is," the author mentions that dogs

A．often imitate the human smile in order to seem friendly to other dogs.

B．look as if they are smiling when they interact with each other.

C．do not really smile since they are unable to express their emotions.

(6) In the 13th paragraph, starting with "Consider that they," the author mentions human speech towards dogs in order to explain that

　　A．dogs and monkeys are able to respond to speaking.

　　B．gestures should accompany certain ways of speaking.

　　C．dogs are also affected by ways of human speaking.

(7) The author's main point in this passage is that

　　A．dogs communicate in the same ways that humans do.

　　B．dogs use special ways of communication to connect to humans.

　　C．humans should smile when they are communicating with dogs.

2月4日実施分

解　答

I　**解答**　A. (1)—D　(2)—B　(3)—D　(4)—A　(5)—C
　　　　　B. (1)—C　(2)—E　(3)—D　(4)—F　(5)—Z　(6)—B

◆全　訳◆

A. ≪ヨガのレッスンについての会話≫

留学生のユウがヨガについてクリスと話し合っている。

クリス：ユウ，君がヨガのレッスンを試してみることに賛成してくれてとても嬉しいよ。後悔させないと約束するよ！

ユウ　：何でも一度はやってみないとね。でも断っておくけれど，私は全然体が柔らかくないよ。ストレッチはめったにしないし，した時にはたいてい翌日に痛くなるからね。

クリス：それについては心配してないよ。このレッスンは初心者向けだから，君も気に入るはずだよ。それに，ヨガはストレッチだけじゃないんだよ。

ユウ　：じゃあ，ほかに何があるの？

クリス：正しい呼吸をすることや精神的にリラックスさせることだよ。信じられないような恩恵をたくさん提供してくれる運動なんだ。

ユウ　：それはちょっと信じられないな。どうすれば呼吸法とストレッチだけで毎日の生活に大きな助けになるのかわからないよ。

クリス：じゃあ，例を挙げてみよう。学生だから，1日の多くの時間をコンピュータの前か机に向かって過ごすはずだよね？

ユウ　：その通り。ほとんど1日中座っているかな。実を言うと，背中が痛くなってくることもあるね。

クリス：その場合，ヨガが申し分ないよ。まっすぐに座って正しい姿勢を保てるように胃と背中の筋肉を鍛えてくれるから。そういった背中の痛みは最終的にはなくなるはずだよ。

ユウ　：君の自信のほどが気に入ったよ。こうなると，初めてのレッスンを一緒に受けるのが待ち遠しくなってきたよ！

クリス：いいね！　それを聞いて嬉しいよ。いずれにしても，もう行かな

　　　　　いと。ヨガのレッスンでまた会おう。

ユウ　：わかった。またそこでね。

B.　≪「六次の隔たり」理論とは？≫

A．自分のお気に入りのアーティストや自分が尊敬する人物と会うことがいかにたやすいか，あなたは考えたことがあるだろうか。「六次の隔たり」理論によると，それは可能なのだが，この理論が実際に提唱しているものは何だろうか。

C．この考え方は，地球上のどんな人でも，それが知り合いであれ友人であれ家族であれ，最大でも 6 人までのつながりで他者とつながっていることを示している。あなたは，この興味深いアイデアがいったいどこからやってきたものなのか，知りたいと思うかもしれない。

D．それはもともと，1929 年にハンガリー人作家のフリジェシュ＝カリンティによって提唱された。ある短編の中で，カリンティは，5 人の他者との連鎖によって世界中のあらゆる他者と自分たちとをつなげようとする集団について書いたのである。

F．しかし，六次の隔たり理論がより知られるようになったのは，ずっと後になってからである。実際には，長年にわたってネットワーク理論に関連した多くの社会科学的実験が行われたにもかかわらず，この理論を有名にしたのはアメリカ人作家ジョン＝グアーレの演劇だったのである。

B．近年では，六次のつながりの考え方はポップカルチャーを通じてより影響力が強くなっている。特にインターネットに関わるコミュニケーションテクノロジーの発展によって，ソーシャルネットワークに対して多大な注目が寄せられている。

E．実は，フェイスブックやツイッターやインスタグラムなど，これらのいくつかはますます普及しているので，六次の隔たり理論は友人をつなぐだけでなく，興味深くて価値のある職業的な関係を築くのにもいかに役立つかを考慮する価値がある。

━━━━━━━◀解　説▶━━━━━━━

A.　⑴直前のクリスの発言で「後悔させないと約束するよ！」とあるのを受けたものであると考えられる。よって D の「何でも一度はやってみないとね」が最も適切である。A．「それを続けたらどうだい？」　B．「君は間違ってるよ」　C．「もうすでに後悔しているよ！」

⑵直前および直後のクリスの発言に注目する。直前でヨガはストレッチだけじゃないと言い，直後で正しい呼吸法やリラックスについて述べている。つまり，ユウはストレッチ以外のヨガの効用を尋ねたのだと推測できる。よってBの「じゃあ，ほかに何があるの？」が正解である。A.「じゃあ，君は何をしようとしているんだい？」　C.「実際それが全てなのかい？」D.「ふうん，どうやって実際わかるんだい？」

⑶直前でクリスがヨガの恩恵について述べているのに対して，ユウの直後の発言が，「なぜそういうことになるのかわからない」という趣旨のものになっている。つまりユウはクリスに異議を唱えたのだと考えられる。よってDの「それはちょっと信じられないな」が最も適切である。A.「それはちょうどいいね」　B.「少しも驚くべきことじゃないね」　C.「結構だけど，とにかくありがとう」

⑷直前でクリスが「1日の多くの時間をコンピュータの前か机に向かって過ごすはずだよね？」と尋ねたことに対するユウの返答の部分であると考えられる。直後に「ほとんど1日中座っているかな」と加えていることから，肯定的な返答であったのだと判断できる。よってAの「その通り」が正解である。B.「いいえ，ちっとも」　C.「場合によりけりだね」　D.「いつもというわけではないよ」

⑸ユウはヨガに対していろいろ不安や疑問をぶつけているが，クリスは一貫して肯定派である。その自信たっぷりな様子に対する表現であると考えられる。直後で，ヨガのレッスンを始めることに前向きになっていることからも，Cの「君の自信のほどが気に入ったよ」が最も適切である。A.「でもそれはまた再発しそうだよ」やB.「とても疑わしいね」やD.「絶対うまくいかないよ」では，直後の箇所に文脈的につながらない。

B. 正しい順序はA→C→D→F→B→Eである。

　段落整序の問題は，指示語や代名詞，冠詞，さらにディスコースマーカー（so, therefore, for example, on the other hand など）に注意して読むことが大切である。

　Aでは，「六次の隔たり」理論の存在を紹介しているが，その内容には踏み込んでいない。したがって，これに続く段落ではこの理論の内容が説明されているはずである。そうなっている段落はCであり，Aの this theory という表現をCでは This concept と言い換えている。よってA→

Cとなる。

　Cの最終文では，「この興味深い考えが何に由来しているのか」と新たな疑問が提示されている。したがってこれに続く段落では，この理論の由来について述べられていることになる。Dの第1文の originally「元来」は，由来の説明のために用いられていると考えられる。また，主語の It もCの this interesting idea を指していると考えられ，C→Dとなる。

　次にFの第1文に注目する。However を使っていることから，この段落の内容は直前の段落の内容と相反するものになると考えられる。また，much later は何かと比較して「もっと後」となっているはずである。この2つから，FはDの内容を受けて「提唱されたのは 1929 年だが，知られるようになったのはもっと後」という構造をなしていると考えられる。よってD→Fとなる。

　最後にBとEの順序の検証になるが，Eの第1文の these はBの最終文の social networks を指していることがわかる。例としてフェイスブックやツイッターやインスタグラムなどが挙げられているからである。よってB→Eとなり，この英文はEで完結する。

II **解答**　**A.** (1)—C　(2)—C　(3)—A　(4)—B　(5)—D　(6)—A　(7)—C　(8)—C　(9)—D　(10)—B　(11)—B　(12)—A　(13)—A　(14)—B　(15)—D

B. (1)—C　(2)—B　(3)—C　(4)—A　(5)—A　(6)—B　(7)—B

◆━━━━━━━━◆全　訳◆━━━━━━━━◆

≪女性登山家　田部井淳子の生涯≫

　日本の 75 パーセントほどは山地なので，この国が三浦雄一郎や野口健といった世界的な登山家を輩出しているのは驚くに当たらない。しかし，田部井淳子は，1992 年の「七大陸最高峰」制覇——彼女は南極大陸のヴィンソン山も含む全七大陸の最高峰に登頂した最初の女性であった——に加えて，エベレスト登頂（彼女以前の登頂者は 37 人しかいなかった）によってどこでも女性の新境地を切り開いた。

　2013 年末に田部井にインタビューしたとき，私は彼女の身長に驚いた。そこでは彼女は，身長わずか 152 センチで目がキラキラ輝いており，過ぎ去りし年月についての話を共有したいと考える，どこにでもいる日本のお

ばあちゃんのようだった。東京の市ケ谷にある事務所で，彼女は驚くべきものを見せてくれた。エベレスト登頂から持ち帰った古い木製のピッケルだった。

「最後の登頂は一歩一歩が苦しい闘いでしたが，到達した時に圧倒的な達成感はありませんでした。むしろ解放感のようなものを感じました。この登山がとうとう終わってしまって，今度は登るのではなく下山しなければならないことが信じられませんでした」と彼女は回想した。「その瞬間に関して貴重だったのは，登頂した初めての女性であったということ以上に，エベレストの頂上が視界に人工のものが全くなく，本当に美しいということでした」

田部井は1939年に福島県の小さな町である三春町で，7人兄弟の末娘として生まれた。彼女は小さい頃に何度か肺炎を患い，身体は虚弱でスポーツも下手だったが，歌唱の才能はあった。しかし，10歳の時，栃木県那須連山の那須岳と朝日岳への遠足が彼女の人生を変えた。

「それまで私は，そのような砂と岩と奇妙な臭いからなる光景——山であるにもかかわらず，緑の植物がない光景——を見たことがありませんでした」と彼女は私に話してくれた。「お湯が流れていて，夏なのに頂上は寒いくらいでした。このようなことは，私が学校で習ったことのあるものではありませんでした。自分で歩き，自分自身の目で見ることによって，体で直接体験できることだったのです。それは本当に強烈で，私はそれをもっと欲しいと思いました。それが私にとっての出発点で，今も同じ気持ちです」

その経験を経て，田部井は不断の情熱を持つ登山家になった。東京の昭和女子大学を卒業後も冬期登山を学び続け，日本の登山クラブが決まって女性を禁止している時代だったので，彼女は1969年に女子登攀クラブを創設した。翌年，彼女は女性として初めて，7555メートルのアンナプルナⅢ峰の頂上に到達した。

彼女に会ったとき私はそのことを知らなかったのだが，田部井はガンを患っていた。2012年に診断を受けた後も，彼女は世界中の山に登り続けた。2011年に地震と津波に襲われた東北地方の生徒たちを勇気づけるために，2016年7月，彼女は富士山の3010メートル地点にまで到達した。死の直前，彼女は夫の政伸に，エベレストのスケッチとともに「私は病人

ではない」という走り書きのメモを送った。彼女は 2016 年 10 月に 77 歳で亡くなったが，それまでに 73 カ国の最高峰に登頂していた。

　田部井はエベレストを征服したことで有名人になり，自身の偉業についてたくさんの著書を著した。最近まで，彼女の著書の大半は日本語版でしか手に入らなかった。　ありがたいことに，　彼女の著書の一部は『Honouring High Places』として翻訳・編集された。これは美しい写真が入った回想録である。その本には，田部井の勇敢な性格に対する洞察に加えて，死の危険を切り抜けたサスペンスに満ちた話も含まれている。ある例では，田部井は日本のある大学でプレゼンをした時の様子を述べているのだが，　1 人の学生が無礼にもこう尋ねた。「女性の登山家は容姿が良くないというのは本当でしょうか」　彼女はこう述べた。「私を見れば，それが当てはまらないことはわかるでしょう」

　「田部井に対する私の印象は，強さ，明晰な思考力，自信，決断力といったものでした。成功したいという個人の意志を彼女が信じていたこと，そして全てのゴールは一歩ずつ達成できる，ということがとても気に入りました」と共著者のヘレン＝Y. ロルフは述べている。彼女は田部井の回想録を英語に書き直した。これは，多くの人が共通して抱いている意見であった。翻訳家の平木裕実子は，事実チェック手続きの一部として，ネパール大使館職員の 1 人に連絡を取って，あるシェルパの名前のスペルを確認した。その職員の返事はすぐに返ってきた。「田部井淳子のためなら，私たちは何でもします」

　田部井の遺産には，田部井淳子基金——それは学生の富士山旅行などのような野外活動の促進にささげられる——や，三春町歴史民俗博物館の新しい永久展示も含まれる。しかし，彼女が残した最も重要なものは，おそらく日本中の山々で目にすることができるだろう。

　『Honouring High Places』の結びの回想の中で，彼女の長年の友人である北村節子はこう書いている。「日本のあちこちで，年齢や性別に関係なく明るい色彩の装備に身を包んだハイカーや登山家を見るたびに，それが田部井淳子によって可能になった新しい風景であると考えずにはいられません。その光景は，彼女のエベレスト遠征以前には存在しなかったし，想像すらできなかったからです。我々女性がなしうることを証明することによって，そして田部井がその年齢層に到達したときにやったように，我

々中年もまだできることを証明することによって，彼女はみんなのために自然への扉を開き続けたのです」

■━━━━◀解　説▶━━━━■

A. (1)山頂に到達したときの心情を回想している箇所である。登り切ってしまえば登山は終わり，あとは下山が残るのみ，という意味であると解釈できる。よって「登るのではなく」という意味になるCが最も適切である。A.「それ一面に」　B.「そして再び上へ」　D.「向こうを見ながら」

(2)スポーツをするのがどうであったかを説明している部分。直前でphysically weak「身体的に虚弱」と述べているので，スポーツは下手だったのだろうと推測できる。よってCの「下手に」が正解である。A.「しばしば」　B.「悲しそうに」　D.「上手に」

(3)当該箇所は，「栃木県那須連山の那須岳と朝日岳への遠足が彼女の人生を…」という意味になる。この段落の前半では，田部井に登山家のセンスをうかがわせるものは何もないので，この遠足が転機になったのだと考えられる。よってAの「変えた」が最も適切である。B.「従った」　C.「危険にさらした」　D.「救った」

(4)当該段では，その時の体験が田部井に強烈な影響を与えたことが述べられている。もっと自分の目や体で直接学びたいと思ったことが田部井の出発点だったのである。よって最も肯定的な表現であるBの「それをもっと」が正解である。A.「それよりも少なく」　C.「このようなものは何も～ない」　D.「それらのうちの1つ」

(5)当該箇所は「東京の昭和女子大学を卒業後も冬期登山の学習を…」という意味になる。彼女が登山家になったことを考えると，Dの「続けた」が最も適切である。A.「現れた」　B.「引き継いだ」　C.「やめた」

(6)当該箇所の意味は「1969年に女子登攀クラブを…」となる。既存の登山クラブに女性が加わることはできなかったので，彼女が自ら作ったのであると考えられる。よってAの「創設した」が正解である。B.「動機を与えた」　C.「辞めた」　D.「抗議した」

(7)当該箇所は「富士山の3010メートル地点にまで…」という意味になる。文脈から考えて，「登った」「到達した」などの表現になるのではないかと考えられる。よってCの「到達した」が最も適切である。A.「立ち寄った」　B.「口火を切った」　D.「流れ落ちた」

(8)分詞構文の問題。直後の climbed は過去分詞と考えられるので，候補としては受動態を作る being か完了形を作る having のどちらかである。当該箇所は田部井が生前これだけの登頂を果たしたと述べているので，完了形が適切である。よって C が正解である。

(9)当該箇所の意味は「彼女の著書の大半は日本語版でのみ…」となる。後続の部分で彼女の著書が翻訳されるようになったと説明されているので，それまでは日本語版しかなかったのだと考えてよい。よって D の「入手できる」が最も適切である。A．「責任がある」　B．「手頃な」　C．「許容される」

(10)『Honouring High Places』という本の説明をしている部分。suspenseful tales of survival も insights into Tabei's courageous spirit も，contains の目的語であると考えられるので，「～だけでなく…も」の意味になる B が最も適切である。A．「～と比較して」　C．「～にもかかわらず」　D．「～の観点から」

(11)直前の「女性の登山家は容姿が良くないというのは本当でしょうか」という失礼な質問に対する彼女の答えの部分。ユーモアを交えた回答になるのは「（私は容姿がいいから）その定義は誤っている」であろう。よって「それは本当ではない」という意味になる B が正解。

(12)one step at a time で「だんだんと，一歩ずつ」という意味の成句になるので，これを知っていれば問題ない。知らない場合でも，at a time で「一度に」という意味になるので「（欲張らずに）一度に一歩」と考えればよい。正解は A である。

(13)当該箇所は「あるシェルパの名前のスペルを…するために大使館の職員に連絡した」という意味になる。事実チェック手続きの一環なので，スペルを確認したかったのだと考えられる。よって A の「確認する」が最も適切である。B．「創造する」　C．「知らせる」　D．「注目する」

(14)当該箇所は「それは野外活動の促進に…されている」という意味になるので，「使われる」などの動詞が想像できる。これに最も近いのは B の「ささげられている」である。A．「建設される」　C．「維持される」　D．「広範囲に及ぶ」

(15)当該箇所の意味は「彼女はみんなのために自然への扉を…し続けた」となる。目的語が the door なのでこれに対応している動詞は D の「開く」

である。よってDが正解である。

B．(1)「筆者が初めて田部井に会ったとき，…して驚いた」

A．「この先駆的な女性の若いころの説明を聞いて」

B．「他人との接触を避ける平均的な女性を見て」

C．「とても著名な登山家である小柄な女性に出会って」

　　筆者が田部井に初めて会った時の記述は第 2 段（When I interviewed …）にあるが，筆者は田部井の身長に驚いたと述べられている。つまり，著名な登山家であるにもかかわらず，身長わずか 152 センチの小柄な女性であることに驚いたのである。この趣旨に合致しているのはCである。

(2)「ようやくエベレストの山頂に到達したとき，田部井は…」

A．「次の目的地へと下りていく以外のことは考えられなかった」

B．「自分を取り巻く圧倒的な自然美に感動した」

C．「自分だけの力で世界最高峰に立つことができて胸がわくわくした」

　　エベレスト登頂の回想については第 3 段（"The final ascent …）で述べられている。最終文（"The precious thing …）で，田部井はエベレストの頂上が本当に美しいことに感動したと語っている。この趣旨に合致するのはBである。

(3)「栃木県の山々への遠足を思い出しながら，田部井は…」

A．「自分が出くわした物寂しい景色に失望した」

B．「自然がいかに優美であるかを知って嬉しくなった」

C．「全く予想もしなかった景色を見つけて驚いた」

　　田部井が遠足で見た光景について述べているのは第 5 段（"I'd never seen …）である。第 1 文にあるように，田部井は今までに見たことのない光景を目にし，その光景は第 3 文（This wasn't something …）にあるように，全く予備知識のないものであった。この趣旨に合致しているのはCである。

(4)「筆者とのインタビューの後，田部井は…」

A．「死ぬまで山登りを続けた」

B．「残りの人生を災害被害者救援にささげた」

C．「成功できる登山家になれるよう東北の学生たちを鍛えることにした」

　　筆者がインタビューをしたのは 2013 年で，田部井は 2016 年に亡くなる直前にも富士山に登っている。よってAが最も適切である。このときの登

山は災害被害者生徒を勇気づけるためであったが救援ではなかったので B は不適。登山家にするという目的ではなかったので C も不適。

(5)「田部井の『Honouring High Places』は…である」

A．「外国の読者のために翻案・編集された彼女の自叙伝をまとめたもの」

B．「彼女が人生で登った世界の有名な山々についての色とりどりのイラストが入ったガイドブック」

C．「意欲あふれる若い女性たちに登山に関して啓蒙するために彼女が刊行した一連の出版物」

　第 8 段第 3 文（Fortunately, parts of …）にあるように，この書籍は田部井の回想を翻訳・編集したものである。この内容に合致しているのは A である。山を案内するガイドブックではないので B は不適。a book「一冊の本」であり一連の出版物ではないので C も不適。

(6)「北村節子の話によると，田部井がもたらした変化は…ということである」

A．「多くの地域で男性以上の数の女性登山家がいる」

B．「登山がより多くの種類の日本人に人気を博した」

C．「自然や景観を以前にも増して深く意識するようになっている」

　北村節子の談話は最終段（In the memoir …）の "Whenever I see … " で紹介されている。「年齢や性別に関係なく」とあるように，田部井の影響で様々な人たちが登山を楽しむようになったことが述べられている。この内容に合致しているのは B である。

(7)「全体として，本文は…として最も特徴づけられる」

A．「先駆的な冒険家がいかに奮起したかの分析」

B．「ある女性登山家の生涯にわたる業績の回顧」

C．「田部井の最も胸躍る冒険の自伝体の記述」

　本文では，登山家としての田部井淳子の，幼少期から晩年に至る生涯の軌跡が記されている。この内容を最も端的に表現しているのは B である。特別な分析をしているわけではないので A は不適。自伝体の記述ではないので C も不適。

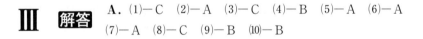

III　解答　A．(1)—C　(2)—A　(3)—C　(4)—B　(5)—A　(6)—A
(7)—A　(8)—C　(9)—B　(10)—B

B. (1)—B　(2)—A　(3)—A　(4)—C　(5)—B　(6)—C　(7)—B

―――――――◆全　訳◆―――――――

≪犬は本当に微笑んでいるのか？≫

　犬の口は大きく開いており，唇は両端まで引っ張られ，舌は外に出ている。たいていの人は，この顔を見て間違いなく笑っていると思うだろう。だが，本当にその通りのことが起こっているのだろうか。犬は人間と同じように，喜びや嬉しさや満足感を伝えるためにこの表情を使っているのだろうか。つまり，犬は本当に私たちに微笑みかけているのだろうか。

　この答えは，家畜として犬を飼うようになった3万年の歴史に起源がある。その歴史のおかげで，人間と犬は独特な絆を培ってきた。そして，その絆によって，犬はコミュニケーション学の非常に有益な被験者ともなっている。「犬の研究は種をまたいでなされる社会的コミュニケーションを見る上で本当に独特な機会となっています」と犬の心理の研究者であるアレックス＝ベンジャミンは言う。

　この研究の大部分は，私たちが犬と共有しているコミュニケーションの絆が大変珍しいものであるという見解を裏付けるものでもある。例えば，研究者たちが明らかにしたところでは，犬は人間から凝視されることを楽しみ，他の動物がほとんど行わないようなやり方でアイコンタクトを使うのである。

　『カレントバイオロジー』という学術誌に掲載された研究では，オオカミと犬が，中に入っているのがわかっている肉を，容器を開けて手に入れるという不可能な課題にどう反応するかを実験した。研究者たちが発見したのは，オオカミは容器を開けられないことがわかると，ただその場を立ち去っただけだったのだが，犬は向き直って，研究者たちを長い間もの問いたげな顔つきで見ていたことである。それは，この課題を完遂するのを人間が手伝ってくれると彼らが知っていることを表していた。

　『サイエンス』という学術誌に掲載された別の研究では，犬も人間も，互いに見つめたり凝視したりすると，オキシトシン——絆を作り関係を強化するのに一役買っているホルモン——のレベルの上昇を経験することがわかった。さらに興味深いことに，オキシトシンを嗅いだ犬はより長い時間にわたって人間を見ていたのである。

　とりわけ，犬のように，話し言葉に頼ることができない場合には，「互

いに見つめあうことは，協同の強固な基礎になりえます」とベンジャミンは説明した。共に過ごしてきた長い歴史の過程の中で，人間はこの特質を犬に植えつけてきたのかもしれないと彼女は言った。「私たちに視線を向ける犬は協同したり訓練したりするのがはるかに容易です」　どんな場合でも，アイコンタクトは犬にとって，意図的に情報を集めてコミュニケーションをとるための方法として重要であることは明らかである。

　だが，彼らの顔に現れる表情についてはどうだろうか。これらの表情は人間と何か関係があるのだろうか。そして，犬は私たちとコミュニケーションをとるためにそれらを使うのだろうか。

　それを考えると，私たちは「微笑み」に至る。あなたの犬が口を大きく開けた表情は，人間の笑みと同じ意味を伝えるのではないだろうか。犬の行動を研究している比較心理学者のジュリアン゠カミンスキーは注意を呼びかけた。「私は人生でずっと犬を飼ってきたので，自分の犬のことを本当によく知れば犬の行動を読み取ることができるとわかっています。特定の行動に対して呼び名をつけることに何の困難もありません」と彼女は言った。「しかし，科学者として，当然私はこう言います。『どうやってそれがわかるのだろうか』　これが実はどういう意味なのかを教えてくれるデータは全くないのです」

　犬の表情に関する問題点は，私たちの研究手段が主として主観的であって，人間の特徴を動物にも当てはめる傾向と一対になっているという点である。したがって，私たちが犬の顔に読み取ったものを誤解する可能性は十分にある。

　実際，犬が「微笑む」という考えを支持するような客観的な研究はほとんど存在しない。『サイエンティフィック・リポート』という学術誌で発表されたいくつかの研究結果で，犬の「リラックスして開いた口」と呼ばれるこの特定の表情は，一般的には，犬が遊ぶために互いに呼び合っているなどの肯定的な状況で起こることが示されている。しかし，それが本当に私たちが微笑みと呼んでいるものなのか，あるいは犬が何かを伝えるために意図的にこれをしているのかは，わからないままである。

　その疑問に答えるためには，特定の顔の表情が特定の状況にどう関連しているのかや，これらの表情を作る動機となっているのは正確には何なのかを理解するための客観的な研究法がもっと必要であろう。それは犬の全

ての表情——それらも大体は研究途中である——に対して必要である，と
カミンスキーは語った。

　おそらくこの新事実は，上方向に開いたあの口を長い間微笑みだと解釈
してきたどの犬の飼い主にとっても動揺の種であろう。しかしいくつかの
点で，それは重要なことではない。犬と私たちとが特別な関係にあること
についての証拠は他にもたくさんあるからだ。

　指さしのような人間の身振りをちゃんと理解して従うことができるのが
わかっている唯一の生物は犬だけであると考えてみよう。私たちに最も近
い親戚であるチンパンジーでさえ，このコミュニケーション上の指示に犬
ほどうまく従うことはできない。さらに，ベンジャミンが自身の研究で見
つけたように，犬は実は特定の種類の発話を好むことがわかっている。彼
女は以下のことを発見した。犬は，「誰が良い子かな」のような犬に関連
した言い回しを使うだけでなく，高音の歌うような声で動物に話しかける
人間が一緒にいるのをより好んだのである。

　したがって，私たちが4本足の友人と親しみのある微笑みを共有できる
か否かにかかわらず，犬たちが驚くほど微妙なやり方で私たちのことを理
解しているのは明らかなのである。ベンジャミンの言によれば，私たちは
このことによって，より良くありたい，より感受性の強い伝達者でありた
いと考えるべきなのである。「犬はすでに私たちのことを理解するのが得
意です。彼らは非常に微妙な合図でも理解できます」とベンジャミンは語
った。「ですから，どうすれば人間と協同できるかが理解できるように合
図を与えてやることが，私たち人間がすべきことなのです」　そのついで
に微笑みたくなったら——ぜひどうぞ。

出典追記：Are Dogs Really Smiling at Us?, Live Science on September 22, 2022 by Emma Bryce

━━━━━━◀解　説▶━━━━━━

A．(1)「下線部①は実際にはどういう意味か」

　当該箇所の意味は「犬は向き直って，研究者を長い間もの問いたげな顔
つきで見ていた」となる。犬が見ていた理由は，直後のダッシュ以下で述
べられている。つまり，「人間が手伝ってくれると知っている」からであ
る。この趣旨に最も近いのはCの「犬は人間からの援助を求めている」で
ある。

A．「犬はオオカミが何をしているのか理解できない」

B.「人間は犬がアイコンタクトを使って尋ねると予想する」

⑵「下線部②は何を示唆しているか」

　当該箇所の意味は「オキシトシンを嗅いだ犬はより長い時間にわたって人間を見ていた」となる。これは，オキシトシンの匂いが犬の人間に対する感情に影響を与えたことを示している。この趣旨に最も近いのはＡの「特定の匂いと感情的により慕うようになることとの間には関連がある」である。Ｂ.「ホルモンの匂いでも犬をリラックスさせてより多くのものを見えるようにした」　Ｃ.「犬をもっと観察したいと思う人間は，犬に特定の匂いを提供することができる」

⑶「筆者が下線部③で最も伝えたいことは何か」

　当該文の意味は「私たちに視線を向ける犬は協同したり訓練したりするのがはるかに容易です」となる。直後の文で「犬にとってアイコンタクトは，意図的に情報を集めてコミュニケーションをとるための方法として重要である」と述べられているように，この特性があるからこそ犬は人間とのコミュニケーションを図りやすくなるので，人間もペットとして犬を重宝してきたのだと言える。この趣旨に合致しているのはＣの「犬が人間を見る習慣が犬を従順なペットにしている」である。Ａ.「他のペットもアイコンタクトをするようになればもっと良いだろう」　Ｂ.「必要以上に人間を見る犬もいる」

⑷「下線部④は実際にはどういう意味か」

　当該箇所の意味は「特定の行動に対して呼び名をつけること」となる。つまり，犬の行動を理解して，それを表す名前をつけることである。この意味に最も近いのはＢの「犬の行動を表現する言葉を選ぶこと」である。Ａ.「自分の犬がいつ行儀よく振舞っているかを理解できること」　Ｃ.「犬の性格に合った名前を思いつくこと」

⑸「下線部⑤は実際にはどういう意味か」

　当該箇所の意味は「人間の特徴を動物にも当てはめる傾向」となる。これは，人間がするのと同じような表情を動物がしているときには，人間と同じ感情を抱いていると考える傾向のことである。この意味に最も近いのは，Ａの「私たちはしばしば他の生物の中に自分自身を見る」である。Ｂ.「私たちはたいてい他の生物が自分たちよりも劣っていると考える」　Ｃ.「私たちは素早く他の有機体を調査する」

⑹「下線部⑥の具体例となり得るのはどれか」

　当該箇所の意味は「客観的な研究法」である。つまり，現在の研究法は，客観的でなく主観的であるということである。主観には思い込みや偏見が含まれることが多いので，研究方法を客観的なものにする方法の一つとしては，偏見を取り除くことが考えられる。この趣旨に最も近いのはAの「犬の研究法から偏見を取り除くこと」である。B.「物を使った動物研究方法を見つけること」　C.「人間の微笑みを研究するために同じ技法を用いること」　なお，Bは「具体例」という観点からすると適切に思えるが，道具を使えば客観性が増すとしても「研究方法を見つけること」となっており研究方法そのものではないので不適と判断する。

⑺「下線部⑦は何を示唆しているか」

　当該箇所の意味は「おそらくこの新事実は，どの犬の飼い主にとっても動揺の種であろう」となる。「この新事実」とは，第10段で紹介されている「犬は微笑んでいる」ことを裏付ける客観的な研究が存在しないことである。この事実に動揺するということは，これまでの既存の考えに縛られているということである。つまり自分の信じていたことが科学的根拠によって否定される可能性に対して不安を感じているのである。この趣旨に最も近いのは，Aの「人間は犬に対する既存の考えにしがみつく傾向がある」である。B.「犬のコミュニケーションに対する信頼できる研究がないことは受け入れられない」　C.「犬が人間のような表情をすることに動揺を感じる人もいる」

⑻「下線部⑧は何を指しているか」

　下線部⑧は「コミュニケーション上の指示」という意味であるが，直前の文で述べられているように，これは指さしのような人間の身振り，つまりボディランゲージを表している。よってCの「ボディランゲージ」が正解である。A.「精神的な合図」　B.「話されたメッセージ」

⑼「下線部⑨は実際にはどういう意味か」

　当該箇所の意味は「犬たちは驚くほど微妙なやり方で私たちのことを理解している」となる。同段第4文（They can understand …）でも述べられているように，これは，犬は人間が考えている以上に人間の合図を理解している，という意味であると考えられる。この趣旨に最も近いのはBの「犬は私たちが認識しているよりも多くの合図を理解できる」である。

A.「人間は犬の反応にもっと敏感になる必要がある」　C.「私たちは犬の微笑みが人間のそれと似ていると考えられる」

⑩「下線部⑩は何を指しているか」

　while you are at it は「ついでに」という意味であるが，ここでは「犬とコミュニケーションを図るときに，ついでに微笑む」ということを指しているのだと考えられる。よってBの「自分のペットとコミュニケーションすること」が正解である。A.「ペットの近くにいること」　C.「自分のペットを行儀良くさせること」

B. ⑴「"Most of this research" で始まる第 3 段で，筆者は…ことを強調している」

A.「視力の話になると，犬は他の動物にはかなわない」

B.「人間が犬と行うやり取りには独特の種類のものがある」

C.「コミュニケーションに焦点を当てている科学者は犬に興味を持っている」

　第 3 段の要点は，第 1 文に記されており，「人間が犬と共有しているコミュニケーションの絆は大変珍しい」ということである。Bでは communication が interaction に言い換えられているが，ほぼ同じ趣旨であると考えられる。よってBが正解。

⑵「"A study published" で始まる第 4 段で，筆者は…だと主張している」

A.「犬は自分が欲しいものを手に入れるために人間に頼る傾向がある」

B.「犬とオオカミの比較で食べ方が異なることがわかった」

C.「オオカミは人間が作った容器に入れられた肉には興味がない」

　第 4 段の要点は，最終文で述べられている内容，つまり「犬はこの課題を完遂するのを人間が手伝ってくれると知っている」という点である。課題とは容器の中の肉を手に入れること，つまり欲しいものを手に入れることなので，Aがこの趣旨に合致していると考えられる。

⑶「"Another study," で始まる第 5 段で，筆者は人間と犬のホルモン変化について，なぜ…かを説明するために述べている」

A.「犬は人間ととてもうまくやっていける」

B.「犬は必要なものを手に入れるために視力を使う」

C.「犬はとても強い嗅覚を持っている」

当該段では，犬も人間も互いに凝視するとオキシトシンというホルモンのレベルが上昇すること，オキシトシンが絆を強化するときに働くホルモンであることが述べられている。これが犬と人間の関係の良好さの理由の1つであると考えられるので，Aが正解である。

⑷「"That brings us" で始まる第8段で，ジュリアン＝カミンスキーの個人的な話は，私たちが自分の犬を理解する方法が…であることを示している」

A.「触れ合う時間が長いほどより正確になる」

B.「多くの呼び名を与えることで強化される」

C.「犬と多くのことを経験して形作られる」

当該箇所を含むカミンスキーの発話 "I've had a dog … I've got no problem with giving certain behaviors a label," she said. では，長い時間犬と過ごすことで，犬の行動を理解できるようになる，という旨が述べられている。続く箇所（"But as a scientist, …）で，それと対照的に，科学者の眼から見れば，犬の行動が実際に何を意味しているのかを示すデータを我々は有していない，と述べられている。つまり，犬の行動は読めるようになるが，それが正確かはわからない，ということになるので，A の more accurate は誤り。また，the longer we interact の interact に with them のように目的語句が付されていないので，文意が不明瞭となる。Cは，長く犬と一緒にいることが犬の行動を読み取ることができる要件となっていると示されている本文の内容と齟齬がないので，正しい。

⑸「"In fact, there is" で始まる第10段で，筆者は犬が…だと述べている」

A.「他の犬に優しく見えるように人間の微笑みを真似することが多い」

B.「互いに触れ合っていると微笑んでいるように見える」

C.「感情を表現できないので本当は微笑むことはない」

第10段では，犬の微笑みの表情は「犬が遊ぶために互いに呼び合っているなどの肯定的な状況で起こる」と述べられている。つまり，実際に微笑んでいるというよりもむしろ，微笑んでいるように見えるということである。この趣旨に最も近いのはBである。

⑹「"Consider that they" で始まる第13段で，筆者は…ことを説明するために人間が犬に話すことに言及している」

A．「犬とサルは話に応えることができる」

B．「身振りは特定の話し方に付随して行われるべきである」

C．「犬もまた人間の話し方に影響を受ける」

　第 13 段最終文（She discovered that …）にあるように，犬は特定の言い回しをしたり高音で話しかけたりする人間と一緒にいることを好むようである。つまり人間の話しかけが犬に影響を与えていることになる。よって正解は C である。

⑺「本文における筆者の主題は…ことである」

A．「犬は人間と同じ方法でコミュニケーションを図る」

B．「犬は人間とつながるために特別なコミュニケーション法を用いる」

C．「人間は犬とコミュニケーションを図るときには微笑むべきである」

　この英文の組み立ては，第 1 段で問題提起し，第 2 段と第 3 段で結論を披露し，その後の記述で結論を補強するというものになっている。つまり，第 2 段および第 3 段の内容が本文の主題であると考えられる。その内容とは〈犬は他の動物とは違う特別なコミュニケーション法を用いる〉という点であるから，これに最も近いのは B である。

❖講　評

　2023 年度も例年通り大問 3 題の出題であった。

　Ⅰの A の会話文問題は，ヨガの効用についての留学生と友人との会話という設定である。会話文問題では，当該箇所の直前直後の表現が大きなヒントとなる。B の段落整序問題は，「六次の隔たり」という理論を題材にした英文。今回の問題では，It や these などの代名詞をヒントにして順番を絞り込んでいってほしい。

　Ⅱの読解問題は，女性登山家の田部井淳子氏の生涯を紹介した英文である。A は単語・語句を補う空所補充問題。多くは文脈から判断していくことになるが，文法的な知識も要求される。B は内容説明の英文を完成させる形式の設問。正解を選ぶ決め手となるキーセンテンスを見つけ出すのがポイントとなる。

　Ⅲの読解問題は，微笑んでいるように見える犬の表情を扱った英文。Ⅱの英文と比べてやや内容が硬いので，読み進むのに少し時間がかかるかもしれない。A は下線部の意味や指示内容を問う問題。下線部の表現

だけでなく，その前後にも注意して考えればよいだろう。**B** は **Ⅱ** と同様，内容説明英文の完成問題である。紛らわしい選択肢も含まれているので，当該箇所をじっくり読み返す必要がある。ここに費やす時間を確保したい。

　全体的には標準レベルといってよいが，英文の量や設問数はやはり多い。90 分という限られた時間の中で全問に当たれるよう平素から読解練習を積んでおいてほしい。

2月7日実施分　　問　題

(90分)

〔Ⅰ〕 A. 次の会話文の空所(1)〜(5)に入れるのに最も適当なものをそれぞれA〜Dから一つずつ選び，その記号をマークしなさい。

Takashi, an exchange student, is asking Dr. Garcia for information about a course.

Takashi:　Dr. Garcia, my name is Takashi, and I am interested in taking your American Literature 101 course.

Dr. Garcia:　_____ How can I help you?
(1)

Takashi:　I am worried because I have never studied literature from English-speaking countries before.

Dr. Garcia:　_____ American Literature 101 is an
(2)
introductory course for new students, so anyone can take the course.

Takashi:　I am so happy to hear that. I was also wondering if there are a lot of assignments.

Dr. Garcia:　Not at the beginning of the semester. However, you will have to write a long essay at the end of the term.

Takashi:　I see. Are there any other assignments I should know about?

Dr. Garcia:　_____ Let me ask, will you be busy this
(3)
semester?

Takashi:　Well, I have registered for a lot of other courses, so I might be quite busy. Would taking yours be too many?

Dr. Garcia:　_____ However, if you are also planning
(4)

to work part-time, you will need to manage your time carefully.

Takashi:　　I see your point. Actually, I am not planning to work this semester, so I think I can register for your course.

Dr. Garcia:　＿＿＿＿＿＿＿＿＿＿＿＿
　　　　　　(5)

(1)　A．I'm really glad to hear that.

　　　B．That's rather unfortunate.

　　　C．There's your student number.

　　　D．I'm too busy at the moment.

(2)　A．Shouldn't you be concerned?

　　　B．That's unrelated to the topic.

　　　C．Have you taken this course before?

　　　D．Well, it's not a problem.

(3)　A．Anyone can take this class.

　　　B．Assignments are not always submitted.

　　　C．Yes, there is also one group project.

　　　D．Your essay should be around 5,000 words.

(4)　A．This is a one-semester course.

　　　B．You don't work hard enough.

　　　C．It is important to register soon.

　　　D．I wouldn't be too worried.

(5)　A．That comes as such a surprise.

　　　B．I look forward to seeing you in class.

　　　C．Maybe at the end of the semester.

　　　D．Good luck with your job search.

B．下の英文A～Fは，一つのまとまった文章を，6つの部分に分け，順番をばらばらに入れ替えたものです。ただし，文章の最初にはＡがきます。Ａに続けてB～Fを正しく並べ替えなさい。その上で，次の(1)～(6)に当てはまるものの記号をマークしなさい。ただし，当てはまるものがないもの(それが文章の最後であるもの)については，Zをマークしなさい。

(1)　Aの次にくるもの
(2)　Bの次にくるもの
(3)　Cの次にくるもの
(4)　Dの次にくるもの
(5)　Eの次にくるもの
(6)　Fの次にくるもの

A．The pizza industry has undergone numerous innovations in recent decades, but one element has remained largely the same.

B．She was a city council member—not a pizza salesperson—but she had eaten enough delivery pizza to notice a problem and come up with an ingenious solution. Shaped like a small three-legged table, the plastic device keeps the box lid separate from the pizza, thus keeping the cheese and toppings in place and untouched throughout the delivery journey.

C．These containers were thin and often collapsed under the intense heat of the pizza before they reached their destinations. Domino's special, extra thick cardboard containers were much more durable and sturdier.

D. It is the box your pizza comes in. Domino's Pizza founder Tom Monaghan changed the game in the early 1960s when he worked with a company named Triad Containers in Detroit to develop the modern pizza box. Prior to this, pizzas were delivered in bags or paperboard bakery boxes.

E. But there was one area where this clever design fell short: The top of the box sometimes collapsed and stuck to the top of the pizza. The answer to this issue was the pizza saver, which Carmela Vitale invented in 1985.

F. They withstood grease and kept pizzas warm while releasing steam through carefully placed openings. Most importantly, the sturdy boxes were stackable, opening the door to mass deliveries.

〔Ⅱ〕A. 次の英文の空所（ 1 ）〜（ 15 ）に入れるのに最も適当なものをそれぞれA〜Dから一つずつ選び，その記号をマークしなさい。

When Jane Goodall first arrived at Gombe Stream Game Reserve in what is now Tanzania in 1960, little was known about the world of chimpanzees. But this 26-year-old woman would go on to make innovative discoveries through her unusual observations, even though her findings were first laughed at by scientists.

In fact, Goodall's approach and lack of formal academic training were key to her method of recording personality traits and naming her animal subjects, rather than numbering them （ 1 ） was usually done at the time.

Born in London, Goodall had long been fascinated by both Africa and animals. "When I was 10, I dreamed （ 2 ） going to Africa, living with

出典追記（〔Ⅰ〕B）：The Stories Behind 20 Inventions That Changed the World, Mental Floss on September 20, 2021 animals and writing books about them," Goodall told reporters in 2017. "Everybody laughed at me because I was just a girl, my family didn't have any money, and World War Ⅱ was raging."

Unable to afford college and encouraged by her mother to learn typing and record-keeping, Goodall （　3　） steady employment by attending secretarial school. Her biographer, Anita Silvey, wrote, "She needed to support herself and she and her family felt that with secretary training, she'd always be able to get a job."

（　4　）, Goodall found office work boring, and when a friend invited her on an extended trip to her family's farm near Nairobi, Kenya, she spent time working at a restaurant to earn money for the voyage. At 23, she arrived and soon after was offered a job working with Louis Leakey at a natural history museum. He was a famous scientist studying a branch of anthropology （　5　） with hominids: human beings and the apes whom they evolved from. Leakey, according to *National Geographic*, believed Goodall's lack of formal scientific training, along with her （　6　） for animals, would make her the right choice to study the social lives of chimpanzees at the Gombe Stream Game Reserve, and Goodall was fascinated by the idea.

"He wanted someone observant and not （　7　） by scientific theory," Silvey wrote. "When he drove Jane around, he found she could see and name all the animals in the area." This was the first test.

Another test: Leakey gave Goodall a deck of cards and asked her which were black and which were red by viewing only the backs of the cards. "She couldn't tell him, but did show him all the bent corners," Silvey explained. "He had run this test a lot of times, often with （　8　）, who didn't see the bent corners. In general, Leakey thought women tended to observe more carefully than men and chose three women (Goodall, Birutė Galdikas, and Dian Fossey) to research apes, （　9　） chimpanzees, orangutans and gorillas."

In her 2010 book, *Jane Goodall: 50 Years at Gombe*, Goodall notes that because she did not attend college, Leakey had trouble finding funding for her research. "Eventually, though, he got research money—a six-month grant—from Leighton Wilkie, a businessman with an interest in human evolution," she writes. "The British authorities had refused to let a young girl go into the forest alone—so my mother, Vanne, volunteered to accompany me."

In 1960, Goodall began her observations, giving the chimpanzees names, such as Freud, after a well-known psychologist, and Frodo, the hero of a famous novel. "She took an unusual approach, putting herself in their habitat, experiencing their complex society as a neighbor rather than a distant observer, and ignoring scientific customs by giving them names (10) numbers," according to the Jane Goodall Institute. "She came to understand them not only as a species, but as (11) with personalities, complex minds, emotions and long-term bonds. Her findings on the tool-making practices of chimpanzees remain one of the most important discoveries in the world of primatology, the branch of science that deals with monkeys and apes."

With Leakey's influence, according to Silvey, Goodall entered a PhD program at Cambridge University in 1962 without even a university degree, one of just a handful of students to ever do so. It was quite an achievement, although she was not very enthusiastic about going to graduate school.

"I was only doing this thesis for Leakey's sake," Goodall explained. "I'd never had an ambition to be a scientist and be part of academic research." According to BBC News, she was (12) by her mostly male classmates for giving the chimpanzees names and personalities. "I didn't give them personalities, I merely described their personalities," she told the news source. "Some scientists actually said I must have taught them to use tools.

That （　13　） wonderful if I could have done that."

And, as she said during the 2019 One Young World Summit London, her research methods were often criticized at Cambridge University. "You can't share your life with a dog, a cat, a rabbit and so on, and not know the professors were wrong," she said. "And now animal （　14　）, in particular, is something that people are really interested in."

Goodall earned a PhD and continued her research at Gombe for 20 more years. "She was, at that point, the （　15　） researcher in chimpanzees in the world," Silvey says. "When her PhD thesis was submitted to the committee with no name on it, one of the members said it had to be sent to Jane Goodall, because she knew more about chimpanzees than anyone."

(1)　A．as   B．since
　　　C．it   D．on

(2)　A．on   B．for
　　　C．in   D．of

(3)　A．created   B．brought
　　　C．continued   D．sought

(4)　A．So   B．Also
　　　C．However   D．First

(5)　A．filled   B．concerned
　　　C．layered   D．worried

(6)　A．passion   B．disgust
　　　C．hobby   D．study

(7)　A．predicted　　　　　　　　B．obtained

　　　C．proved　　　　　　　　　D．blinded

(8)　A．men　　　　　　　　　　B．friends

　　　C．chimps　　　　　　　　　D．apes

(9)　A．not only　　　　　　　　B．from among

　　　C．such as　　　　　　　　　D．regardless of

(10)　A．instead of　　　　　　　B．changed to

　　　C．consisted of　　　　　　D．common to

(11)　A．categories　　　　　　　B．individuals

　　　C．characteristics　　　　　D．scientists

(12)　A．stepped up to　　　　　B．turned away from

　　　C．placed on top　　　　　　D．looked down on

(13)　A．had been　　　　　　　B．had not been

　　　C．would have been　　　　D．would not have been

(14)　A．efforts　　　　　　　　B．intelligence

　　　C．abuse　　　　　　　　　D．work

(15)　A．amateur　　　　　　　　B．promising

　　　C．leading　　　　　　　　　D．graduate

B．本文の内容に照らして最も適当なものをそれぞれ A〜C から一つずつ選び，

　その記号をマークしなさい。

(1)　Working in an office was suggested to Goodall because

　　A．it would be more reliable than traveling.

　　B．it may lead to a similar job in Africa.

　　C．it could offer her a stable income.

(2)　Goodall visited Africa for the first time because

　　A．her friend invited her to join a journey to Nairobi.

　　B．Leakey offered her a job at a national history museum.

　　C．she could earn some money working at a restaurant.

(3)　Leakey tested Goodall several times because

　　A．he needed to see if she had the appropriate skills for the job.

　　B．he wanted to prove she would do as well as a trained researcher.

　　C．he doubted she was actually the right person for this work.

(4)　It was difficult to find a research grant because Goodall did not have

　　A．contacts with companies in the UK.

　　B．experience leading a team of scientists.

　　C．the typical level of education for the job.

(5)　Goodall's way of researching animals was unique in that

　　A．she used the secretary skills she had acquired.

　　B．she was deeply involved with the animals' society.

　　C．she succeeded in training animals to use tools.

(6)　Goodall started a PhD program at Cambridge University because

　　A．she felt deep gratitude to Louis Leakey.

　　B．she wanted to show male classmates her abilities.

　　C．she decided to pursue an academic career.

(7)　One of the professors who read her PhD thesis must have been

   A.　hostile to academics in the field of animal behaviors.

   B.　surprised to find out who the PhD candidate was.

   C.　confident that it was actually written by Goodall.

〔Ⅲ〕A.　次の英文の下線部①〜⑩について，後の設問に対する答えとして最も適当なものをそれぞれA〜Cから一つずつ選び，その記号をマークしなさい。

　　To tackle a big environmental problem, chemists in the Czech Republic have been thinking small. *Really* small. Their new miniature robot has one purpose: to help clean up tiny bits of plastic polluting water routes across the globe.

　　Each new *microrobot* is no bigger than the tip of a sharpened pencil. They are magnetic and shaped like stars. When sunlight hits them, they produce chemical reactions that propel them through water in a specific direction. When they find a piece of plastic, they attach to it and start to break it down. When the sun goes down, they let go of the plastic and are
①
free to be used again.

　　In a new study, the scientists reported that these robots can either
②
break down a piece of microplastic or hold onto it to be collected later.

　　"This work is great," says biologist Douglas Blackiston at Tufts University in Medford, Massachusetts. He has been designing robots out of living cells, including some that might help with pollution cleanup. Speaking of the new one, he notes that "these robots can eat plastic. They
③
chew it up. Or they can retrieve it and be collected with a magnet. Scientists love robots with all these capabilities."

　　Chemist Martin Pumera at the Czech University of Chemistry and Technology in Prague led the project. He studies ways to build microrobots.

He notes that <u>as far back as a decade ago, scientists began developing tiny</u>
④
<u>robots that could move themselves in water</u>. Then, they had to find them a
mission. He says they thought: "Let's make them do something useful."

Pumera chose to focus on the problem posed by microplastics. It is a
big problem. These are tiny bits of plastic, usually no wider than the top of
a pencil eraser. And they are everywhere—from the bottom of the ocean to
air blowing onto ice on top of mountains. <u>They have turned up in drinking</u>
⑤
<u>water</u>, both bottled and tap water. Some studies estimate that trillions of
pieces of plastic end up in the world's waters. The plastic has many
sources, from drinking straws and shopping bags to wet tissues and
polyester clothing. Plastic does not easily degrade or fall apart. <u>That</u> has
⑥
always been one of its appeals.

"We have a big plastic pollution problem now," says chemist Sherri
Mason at Pennsylvania State University. Using less plastic is the most
important step, she says. After that comes cleanup. This is where she sees
a role for Pumera's robots. "I'm encouraged," she says. They are "a really
interesting idea to help with cleanup efforts in the future." Like Pumera,
<u>she notes that the robots are not yet ready to be widely used</u>.
⑦
Pumera says his ultimate goal is to make cheap and environmentally
friendly robots that can be used anywhere in the world. He suspects that
at first they might be most useful in plants that treat waste water. There
they can remove plastic before it reaches open water.

Their design has two main ingredients. The first is a mixed metal
oxide called *bismuth vanadate*. It undergoes chemical reactions and "swims"
when exposed to sunlight. Pumera's team uses chemical reactions caused
by light to break down plastic. To do this, they coated the bismuth material
with the second ingredient, a magnetic film. That lets them <u>collect the</u>
⑧
<u>robots</u> later—so pollutant-eating robots will not just become more pollution.

In laboratory experiments, the robot swimmers attached to each of the four different types of plastic. And after a week exposed to light, the robots had reduced the weight of the plastics. It was not much—only by three percent. But that was a sign they were breaking the plastic down.

They also caused the surface of the plastics to change from smooth to covered with microscopic holes. That is another sign the robots were degrading it. Finally, the scientists showed that magnets could attract and retrieve the robot troops at the end of the experiment—along with their plastic captives. Pumera says that they want to enable the tiny garbage collectors to be used again. They are also testing new robots that only swim at a certain depth; that would make them easier to recover.
⑨

Despite the early success of microrobots, Pumera says they still have a long way to go. There are many types of plastics. And even these microrobots are unlikely to succeed in degrading them all. The researchers also have not yet shown how safe this system is for the environment, although Pumera says that is their next goal. The first real-world test will be in a treatment plant for waste water.

Indeed, says Blackiston, "They'll need a lot of testing to show that they're safe in open water routes," such as at sea. But he thinks that these challenges can be overcome. And one day, microrobots could play a big role in a worldwide cleanup effort. "The race is on among scientists," he says.
⑩
"We're working on this problem from lots of different perspectives."

(1)　What does Underline ① imply?

　　A．why the microrobots are magnetic

　　B．how scientists talk to the microrobots

　　C．where the microrobots get their energy

(2)　What does the author want to express most in Underline ②?

　　A．The microrobots have two ways of doing something useful.

B．The microrobots can only do one or the other, but not both.

C．The microrobots are collecting plastic for additional studies.

(3)　What does Underline ③ actually mean?

A．The microrobots generate artificial items.

B．The microrobots destroy harmful material.

C．The microrobots release energy by consuming plastic.

(4)　What does Underline ④ imply?

A．This research takes time and work to develop.

B．There are long-term research teams in the world.

C．It took many years to fund the research project.

(5)　What does Underline ⑤ imply?

A．There are unseen health risks to consider.

B．New measurements can show the amount.

C．Their location is known by many people.

(6)　What does Underline ⑥ refer to?

A．how plastic can travel quickly on its own

B．how plastic can be made into numerous things

C．how plastic can last a long time

(7)　What does the author want to express most in Underline ⑦?

A．There have been studies that prove they can be dangerous.

B．It will take some time before they can be utilized.

C．They can be employed in a large number of areas.

(8)　What does Underline ⑧ actually mean?

　　A．bring them down

　　B．move them away

　　C．gather them up

(9)　What does Underline ⑨ imply?

　　A．The microrobots are not able to swim at certain depths.

　　B．The microrobots are harder to recover at certain depths.

　　C．Not all of the microrobots need to be recovered.

(10)　What does Underline ⑩ imply?

　　A．This research encourages competition.

　　B．Working individually is more effective.

　　C．Studying microrobots takes less time.

B．本文の内容に照らして最も適当なものをそれぞれ A ～ C から一つずつ選び，
その記号をマークしなさい。

(1)　In the fourth paragraph, starting with "'This work is,'" the author
　　implies that microrobots

　　A．might have multiple applications.

　　B．are a new version of plant or animal.

　　C．can be used to create various life forms.

(2)　The idea of using microrobots to clean up microplastic came from

　　A．the desire to utilize new developments in a practical way.

　　B．the way scientists distrust outdated theories.

　　C．the early success of microrobots in protecting the ocean.

(3)　Pumera thinks the microrobots may best be used at this stage in

A．open water routes.

B．water treatment plants.

C．bottled drinking water.

(4)　What keeps the microrobots from becoming pollutants is

A．a mixed metal oxide called *bismuth vanadate*.

B．the second ingredient, a magnetic film.

C．two metallic materials in the microrobots.

(5)　From the experiments, the scientists knew the microrobots were working because the

A．magnets could attract and retrieve the microrobots.

B．microrobots underwent chemical reactions and swam.

C．weight and surfaces of the microplastic changed.

(6)　In laboratory experiments, the microrobots were

A．found to be safe for the environment.

B．likely to sink to the ocean floor.

C．able to latch onto various kinds of plastic.

(7)　The main idea in this passage is that

A．with more research, new technologies will protect the environment.

B．the oceans of the Earth are the most important places to cleanse.

C．the use of plastic will continue to increase in the future.

2月7日実施分　　解　答

Ⅰ 解答　A. (1)—A　(2)—D　(3)—C　(4)—D　(5)—B
　　　　　B. (1)—D　(2)—Z　(3)—F　(4)—C　(5)—B　(6)—E

━━━◆全　訳◆━━━

A. ≪受講の相談≫

交換留学生のタカシは，ガルシア博士に講座の情報を求めている。

タカシ　　　：ガルシア先生，私の名前はタカシです。あなたのアメリカ文学 101 の講座を取ろうと思っています。

ガルシア博士：それを聞いてとても嬉しいよ。どういう用件かな？

タカシ　　　：僕はこれまで英語圏の国の文学を勉強したことがないので不安なんです。

ガルシア博士：まあそれは問題ないね。アメリカ文学 101 は新入生のための導入講座なので誰でも受講できるよ。

タカシ　　　：それを聞いてとても安心しました。課題がたくさんあるのかということも心配でした。

ガルシア博士：学期の初めは多くはないよ。でも，学期末には長い評論を書いてもらうことになる。

タカシ　　　：わかりました。他に僕が知っておくべき課題は何かありますか？

ガルシア博士：そうだ，グループワークのプロジェクトも 1 つあるよ。聞きたいのだが，君は今学期忙しいのかい？

タカシ　　　：ええ，他にもたくさんの講座に登録したので，かなり忙しくなるかもしれません。先生の講座を取ると多すぎるでしょうか？

ガルシア博士：それほど心配はしていないよ。だが，君がアルバイトも考えているのなら，時間を慎重に管理することが必要だね。

タカシ　　　：ご指摘の点はわかります。実は，今学期はアルバイトの予定はないので，先生の講座も登録できると思います。

ガルシア博士：授業で君に会えるのが楽しみだね。

B.≪ピザの箱に関する発明≫

A．ピザ業界はこの数十年の間に数多くの革新を経験してきたが，1つの要素だけは大部分同じままである。

D．それはピザを入れる箱である。ドミノピザの創設者のトム＝モナハンは，デトロイトのトライアド・コンテナーズという名前の会社と一緒に働いていた 1960 年代初めに状況を変え，斬新なピザの箱を開発した。これ以前は，ピザは袋か厚紙のパン屋の箱に入って配達されていた。

C．これらの容器は薄くて，目的地に届く前にピザの強烈な熱でつぶれてしまうことも多かった。ドミノの特殊な極厚の段ボール製の容器ははるかに耐久性が高く頑丈だった。

F．それらは油に強く，綿密に開けられた穴から蒸気を放出しながらピザの温度を保つことができた。最も重要だったのは，この頑丈な箱は積み重ねることができるので，大量の配達に門戸を開いたのである。

E．しかし，この賢いデザインにも期待に応えられない部分があった。箱のふたがつぶれてピザの表面にくっついてしまうことがあったのだ。この問題に対する解答はピザセーバーで，カルメラ＝ヴィターレが 1985 年に発明したものだった。

B．彼女は――ピザの販売員ではなく――市議会議員だが，宅配ピザをたくさん食べてきたので，ある問題点に気づき，独創的な解決策を思いつくことができた。そのプラスチック製の道具は，小さな3本脚のテーブルのような形をしているので，箱のふたとピザとが離れたまま，したがって配達移動の間もチーズやトッピングがずれることも何かに触れることもない状態を保つことができた。

◀解　説▶

A. (1)直前のタカシの発言「あなたのアメリカ文学 101 の講座を取ろうと思っています」を受けた発言である。直後で「どういう用件かな？」と尋ねていることから，タカシの受講希望を肯定的に受け止めていると考えられる。よってAの「それを聞いてとても嬉しいよ」が最も適切である。B.「それはかなり悲しいことだね」　C.「君の学生番号があるよ」　D.「今はとても忙しいんだよ」

(2)直前のタカシの発言「これまで英語圏の国の文学を勉強したことがないので不安なんです」を受けた発言である。ガルシア博士が直後で「誰でも

受講できる」と説明しているので，タカシの不安を払拭するような発言がなされていると考えられる。よってＤの「それは問題ないね」が最も適切である。Ａ．「心配すべきではないかね？」　Ｂ．「それは話題とは関係ないな」　Ｃ．「以前この講座を受講したことはあるかな？」

⑶直前でタカシが「他に僕が知っておくべき課題は何かありますか？」と尋ねてガルシア博士が答えている場面。直後のガルシア博士の発言で話題が変わっているので，タカシの疑問についてはここで決着がついたと考えられる。よってＣの「グループワークのプロジェクトも１つあるよ」が正解。Ａ．「だれでもこの講座を受講できるよ」　Ｂ．「課題は必ずしも提出されるわけではないよ」　Ｄ．「君の評論は 5000 語ほどになるはずだよ」

⑷直前でタカシが「先生の講座を取ると多すぎるでしょうか？」と尋ねたことに対する返答が入る。直後でガルシア博士が「しかし，時間を慎重に管理する必要がある」と付け加えていることから，彼は「多すぎることはない」という意味の返事をしたのだと考えられる。よってＤの「それほど心配はしていないよ」が最も適切である。Ａ．「これは１学期間の講座だよ」　Ｂ．「君はあまり十分に努力していないね」　Ｃ．「すぐに登録することが肝心だよ」

⑸直前でタカシが「先生の講座も登録できると思います」と言ったことに対してガルシア博士が発言し，その時点で対話が終了していることを考えると，Ｂの「授業で君に会えるのが楽しみだね」が，タカシが授業を登録する運びを受けての発言として最も文脈に合う。Ａ．「それはとても驚きだね」　Ｃ．「たぶん学期末にね」　Ｄ．「仕事探しを頑張るように」

Ｂ． 正しい順序はＡ→Ｄ→Ｃ→Ｆ→Ｅ→Ｂである。

　段落整序の問題は，指示語や冠詞，ディスコースマーカー（so, therefore, for example, on the other hand など）に注意して読むことが重要である。

　Ａでは，ピザ業界でほとんど変わっていない要素があることが述べられており，それが何であるかは語られていない。したがって直後の段落ではその答えが示されていると推測できる。Ｄの第１文「それはピザを入れる箱である」がその答えであり，主語の It はＡで述べた「変わっていない要素」を指していると考えられる。よってＡ→Ｄとなる。

　次に，Ｃの第１文にある These containers「これらの容器」は，Ｄの

最終文の「袋か厚紙のパン屋の箱」を指していると考えられる。これは，Cの第2文でドミノの段ボール製の容器と比較されていることからも推測できる。よってD→Cとなる。

　次に，Fの They が何を指しているかを考える。「油に強い」「保温性が高い」「積み重ねられる」など，長所が列挙されているので，Cの「ドミノピザの箱」の特徴を説明しているのだと考えられる。よってC→Fとなる。

　最後に残ったEとBの順序であるが，カルメラ＝ヴィターレという女性がEで初めて登場し，Bの第1文の She はカルメラのことであると考えられるので，E→Bとなり，Bで紹介するカルメラのアイデアで本文は完結する。

II 解答

A. (1)—A　(2)—D　(3)—D　(4)—C　(5)—B　(6)—A　(7)—D　(8)—A　(9)—C　⑽—A　⑾—B　⑿—D　⒀—C　⒁—B　⒂—C

B. (1)—C　(2)—A　(3)—A　(4)—C　(5)—B　(6)—A　(7)—B

◆全　訳◆

≪動物科学者ジェーン＝グドール≫

　ジェーン＝グドールが 1960 年に初めて今のタンザニアにあるゴンベ渓流国立公園に到着したとき，チンパンジーの世界についてはほとんど知られていなかった。しかし，26 歳のこの女性は，自身の風変わりな観察法によって革新的な発見を続けていこうとしていた。もっとも，彼女の発見は初め科学者たちに笑われていたのであるが。

　実際，グドールの手法や正規の学術訓練を受けていないことは，当時普通に行われていたように被験動物に番号を振るのではなく，個体の特徴を記録したり彼らに名前を付けたりする彼女のやり方の秘訣だったのだ。

　グドールはロンドン生まれで，小さいころからアフリカにも動物にも魅せられていた。「10 歳のとき，私はアフリカに行き，動物たちと暮らし，彼らのことを本に書くことを夢見ていました」と，グドールは 2017 年にレポーターたちに話した。「みんなが私のことを笑いました。私がただの女の子で，家には全くお金がなく，第二次世界大戦の真最中だったからです」

　大学の学費を払う余裕がなく，母親からタイピングと記録管理を学ぶことを勧められたので，グドールは秘書学校に通うことで安定した雇用を求めた。彼女の伝記作家であるアニータ＝シルビーはこう記した。「彼女は自活していく必要がありました。そして，彼女も家族も，秘書としての訓練を受ければいつでも職に就くことができるだろうと感じていました」

　しかし，グドールは事務仕事が退屈だと思うようになり，ある友人がケニアのナイロビ近くにある家族の農園への長期旅行に誘ってくれたとき，彼女はその航海の費用を稼ぐためにレストランで働くことに時間を費やした。23 歳のとき，彼女は目的地に到着し，間もなく自然史博物館でルイス＝リーキーとともに働く職を提供された。彼はヒト科，つまり人類とその祖先の類人猿に関する人類学の一分野を研究している有名な科学者であった。『ナショナル・ジオグラフィック』によると，リーキーは，動物に対する情熱に加えて，グドールが正規の科学的訓練を受けていないことこそが，彼女にゴンベ渓流国立公園でチンパンジーの社会生活を研究するという正しい選択をさせたと信じていた。そしてグドールはその意見にとても納得していた。

　「彼はよく気がつく人物，科学理論にとらわれていない人物を求めていました」とシルビーは記した。「彼がジェーンを車で案内したとき，彼女が地域内のすべての動物を見て名前をつけることができるのを知りました」これが最初のテストだった。

　別のテスト：リーキーはグドールに 1 組のトランプを渡し，カードの裏を見るだけでどれが黒でどれが赤のカードかを尋ねた。「彼女は彼に言うことはできませんでしたが，角が折り曲げられたカードを全て彼に見せました」とシルビーは説明した。「彼はこのテストを何回も行ってきましたが，多くは男性に対してで，彼らは折り曲げられた角に気づきませんでした。一般に，リーキーは女性の方が男性よりも注意深く観察する傾向があると考え，チンパンジーやオランウータンやゴリラのような類人猿を研究するために 3 人の女性（グドール，ビルーテ＝ガルディカス，ダイアン＝フォッシー）を選んだのです」

　2010 年の著書『ジェーン＝グドール：ゴンベでの 50 年』の中で，グドールは，自分が大学に通わなかったために，リーキーは自分の研究の基金を見つけるのに苦労したと記している。「しかし，結局彼はレイトン＝ウ

ィルキーから研究費——6 カ月間の助成金——を獲得しました。レイトン
は人類の進化に関心を持つビジネスマンでした」と彼女は書いている。
「イギリス当局は若い女性を 1 人で林に入っていかせるのを拒否しました。
それで，母のヴァンヌが私に同伴すると手を挙げたのです」

　1960 年，グドールは観察を開始し，有名な心理学者にちなんだフロイ
トや，有名な小説の主人公であるフロドといった名前を，チンパンジー
たちにつけた。ジェーン＝グドール研究所によると，「彼女は風変わりな方
法を取った。彼らの住処に自ら入り，離れた所からの観察者ではなくむし
ろ隣人として，彼らの複雑な社会を体験した。彼女は彼らに番号ではなく
名前を与えることで，科学的な慣習を無視した。彼女は彼らのことを 1 つ
の種としてではなく，人格や複雑な知性や感情や長期にわたる絆を持つ個
体としても理解するようになった。チンパンジーが道具作りを実践するこ
とについての彼女の発見は，今も霊長類学——サルや類人猿を扱う科学の
分野——における世界で最も重要な発見の 1 つである」

　シルビーによると，グドールはリーキーの影響で，学士すら持たない状
態で 1962 年にケンブリッジ大学の博士課程に入学した。かつて学士号な
しで入学した学生はほんの一握りだった。彼女自身は大学院に通学するこ
とにあまり熱心ではなかったものの，それはまさしく 1 つの偉業であった。

　「私はただリーキーのためにこの学位論文に取り組んでいました」とグ
ドールは説明した。「科学者になりたいとか，学術研究の一員になりたい
という夢を持ったことはありませんでした」　BBC のニュースによると，
彼女はチンパンジーに名前と人格を与えたことで，ほぼ全員が男性である
クラスメートから見下されていた。「私は彼らに人格を与えたのではあり
ません。彼らの人格を説明しただけです」と彼女はニュースソースに伝え
た。「実際に，私が彼らに道具を使うよう教えたに違いないと言った科学
者もいました。もしそれができていたなら，素晴らしいことだったでしょ
うね」

　また，2019 年にロンドンで開催されたワンヤングワールドサミットで
彼女が言ったように，彼女の研究法はケンブリッジ大学でしばしば批判さ
れた。「あなたは犬や猫やウサギなどと生活を共有することはできないし，
教授たちが間違っていたことも知りません」と彼女は言った。「そして今，
とりわけ動物の知性は，人々が本当に関心を持っていることなのです」

　グドールは博士号を獲得し，さらに 20 年間ゴンベで研究を継続した。「その点で，彼女は世界のチンパンジー研究者たちの先頭に立っていました」とシルビーは語る。「彼女の博士論文が無記名で委員会に提出されたとき，委員の 1 人はこう言ったのです。この論文はジェーン＝グドールに送るべきだ。彼女は誰よりもチンパンジーのことをよく知っているのだから，と」

━━━━━━━━━ ◀解　説▶ ━━━━━━━━━

A. (1)後続部分の主語となり，なおかつ直前部分とつなぐことのできる語，つまり関係代名詞が入ることになる。この用法が可能な語はＡの as であり，先行詞は numbering them である。

(2)直前の動詞が dream である点がポイントとなる。dream of *doing* で「〜することを夢見る」という意味になり，本文の趣旨とも合致する。よってＤが正解。

(3)空所を含む部分の意味は「グドールは秘書学校に通うことで安定した雇用を…」となる。直後の第 4 段第 2 文で，グドールは自立する必要があった，という旨が述べられていることから，就職口を見つけるために秘書学校に通ったということであると理解できる。ここで最も適切なのはＤの sought（seek「求める」の過去形）である。A.「創作した」　B.「持ってきた」　C.「継続した」

(4)直前の段落にあるように，グドールは安定した仕事を求めて秘書学校に通った。一方，当該段の第 1 文前半の内容は「事務仕事が退屈だと思うようになった」であり，明らかに前段に反している。よって最も適切な語はＣの However「しかしながら」である。A.「それで」　B.「また」　D.「初めは」

(5)直前の a branch of anthropology「人類学の一分野」と直後の hominids「ヒト科の動物」を比較すると，「ヒト科の動物を研究する分野」のことではないかと考えられる。よって with と結びついて「〜に関する」という意味になるＢの concerned が正解。A.「〜で満たされた」　C.「〜で層にした」　D.「〜を心配している」

(6)当該箇所の意味は「動物に対する彼女の…に加えて」となる。グドールが小さな頃から動物と暮らすことを夢見ていたことを考慮すると，最も適切な選択肢はＡの「情熱」である。B.「嫌悪」　C.「趣味」　D.「研究」

(7)当該箇所の意味は「彼はよく気がつく人物，科学理論で…していない人物を求めていた」となる。前段の第4文（Leakey, according to …）で，グドールの師であるリーキーが，グドールが正規の科学的訓練を受けていないことがグドールの正しい選択につながった，と述べていることを参照。つまり，彼は科学的理論があることがマイナス要素になり得ると考えていたのである。この趣旨に合致しているのはDの「盲目的になる」である。A.「予測される」 B.「獲得される」 C.「証明される」

(8)空所に入る語は，直後で関係代名詞 who で表されており，「折り曲げられた角に気づくことができなかった」と述べられている。また，後続の文で「女性の方が男性よりも注意深く観察する傾向がある」と述べられており，「男性だから気づかなかった」のだと考えられる。よってAが正解。B.「友人」 C.「チンパンジー」 D.「類人猿」

(9)直後の chimpanzees, orangutans and gorillas は，直前の apes の具体例である。よって例を挙げる時に用いるCの「〜のような」が最も適切である。A.「〜のみならず」 Bには特定の意味はない。D.「〜とは関係なく」

(10)第2段（In fact, …）で，彼女の独特な観察法として，「番号を振るのではなく名前を付ける」という点が紹介されている。これと同様の内容だとすれば，「彼らに番号ではなく名前を与えること」という意味になると推測できる。よって正解はAの「〜ではなく」である。B.「〜に変えられた」 C.「〜で成り立っていた」 D.「〜に共通な」

(11)当該箇所は not only as *A*, but as *B*「*A* としてだけでなく，*B* としても」という構文になっている。したがって空所には a species と対になる語が入ると考えられる。species「種」は非常に大きなカテゴリーなので，最も適切なものはBの「個体」である。A.「範疇」 C.「特徴」 D.「科学者」

(12)当該箇所の意味は，「彼女はチンパンジーに名前と人格を与えたことで，クラスメートから…されていた」となる。同段の第5文（"Some scientists actually …）で，彼女が不正を働いたと言う科学者もいたと述べられているので，否定的な受け止め方をされていたのだと考えられる。よってDの「見下される」が最も適切である。A.「最高位へ引き上げられる」 B.「そっぽを向かれる」 C.「高い地位に置かれる」

⒀後半部分が if I could have ～ となっていることから，この文は仮定法過去完了表現であることがわかる。これに呼応する形はＣかＤとなるが，意味は正反対になる。チンパンジーが道具の使い方を人間から学ぶという生じがたい事態なので，文意に沿うのは「もしそれができていたなら，素晴らしいことだったでしょう」となるＣである。

⒁当該文の意味は，「そして今，とりわけ動物の…は，人々が本当に関心を持っていることなのです」となる。グドールが動物を研究したのもこれを知りたかったからだと考えられる。最も適切な選択肢はＢの「知性」である。第 9 段（In 1960, Goodall …）でグドールの顕著な業績として，チンパンジーが道具を作りうることを発見したことが挙げられていることなども，参考になる。Ａ.「努力」　Ｃ.「虐待」　Ｄ.「仕事」

⒂当該箇所の意味は「彼女はチンパンジーの…な研究者だった」となる。本文で述べられているのは，グドールが素晴らしいチンパンジー研究者であったという点である。空所の次文で，グドールが無記名で論文を提出した際に査読者らがこの論文はチンパンジーについて最も詳しいグドールに送るべきだと述べた，というエピソードが紹介されていることもヒント。この趣旨に最も合致するのはＣの「先頭に立つ」である。Ａ.「アマチュアの」　Ｂ.「前途有望な」　Ｄ.「卒業生」

B. ⑴「グドールが事務所で働くことを勧められたのは，…だからである」

Ａ.「旅行よりも当てになるだろう」

Ｂ.「アフリカで似たような仕事につながるかもしれない」

Ｃ.「彼女に安定した収入を提供できる」

　　第 4 段（Unable to afford …）参照。母親が彼女にタイピングと記録保管を学ぶよう勧めたのは，それによって安定した職に就くことができると考えたからである。この趣旨に最も近いのはＣである。

⑵「グドールが初めてアフリカを訪れたのは，…だからである」

Ａ.「友人がナイロビまでの旅行に加わるよう誘ってくれた」

Ｂ.「リーキーが彼女に国立歴史博物館での仕事を提供した」

Ｃ.「レストランで働いて多少のお金を稼ぐことができた」

　　第 5 段第 1 文参照。「ある友人がケニアのナイロビ近くにある家族の農園への長期旅行に誘ってくれた」とあり，その後彼女は渡航費用を稼いで

アフリカへ行くことになる。よってAが正解である。

(3)「リーキーがグドールを何度かテストしたのは…だからである」

A．「彼女が仕事に適切な技能を持っているかどうか知る必要があった」

B．「彼女が訓練を受けた研究者と同じようにうまくやれることを証明したかった」

C．「彼女が実際にはこの仕事に適した人物ではないと思っていた」

　第6段（"He wanted someone …"）および第7段（Another test: …）にあるように，彼がテストを行ったのは，類人猿の研究をするための人材を確保するためであった。リーキーは，観察力が鋭く，科学理論に凝り固まっていない人物を求めていたので，それらのポイントを確かめるテストを施したとわかる。この趣旨に最も近いのはAである。Bは，訓練を受けた研究者，という点が誤り。Cは，第7段第4文（In general, Leakey …）でリーキーは女性が観察力に長けていると考えていたことがわかるので，不可。

(4)「グドールには…がなかったので，研究費を見つけるのは困難だった」

A．「イギリスの企業とのコネ」

B．「科学者チームを率いる経験」

C．「仕事のための通常レベルの教育」

　第8段第1文（In her 2010 …）参照。「自分（グドール）が大学に通わなかったために，リーキーは自分の研究の基金を見つけるのに苦労した」とある。「大学に通わなかった」ということは「仕事（＝研究）のための通常レベルの教育を受けていなかった」ことになる。よってCが最も適切である。

(5)「グドールが動物を研究する方法は…という点で独特だった」

A．「すでに獲得していた秘書としての技能を使った」

B．「動物の社会に深く関わった」

C．「道具を使えるよう動物を訓練することに成功した」

　第9段第2文（"She took an …"）参照。「彼ら（チンパンジー）の住処に自ら入り，離れた所からの観察者ではなくむしろ隣人として，彼らの複雑な社会を体験した」と述べられている。この趣旨に合致しているのはBである。

(6)「グドールがケンブリッジ大学で博士課程を始めたのは…だからである」

A．「ルイス = リーキーに深く感謝した」

B．「男性のクラスメートに自分の能力を見せたかった」

C．「学術的な経歴を追求しようと決心した」

　第 10 段（With Leakey's influence, …）の冒頭部にあるように，グドールが博士課程に入学したのはリーキーの影響によるものである。それは続く第 11 段第 1 文（"I was only …）の「ただリーキーのためにこの学位論文に取り組んでいた」という言葉からもくみ取ることができる。よって正解は A である。

(7)「彼女の博士論文を読んだ教授の 1 人は…だったに違いない」

A．「動物行動の分野の研究者に敵意を持っていた」

B．「博士取得候補者が誰かを知って驚いた」

C．「それが実際にグドールによって書かれたと確信していた」

　このエピソードについては最終段で紹介されている。その教授は論文をだれが書いたのか知らなかったために，論文をグドールに送るべきだと言ったのである。したがって，論文がグドール自身によるものであると知ったら驚いたはずである。よって正解は B である。

III　解答

A. (1)— C　(2)— A　(3)— B　(4)— A　(5)— A　(6)— C　(7)— B　(8)— C　(9)— B　(10)— A

B. (1)— A　(2)— A　(3)— B　(4)— B　(5)— C　(6)— C　(7)— A

◆全　訳◆

≪プラスチックを「食べる」マイクロロボット≫

　大きな環境問題に取り組むために，チェコ共和国の化学者たちは小さな思考を続けている。本当に小さいのだ。彼らが新しく作った小型ロボットには 1 つの目的がある。世界中の水の通り道を汚染しているごく小さなプラスチックを一掃する手助けをすることである。

　1 つ 1 つの新マイクロロボットは，削った鉛筆の先端ほどの大きささしかない。磁気を帯びていて星のような形をしている。日光が当たると，それらは自らを水中の特定の方向に前進させるという化学反応を起こす。プラスチック片を発見するとそれにくっついて，分解し始める。太陽が沈むと，それらはプラスチックを離して，再度自由に利用できるのである。

　新たな研究で科学者たちは，これらのロボットは微小なプラスチックを

分解するか，後で回収できるようにそれをしっかり捕まえるかのどちらも
できると報告した。

　「この成果は大きなものです」と，マサチューセッツ州メドフォードの
タフツ大学の生物学者ダグラス゠ブラッキストンは語る。彼は，生きた細
胞を材料とするロボットの設計を続けており，それらの中には汚染清掃に
役立つだろうものもある。新しいロボットと言えば，彼はこう述べている。
「これらのロボットはプラスチックを食べることができます。それらはプ
ラスチックを嚙んで食べるのです。あるいはそれらはプラスチックを探し
て捕まえ，磁石を使って回収することもできます。科学者たちはこういっ
た能力をすべて備えたロボットをとても気に入っています」

　プラハにあるチェコ化学技術大学の化学者マーチン゠プメラがそのプロ
ジェクトを指揮した。彼はマイクロロボットの製造法を研究している。彼
は，はるか 10 年も前に，科学者たちは水中を移動することのできる極小
ロボットの開発を始めたと述べている。その後，彼らはロボットのために
任務を見つけてやらなければならなかった。彼らはこう考えたと彼は述べ
ている。「ロボットたちに役に立つことをさせよう」

　プメラは，微細なプラスチックが引き起こす問題に焦点を当てることを
選んだ。それは大きな問題である。微細なプラスチック片が存在している。
たいていは鉛筆についた消しゴムの先端ほどしかない広さの中に，である。
そしてそれらは至る所——大洋の海底から山頂の氷に吹き付ける空気まで
——に存在する。それらは飲料水の中にも見つかっている。瓶に入った水
も水道水もである。いくつかの研究の推計によると，世界中の水に数兆個
のプラスチック片が存在する結果となる。プラスチックのもとになってい
るものは，飲料用のストローや買い物袋からウエットティッシュやポリエ
ステル製の衣服まで数多い。プラスチックは容易に減成つまり分解するこ
とがない。そのことは常にプラスチックの魅力の 1 つだった。

　「私たちは今，プラスチックによる汚染という大問題を抱えています」
と，ペンシルバニア州立大学の化学者シェリ゠メイソンは述べる。プラス
チックの使用量を減らすことが最も重要な一歩だと彼女は言う。一掃する
のはその後のことである。そこに，彼女はプメラのロボットの役割を見出
している。「私は勇気づけられました」と彼女は語る。それらは「将来一
掃の努力を助けてくれる本当に興味深いアイデア」である。プメラと同様,

　彼女は，ロボットがまだ広く利用できる準備ができていないと述べている。

　プメラは，自分の最終的なゴールは，世界中どこででも使える安くて環境に優しいロボットを作ることであると語る。彼は，そのロボットは，最初は廃水処理工場で最も役に立つかもしれないと考えている。そこならば，プラスチックが開水域に到達する前に取り除くことができるからだ。

　ロボットの設計には 2 つの大きな要素がある。第一はバナジン酸ビスマスと呼ばれる酸化合金である。それは，日光を浴びると，化学反応を経て「泳ぐ」。プメラの研究チームは，プラスチックを分解するために，光によって引き起こされた化学反応を利用する。これをするために，彼らはビスマス材を，第二の要素である磁気フィルムで覆った。それによって彼らは後からロボットを回収できるようになる。したがって，汚染物質を食べるロボットがより多くの汚染物質になって終わることはないのである。

　研究室の実験では，泳ぐロボットは異なる 4 種のプラスチックのいずれにもくっついた。光にさらされて 1 週間後，ロボットはプラスチックの重量を減らしていた。それは大きな減少ではなく，わずか 3 パーセントだったが，それはロボットがプラスチックを分解しているしるしだった。

　さらにロボットは，プラスチックの表面を，滑らかな状態から極微の穴で覆われた状態に変えた。それはロボットがプラスチックを分解していることのもう 1 つのしるしである。ようやく，科学者たちは実験の終わりになって，磁石がロボット部隊を——プラスチックの獲物とともに——引き付けて回収できることを示した。プメラは，ちっぽけなごみ収集者を再利用可能にしたいと述べている。彼らは特定の深度まで泳いでいく新しいロボットも実験している。そうすればより容易に，再利用できるようになるだろう。

　マイクロロボットが初期の段階では成功したにもかかわらず，それらはかなりの道のりを残しているとプメラは語る。プラスチックにはたくさんの種類がある。これらのマイクロロボットでさえ，プラスチックをすべて分解することには成功できそうにない。このシステムが環境にとってどの程度安全なのか，研究者たちもまだ明らかにはしていない。プメラはそれこそが次の目標であると述べているのであるが。最初の実社会実験は廃水の処理工場で行われることになるだろう。

　ブラッキストンはまさしくこう語る。「ロボットが（たとえば海のよう

な）開水域で安全であることを示すには，数多くの実験が必要になるでしょう」　しかし，これらの課題は乗り越えられると彼は考えている。いつの日か，マイクロロボットが世界規模の一掃の取り組みにおいて大きな役割を果たすだろう。「競争は科学者たちの間で行われています」と彼は言う。「私たちは多くの異なる観点からこの問題を研究しているのです」

出典追記：Tiny swimming robots may help clean up a microplastics mess, Science News Explores on September 10, 2021 by Stephen Ornes, Society for Science & the Public

■■■■■■ ◀解　説▶ ■■■■■■

A. (1)「下線部①は何を示唆しているか」

　let go of ～ は「～から手を離す」という成句なので，下線部は「太陽が沈むと，それら（ロボット）はプラスチックから手を離す」という意味になる。つまり，太陽光線がロボットのエネルギー源であることがわかる。この趣旨に合致しているのはＣの「マイクロロボットがエネルギーを獲得する場所」である。Ａ．「マイクロロボットが磁気を帯びている理由」　Ｂ．「科学者たちがどうやってマクロロボットと話をするか」

(2)「筆者が下線部②で最も表現したいことは何か」

　either には「どちらでも」という意味があるので，当該部分は「これらのロボットは微小なプラスチックを分解するか，後で回収できるようにそれをしっかり捕まえるかのどちらもできる」となる。つまり，2通りの利用法があるわけである。よってＡの「マイクロロボットは有益なことをする方法が2つある」が正解である。Ｂ．「マイクロロボットができるのは一方かもう一方だけで，両方はできない」　Ｃ．「マイクロロボットは追加の研究のためにプラスチックを集めている」

(3)「下線部③は実はどういう意味か」

　下線部を直訳すると「これらのロボットはプラスチックを食べることができる」となる。この行為は第2段第4文（When they find …）では break down「分解する」と表現されている。よって正解はＢの「マイクロロボットは有害物質を破壊する」である。Ａ．「マイクロロボットは人工的なものを作り出す」　Ｃ．「マイクロロボットはプラスチックを消費することによってエネルギーを放出する」

(4)「下線部④は何を示唆しているか」

　下線部④の意味は「はるか10年も前に，科学者たちは水中を移動する

ことのできる極小ロボットの開発を始めた」となる。つまり，長年にわたって研究開発を続けている科学者が複数存在するということである。A.「この研究を発展させるには時間と努力を必要とする」とB.「世界には長期にわたる研究チームが存在する」で迷うかもしれないが，下線部だけではチェコ以外にも研究チームが存在していることは読み取れないのでAが正解である。C.「その研究プロジェクトに資金提供するには何年もかかった」

⑸「下線部⑤は何を示唆しているか」

　turn up は「見つかる」という意味なので，当該部分は「それらは飲料水の中にも見つかっている」となる。プラスチックが飲料水の中に存在するということは，知らないうちにそれを摂取していることになり，健康被害につながる恐れがある。この趣旨に合致しているのは，Aの「健康に対する目に見えない危険要因を考慮すべきである」である。B.「新しい測定法が合計を示してくれる」　C.「それらの位置が多くの人々に知られている」

⑹「下線部⑥は何を指しているか」

　当該文の意味は「そのことは常にプラスチックの魅力の１つだった」となる。That は直前の文全体を指していて，「プラスチックが容易に分解しないこと」という意味である。その趣旨を反映している選択肢は，Cの「いかにプラスチックは長期間もつのか」である。A.「プラスチックが自身でどれくらい素早く移動できるか」　B.「どのようにすればプラスチックをたくさんの物の中に入れることができるか」

⑺「筆者が下線部⑦で最も表現したいことは何か」

　下線部⑦は「彼女はロボットがまだ広く利用できる準備ができていないと述べている」という意味である。つまり，これらのロボットを今すぐ活用するのは難しいと言っているのである。この趣旨に合致しているのはBの「それらを利用できるようになるには時間がかかるだろう」である。A.「それらが危険であり得ると証明する研究があった」　C.「それらは数多くの地域で採用することができる」

⑻「下線部⑧は実はどういう意味か」

　当該箇所を直訳すると「ロボットを集める」となるが，gather ～ up も同じく「～を集める」という意味である。よって正解はCの「それらを集

める」である。A.「それらを撃ち落とす」　B.「それらを遠くへ移動さ
せる」

⑼「下線部⑨は何を示唆しているか」

　当該文の意味は「彼らは特定の深度まで泳いでいく新しいロボットも実
験している。そうすれば回収がより容易になるだろう」となる。この内容
から想定されるのは，ロボット自身に回収が容易な深度まで泳いで来てほ
しいということである。つまり，回収困難な深度が存在するのである。こ
の趣旨に合致しているのはBの「マイクロロボットはある深度では回収が
難しくなる」である。A.「マイクロロボットはある深度では泳ぐことが
できない」　C.「全てのマイクロロボットを回収させる必要があるわけで
はない」

⑽「下線部⑩は何を示唆しているか」

　下線部⑩の意味は「競争は科学者たちの間で行われている」である。こ
れは，多くの研究者たちが，さまざまな観点からさまざまな方法でロボッ
トの開発に取り組んで競争しているという意味である。この趣旨に合致し
ているのはAの「この研究は競争を促進する」である。B.「個人で研究
する方がより効果的である」　C.「マイクロロボットの研究は時間がかか
らない」

B.⑴「"This work is"で始まる第4段で，筆者はマイクロロボットが…
だと示唆している」

A.「多様な利用法を持っているかもしれない」

B.「新種の植物または動物」

C.「さまざまな生命体を作り出すために利用することができる」

　当該段の第3文（Speaking of the …）～第5文（Or they can …）で
述べられているように，これらのロボットには様々な能力があり，多様な
利用法が考えられる。この趣旨に合致しているのはAである。

⑵「微細なプラスチックを一掃するためにマイクロロボットを利用すると
いう考えは，…に由来した」

A.「新しい発展を実用的な方法で活用したいという願望」

B.「科学者が時代遅れの理論を疑う方法」

C.「海洋保護における，マイクロロボットの初期の成功」

　第5段最終文（He says they …）参照。マイクロロボットの研究者た

ちは，ロボットに与える任務として，「役に立つことをさせよう」と考え
た，と述べられている。この趣旨に合致しているのはＡである。

⑶「プメラは，マイクロロボットがこの段階で最も活用されるのは…にお
いてかもしれないと考えている」

Ａ．「開水域」

Ｂ．「水質処理場」

Ｃ．「瓶に入った飲料水」

　第 8 段第 2 文（He suspects that …）によると，プメラはこのロボッ
トが「廃水処理工場で最も役に立つかもしれない」と考えている。よって
正解はＢである。

⑷「マイクロロボットが汚染物質になるのを防ぐものは…である」

Ａ．「バナジン酸ビスマスと呼ばれる酸化合金」

Ｂ．「第二の要素である磁気フィルム」

Ｃ．「マイクロロボット内の 2 つの金属製素材」

　マイクロロボット自身が海洋ゴミにならないようにするためには，それ
らを回収する必要がある。第 9 段第 5 文（To do this, …）および第 6 文
（That lets them …）によると，第二要素の磁気フィルムで覆うことによ
り後から回収できるようになる。これが解決策であると考えられるので，
正解はＢとなる。

⑸「実験から，科学者たちはマイクロロボットが機能しているのは…から
であるとわかった」

Ａ．「磁石がマイクロロボットを引き寄せて回収できる」

Ｂ．「マイクロロボットが化学反応を経て泳ぐ」

Ｃ．「微細プラスチックの重量と表面が変化する」

　第 10 段第 2 文（And after a …）では，ロボットがプラスチックの重
量を減らしたことが述べられており，第 11 段第 1 文（They also caused
…）では，ロボットがプラスチックの表面を変化させたことが述べられて
いる。前者は第 10 段最終文（But that was …）から，後者は第 11 段第
2 文（That is another …）から，どちらもプラスチックの分解・減成を
示すものだとわかり，したがってロボットが機能を果たしていることのし
るしである。この趣旨に合致しているのはＣである。

⑹「研究室の実験で，マイクロロボットは…」

A.「環境にとって安全であることがわかった」

B.「海底に沈みそうであった」

C.「さまざまな種類のプラスチックにくらいつくことができた」

　第10段第1文（In laboratory experiments, …）参照。マイクロロボットは「異なる4種のプラスチックのどれにもくっついた」と述べられている。つまり、さまざまな種類のプラスチックに対して機能したということである。よって正解はCとなる。

(7)「この文章の主題は…ということである」

A.「さらに研究すれば、新しい技術が環境を守ってくれるだろう」

B.「地球上の海は、清潔にするのが最も重要な場所である」

C.「プラスチックの利用は将来も増え続ける」

　本文の主役は、言うまでもなくプラスチックを一掃するマイクロロボットであるが、「プラスチックの一掃」＝「環境保護」、「マイクロロボット」＝「新しい技術」と考えられる。よって本文の主題はAとなる。

❖講　評

　2023年度も例年通り大問3題の出題であった。

　Ⅰの**A**の会話文問題は、講座の受講について学生が教授に相談している、という設定である。多くは相手が直前に述べた内容に基づいて考えていくことになる。**B**の段落整序問題は、ピザを入れる箱のデザインを扱った英文。代名詞が何を指しているかに注意することが重要である。

　Ⅱの読解問題は、動物科学者ジェーン＝グドールの独特な研究法に焦点を当てた英文。**A**は単語・語句を入れる空所補充問題。語彙力・文法力が問われる問題も多くみられる。設問数が多いので、あまり立ち止まらずスピーディーに解答してほしい。**B**は内容説明の英文を完成させる形式の設問。正解にかかわる部分をいち早く探し出す必要がある。

　Ⅲの読解問題は、海洋プラスチックを一掃するロボットの開発に関する英文。**Ⅱ**の英文と比較するとやや内容が硬い印象である。**A**は下線部の意味や指示内容を問う問題。下線部のみならず、その直前や直後を精読することで正解できるはずである。**B**は**Ⅱ**の問題と同様に、内容説明英文の完成問題である。解答者を迷わせるような選択肢も含まれており、最終問題ではあるが十分な時間を確保しておきたい。

　全体的なレベルは標準と言ってよいが，英文の量・設問数ともに多く，90 分という時間内で全ての問題にあたるにはかなりのスピードが要求される。普段から分量のある英文を速読する練習を積んでおいてほしい。

2022
年度

問題と解答

2月3日実施分　　　問　題

(90 分)

〔Ⅰ〕A．次の会話文の空所(1)〜(5)に入れるのに最も適当なものをそれぞれ A 〜 D か
ら一つずつ選び，その記号をマークしなさい。

Ken, a Japanese exchange student, brings an item to Ann, a store clerk.

Ann:　Hello sir, how may I help you today?

Ken:　Well, I bought this voice recorder here last week, but unfortunately
it suddenly stopped working.

Ann:　I'm sorry to hear that.

Ken:　＿＿＿＿＿＿＿＿＿＿＿＿＿
(1)

Ann:　Either that or exchange it for another product of equal or lesser
value.

Ken:　＿＿＿＿＿＿＿＿＿＿＿＿＿
(2)

Ann:　Right. You'll want to exchange it for the same model then. Could I
see your receipt?

Ken:　Oh!＿＿＿＿＿＿＿＿＿＿＿＿＿
(3)

Ann:　Well, did you pay by cash or credit card?

Ken:　＿＿＿＿＿＿＿＿＿＿＿＿＿
(4)

Ann:　If you paid with a credit card, I can verify your purchase without a
receipt. Otherwise you will need to go and get the receipt for me.

Ken:　I'm pretty sure I paid in cash.＿＿＿＿＿＿＿＿＿＿＿＿＿
(5)

Ann:　Okay, no problem!

(1)　A．There's no need to apologize.

　　　B．Would you like me to repeat it?

　　　C．It's okay, there are other jobs out there.

　　　D．Could I possibly get a refund?

(2)　A．Well, I still really need one.

　　　B．I'm so fed up with it at this point.

　　　C．Hmm, I'll follow your suggestion.

　　　D．The choice is out of my hands.

(3)　A．I have it right here.

　　　B．I won't let you.

　　　C．I left it at home.

　　　D．I threw it away.

(4)　A．Is there a way for you to check that?

　　　B．What if I simply can't remember?

　　　C．Are those the only two methods?

　　　D．Can you make a difference?

(5)　A．Please confirm I bought it.

　　　B．I'll return shortly.

　　　C．Can I get the money?

　　　D．Will you be waiting for me?

B．下の英文A～Fは，一つのまとまった文章を，6つの部分に分け，順番をば
　らばらに入れ替えたものです。ただし，文章の最初にはAがきます。Aに続け
　てB～Fを正しく並べ替えなさい。その上で，次の(1)～(6)に当てはまるものの
　記号をマークしなさい。ただし，当てはまるものがないもの(それが文章の最
　後であるもの)については，Zをマークしなさい。

(1) Aの次にくるもの

(2) Bの次にくるもの

(3) Cの次にくるもの

(4) Dの次にくるもの

(5) Eの次にくるもの

(6) Fの次にくるもの

A. The *Oxford Dictionary of English* reveals that around 500 words have at least 28 different definitions each. So, it is not surprising when communication fails because of unclear and imprecise concepts.

B. Besides the definition, the experiences of the reader and writer also create a background of feelings and ideas associated with the word. Perhaps as a child the writer was bitten by a dog. On the other hand, the reader may have had pleasant experiences with dogs.

C. Thus we may have to work harder to avoid such a break in communication. Readers and writers must know that words, like *dog* as explained, have two kinds of meanings. *Denotation* refers to the thing the word stands for, and *connotation* amounts to the personal experiences suggested by the word.

D. If the writer is trying to associate dogs with negative situations, while the reader associates dogs with positive situations, communication is frustrated. These different associations can again create a gap between the reader and writer.

E. Consider the notion of *dog*. If a child hearing the word *dog* lives in the countryside, she may think of a husky pulling a sled over the snow. A child who lives in a city may instead picture a dog on a leash being taken for a walk on the street. Misunderstanding can happen over even a simple definition.

F.　As we have seen, meanings depend upon the individual experiences of the writer and reader. Thus, next time you read or write, carefully consider these two aspects of meaning to avoid ambiguity.

〔Ⅱ〕A.　次の英文の空所（　1　）～（　15　）に入れるのに最も適当なものをそれぞれA～Dから一つずつ選び，その記号をマークしなさい。

　　One night in 1947 while driving through the countryside, an Indian ruler, infamous for his hunting exploits, shot dead three cheetahs. They turned out to be possibly the last of the species in India, and the animal is widely believed to have gone extinct here in the 1950s.

　　More than six decades later, an ambitious government plan to introduce the African cheetah—which is distinct from the Asian cheetah that （　1　） roamed in India—has received the go-ahead from the Supreme Court. The court had turned down a similar plan in 2013 for lack of preparedness but, in its order dated January 28, has now allowed the project to （　2　）.

　　It has done so following a government plea that was accompanied by an assurance that the animal will be introduced on an "experimental basis" in a carefully chosen habitat to see （　3　） it can adapt to conditions on the sub-continent. If required, the government may even relocate the cheetah within India.

　　The court has also established an expert committee to guide and direct the government on the project and asked it to report back every four months. There is no word yet （　4　） how soon this may happen, but if the project comes through, India will have the （　5　） of hosting the cheetah—expected to be sourced from Namibia—along with big cats such as lions, tigers, and leopards. India's former environment minister Jairam Ramesh has welcomed the court's decision.

The plan, however, has prompted concerns from wildlife conservationists, who have questioned the merit of such a move for a host of reasons. These include the lack of a policy to protect India's grasslands—essential to creating a suitable habitat for the cheetah as it thrives in these areas—and the significant expenditure involved in bringing and (　6　) a foreign species when conservation programs for many endangered species in India continue to be underfunded.

Government data released last year showed India lost 31 percent of its grassland area, (　7　) around 5.65 million hectares, in the decade from 2005 to 2015. The main reasons include diversion for uses ranging from agricultural to industrial, as well as overgrazing and deforestation. This has endangered the lives of many (　8　) animals in these habitats, like the Indian wolf, caracal (a reddish-brown wildcat), and Great Indian Bustard (one of the heaviest flying birds on the planet). "Where are the undisturbed grasslands and thorny shrub forests required to support a (　9　) population of the cheetah in India?" said Ms. Prerna Singh Bindra, a former member of the National Wildlife Board, pointing out that cheetahs are one of the most wide-ranging meat-eaters, with home ranges recorded at over a thousand square kilometers.

The idea to have cheetahs—the word is derived from the Sanskrit word for "spotted" (chitrah)—roaming through India again has been around for more than a decade. An initial plan involved sourcing Asian cheetahs from Iran, the only country to have them. It failed to make progress, as Iran refused to (　10　) some of its animals that, today, number fewer than 50.

Some believe the dramatic introduction of the cheetah will attract the resources and attention needed to protect the grasslands and the creatures that live there, which have been ignored as barren "wastelands" in the past. This is what a 2010 report co-produced by the Wildlife Institute of India and the Wildlife Trust of India had argued. However, Ms. Bindra cautioned that the mere presence of the cheetah in India is （　11　） to achieve "the miracle of saving our grasslands."

"We can't depend on this to happen," she told *The Straits Times*. "（　12　） we first have a policy to declare grasslands as ecologically protected areas that are excluded from other uses before the cheetah comes? We don't because these are difficult political and economic decisions to take: it will deny that option to industries or other economic interests," she added.

One of the sites that could potentially host the cheetah is the Nauradehi Sanctuary in the central Indian state of Madhya Pradesh. Fencing in the animal in one （　13　） area, however, could create another conservation issue.

A genetically isolated population, such as the Asian lions that are limited only to Gujarat's Gir National Park, would remain vulnerable to any disease outbreak. It is for this reason that the Supreme Court had, in April 2013, ordered that some Asian lions be relocated to a national park in Madhya Pradesh to help preserve the species.

Nearly seven years since, not a single animal has been relocated. The suggested relocation of other endangered animals, such as the Mampur brow-antlered deer, also continues to be delayed. Ms. Neha Sinha, a wildlife conservationist, also argued that a management regime for grasslands and thorn forests needs to （　14　） the introduction of the cheetah.

"Unlike the tiger, the animal's ideal habitat is not greatly represented by forests covered under India's network of protected areas," she told *The Straits Times*. （　15　） preventing over-exploitation of these areas, such a regime, said Ms. Sinha, will require working with pastoralists—farmers who use them to graze their cattle—to address concerns around the killing of livestock by the cheetah and prevent them from being taken in illegal hunting.

"If we are bringing in the cheetah only to put it in one separated-off area, then that would not be of much use ecologically. The idea is not to make a safari or a zoo; the idea is to have the cheetah contribute to conservation and have ecological value," she added.

(1)　A．yet　　　　　　　　B．currently
　　　C．seldom　　　　　　D．once

(2)　A．proceed　　　　　　B．recede
　　　C．arise　　　　　　　D．certify

(3)　A．whenever　　　　　B．as
　　　C．if　　　　　　　　D．till

(4)　A．as for　　　　　　B．as to
　　　C．as well as　　　　D．as much as

(5)　A．disgrace　　　　　B．distinction
　　　C．system　　　　　D．place

(6)　A．returning　　　　B．discovering
　　　C．stabilizing　　　D．associating

(7)　A．or　　　　　　　B．and
　　　C．but　　　　　　D．yet

(8)　A．furry　　　　　　B．domesticated
　　　C．small　　　　　　D．charismatic

(9)　A．relevant　　　　　B．current
　　　C．sustainable　　　D．suggested

(10)　A．part with　　　　B．convert into

    C. negotiate for   D. release to

(11) A. proven   B. soon

    C. unexpected   D. unlikely

(12) A. When do   B. How can

    C. Why don't   D. Where shall

(13) A. open   B. human

    C. farming   D. protected

(14) A. follow   B. precede

    C. influence   D. involve

(15) A. Besides   B. Likewise

    C. Unlike   D. Nevertheless

B. 本文の内容に照らして最も適当なものをそれぞれ A 〜 C から一つずつ選び，
その記号をマークしなさい。

(1) A plan to introduce African cheetahs to India was initially rejected because

    A. adequate arrangements for the animals had not been made.

    B. the animals would not be able to adapt to the new environment.

    C. it was difficult to find a suitable habitat for the animals.

(2) According to the third paragraph, starting with "It has done," the Indian government

    A. was confident that the African cheetah would adapt to the environment in India.

B．was flexible about which areas of India the African cheetah would be introduced to.

C．did not have in mind the introduction of other similar species to the country.

(3)　The judgment of the Supreme Court has been well received by

A．big-cat hunters.

B．African countries.

C．the government of India.

(4)　In the fifth paragraph, starting with "The plan, however," one concern raised about this project is

A．the unfairness of favoring an introduced species over a native one.

B．the difficulty of moving genetically isolated animals to other areas.

C．the potential danger of upsetting the balance of forest ecosystems.

(5)　Ms. Prerna Singh Bindra would probably agree that

A．African species would help turn wastelands into grasslands.

B．the African cheetah is capable of coexisting with indigenous animals.

C．it is difficult to secure a large enough area for cheetahs in India.

(6)　The Supreme Court ordered Asian lions to be moved to another national park

A．to prevent them from being killed by illegal hunting.

B．to protect the threatened animals from illness.

C．to preserve the grasslands the lions rely on for food.

(7)　The most appropriate title for this passage is

A．"Introducing an African Cat to India."

B．"Protecting India's Endangered Species."

C．"Exploration of the Ecosystem of India."

〔Ⅲ〕A. 次の英文の下線部①〜⑩について，後の設問に対する答えとして最も適当
なものをそれぞれA〜Cから一つずつ選び，その記号をマークしなさい。

　　One of the things that's open to scientific study is how we communicate information about science.　Science education should, in theory at least, produce a scientifically literate public and prepare those most interested in the topic for advanced studies in their chosen field.　That clearly hasn't worked out, so people have subjected science education itself to the scientific method.

　　What has been found is that an approach called active learning (also called active instruction) consistently produces the best results.　This involves pushing students to work through problems and reason things out ① as an inherent part of the learning process.

　　Even though the science on that is clear, most college professors have ② remained committed to approaching class time as a lecture.　In fact, a large number of instructors who try active learning end up going back to the standard lecture, and one of the reasons they cite is that the students prefer it that way.　This sounds a bit like excuse-making, so a group of instructors decided to test this belief using physics students.　And it turns ③ out professors weren't making an excuse.　Even as understanding improved with active learning, the students felt they got more out of a traditional lecture.

　　One of the challenges of tracking this sort of thing is that every class will have a different range of talents, and some instructors will simply have been better at teaching.　Figuring out how to take into account this variability is essential if you want to understand the impact of teaching methods.　Fortunately, a Harvard team of researchers came up with a clever way of doing so.

　　They essentially split a physics class into two groups.　One group would get a standard lecture.　The person teaching the other group would use the same slides and class materials but lead these students through an active-learning process during the class. Then, two weeks later, the two groups of students would swap places; the first would now have an active-learning class on a different physics topic, and the second would receive a standard lecture. That way, the same students experienced both regular lectures and active learning, and the instructors brought any talents they had to both approaches.

After each class, the students were surveyed about the experience, and they took a short quiz to determine how well they understood the subject of the class. The whole thing was done for both the spring and fall semesters of a class to provide a larger sample size. As expected from past studies, the students in the active-learning classes consistently outperformed their ④ peers (and themselves), scoring significantly higher on the quizzes.

But based on the surveys, the students would have been surprised to ⑤ find out that's the case. The students found the active-learning classroom to lack a bit of coherence, and it suffered from the frequent interruptions, which made the experience frustrating and confusing. When asked how much they felt they learned, students in the active-learning classroom consistently rated themselves as having learned less—the exact opposite of what the quizzes show. The students also indicated that they would prefer that all their future classes be standard lectures.

So why is an extremely effective way of teaching so unpopular? The researchers come up with a number of potential explanations. One is simply that active learning is hard. "Students in the actively taught groups ⑥ had to struggle with their peers through difficult physics problems that they initially did not know how to solve," the researchers acknowledge. That's a big contrast with the standard lecture, which, being the standard, is familiar to the students. A talented instructor can also make their lecture material feel like it's a straightforward, coherent packet of information. This can lead students to over-rate their familiarity with the topic. ⑦

The other issue the researchers suggest may be going on here is conceptually similar to the Dunning-Kruger effect, where people who don't understand a topic are unable to accurately evaluate how much they know. Consistent with this, the researchers identified the students with the strongest backgrounds in physics, finding that they tended to be more accurate in assessing what they got out of each class.

Whatever the cause, it's not ideal to have students dislike the most effective method of teaching them.　So, the researchers suggest that professors who are considering adopting active learning take the time to prepare a little lecture on it.　The researchers prepared one that described the active-learning process and provided some evidence of its effectiveness. The introduction acknowledged the evidence described above—namely, that the students might not feel like they were getting as much out of the class.

In part thanks to this short addition to the class, by the end of the semester, 65% of the students reported feeling positive toward active learning.　That's still not exactly overwhelming enthusiasm, but it might be enough to keep instructors from giving up on an extremely effective teaching technique.

⑴　Which of the following has a meaning closest to Underline ①?

　A．write things out

　B．figure things out

　C．make things out

⑵　What does Underline ② refer to?

　A．the purpose of active learning

　B．the procedure of active learning

　C．the effectiveness of active learning

⑶　What does Underline ③ actually mean?

A．The university students were indeed not fond of active learning.

B．The researchers revealed the advantage of the traditional lecture.

C．There is a plausible case for university professors to complain about.

(4)　What does Underline ④ actually mean?

A．Active learning was more helpful for gaining knowledge.

B．The instructors were better at active-learning lessons.

C．The students in the active-learning class were smarter.

(5)　What does Underline ⑤ imply?

A．The students were sure that their scores were worse than their peers.

B．The students were unaware of their learning gain in the class.

C．The students were astonished to discover the popularity of lectures.

(6)　What does Underline ⑥ actually mean?

A．Active learning imposes a heavy physical burden on students.

B．Active learning involves competing with other students.

C．Active learning really challenges students in the classroom.

(7)　What does Underline ⑦ refer to?

A．the clarification of unclear sections provided by the best learners

B．the positive impact of instructors in their presentation of class content

C．students' delusion that traditional lectures are easier to understand

(8)　Which of the following can be a concrete example for Underline ⑧?

A．Competent people are likely to recognize their actual talent.

B．Average people are likely to underestimate their performance.

C．Unskilled people are likely to overestimate their knowledge.

(9)　Which of the following has a meaning closest to Underline ⑨?

A．admitted

B．confirmed

C．argued

⑽　What does the author want to express most in Underline ⑩?

A．Active learning inevitably leads to opposition from some students.

B．There were some students who learn less through active learning.

C．Instructors should recognize that active learning is not unpopular.

B．本文の内容に照らして最も適当なものをそれぞれA～Cから一つずつ選び，その記号をマークしなさい。

⑴　The view of the author in the first paragraph is that science education

A．has failed in its attempt to contribute meaningfully to society.

B．has investigated the effective use of the scientific method.

C．has been a topic at the heart of people's communication.

⑵　Most of the instructors quit active learning because they

A．feel that it soon loses favor with their students.

B．think that students usually underperform.

C．realize that they are not good at it.

⑶　According to the fourth paragraph, starting with "One of the," to examine the effect of teaching methods, you should

A．investigate the essential characteristics of good instructors.

B．take students' level of enthusiasm into consideration.

C．be aware of the potential factors that might influence the results.

⑷　The purpose of the fifth paragraph, starting with "They essentially split," is to explain

    A．the background of the participants in the study.

    B．the experimental design adopted in the study.

    C．the content of the physics class used in the study.

⑸　In the seventh paragraph, starting with "But based on," the students' attitude toward lectures is

    A．critical.

    B．confused.

    C．complimentary.

⑹　According to the 10th paragraph, starting with "Whatever the cause," the researchers suggested

    A．an alternative to the explanation for the cause of the failure.

    B．a practical way to improve students' satisfaction with the class.

    C．a hypothesis for why students dislike active-learning style.

⑺　The most appropriate title for this passage is

    A．"Scientific Inquiry Finds Active Learning Is Most Effective."

    B．"Students Think They Learn Less with Traditional Instruction."

    C．"Professors Should Not Go Back to Traditional Lectures."

2 月 3 日実施分　　解　答

I 解答　**A.** (1)—D　(2)—A　(3)—C　(4)—A　(5)—B
　　　　　　 B. (1)—E　(2)—D　(3)—F　(4)—C　(5)—B　(6)—Z

◆全　訳◆

A. ≪商品の交換ついてのやり取り≫

日本人交換留学生のケンがある品物を店員のアンの所に持ってくる。

アン：いらっしゃいませ。どういったご用件でしょうか？

ケン：ええ，先週このボイスレコーダーを買ったのですが，あいにく急に
　　　動かなくなってしまったのです。

アン：それは申し訳ございません。

ケン：よければ返金してもらえないでしょうか？

アン：それでもけっこうですし，同じ価格か低価格の別の商品と交換でも
　　　かまいません。

ケン：ボイスレコーダーがまだぜひとも必要なんです。

アン：承知しました。それでは，同一モデルと交換をお望みですね。レシ
　　　ートを拝見できますか？

ケン：ああ！　家に忘れてきました。

アン：では，お支払いは現金でしたか，カードでしたか？

ケン：そちらでチェックしてもらう方法があるのですか？

アン：カードでお支払いの場合は，レシートなしでもご購入の確認ができ
　　　ます。そうでない場合はレシートを取りに帰ってもらう必要がござ
　　　います。

ケン：確か現金で払ったと思います。すぐに戻ります。

アン：わかりました。

B. ≪単語にはいくつもの意味がある≫

A．オックスフォード英語辞典によると，少なくとも 28 個の異なる定義
を持つ語が 500 語程度はあるということだ。だから，あいまいで不正確な
概念が理由でコミュニケーションができなかったとしても，驚くには当た
らない。

E．犬（dog）の観念について考えてみよう。犬という語を耳にした子供が田舎に住んでいる場合には，その子は雪の上でそりを引いているハスキーを思い浮かべるかもしれない。都市部に住んでいる子どもは，そうではなくて，綱のついた犬が通りへ散歩に連れられているところを思い描くかもしれない。単純な定義に関しても，誤解は起こり得るのだ。

B．定義以外に，読み手と書き手の体験も単語から連想される感情や発想の背景を作り出す。おそらく，その書き手は子どもの頃に犬に咬まれたことがあるのだろう。それに対して，読み手の方は犬と楽しい経験をしたことがあるのかもしれない。

D．書き手が犬と否定的な状況とを結びつけて考えていて，一方読み手が犬と肯定的な状況とを結びつけて考えている場合，コミュニケーションは失敗に終わる。この連想の違いが書き手と読み手の間にギャップを作ってしまうからだ。

C．このように，私たちはコミュニケーションの中でそのような隙間ができるのを避けるために努力しなければならないのかもしれない。読み手と書き手は，説明にあった犬のような単語にも2種類の意味があるということを知っておかねばならない。明示的な意味は，その語が表す物の意味であり，言外の意味はその語が示唆する個人的経験ということになる。

F．これまで見てきたように，意味は書き手と読み手の個人的経験に左右される。したがって，今度読んだり書いたりするときには，意味が持つこれら2つの側面を注意深く考えて，あいまいな表現を避けねばならない。

━━━━━━━ ◀解　説▶ ━━━━━━━

A．(1)直後のアンの発言が「それでもけっこうですし，同じ価格か低価格の別の商品と交換でもかまいません」となっている点から，商品交換以外の対応について尋ねたのだと考えられる。よってDの「よければ返金してもらえないでしょうか？」が正解である。A．「謝る必要はありませんよ」B．「繰り返しましょうか？」　C．「いいですよ，向こうに別の仕事があります」

(2)直後のアンの発言が「それでは，同一モデルと交換をお望みですね」となっているので，ケンは返金ではなく商品交換の方を選んだということがわかる。これを想起させる発言として最も適当なのは，Aの「（ボイスレコーダーが）まだぜひとも必要なんです」である。B．「今はそれにうん

ざりしています」 C.「ふむ，あなたの提案に従います」 D.「その選択
肢は私の手を離れています」

⑶アンが直前で「レシートを拝見できますか？」と尋ねて，直後で支払い
方法を尋ねていることから，ケンはレシートを持っていないのだと推測で
きる。よってCの「家に忘れてきました」が最も適切である。D.「捨て
てしまいました」は，後の方でアンがレシートを家に取りに帰るよう提案
していることと矛盾するので不適。A.「ここにちゃんとあります」 B.
「あなたには見せません」

⑷直後でアンがレシートなしでも購入を確認する方法があることを説明し
ている。したがって当該箇所ではケンがそれについての質問をしたのだと
考えられる。よってAの「そちらでチェックしてもらう方法があるのです
か？」が最も適切である。B.「全く思い出せない場合はどうなります
か？」 C.「その２つの方法だけですか？」 D.「重要ですか？」

⑸直前でケンが「現金で払った」と述べているので，レシートを取りに帰
らなければならないはずである。それに類似する発言として考えられるの
は，Bの「すぐに戻ります」である。A.「私が買ったことを確認してく
ださい」 C.「お金をもらえますか？」 D.「私のことを待っているでし
ょうか？」

B. 正しい順序はA→E→B→D→C→Fである。

　段落整序の問題は，指示語や冠詞，ディスコースマーカー（so,
therefore, for example, on the other hand など）に注意して読むことが
大切である。

　Aでは，単語に関する概念は，定義が同じであったとしても必ずしも一
致しないということが述べられている。Eではそれを受けて，「犬
(dog)」を例に挙げて具体的な説明を加えている。よってA→Eとなる。

　AとEでは，単語と定義（意味）と関連について述べられているが，本
文ではそれ以外の要因についても説明されている。それがBに出てくる読
み手や書き手の経験値である。Bの冒頭が Besides the definition「定義
以外に」となっていることから，この段落から定義以外の要素の説明が始
まっていることがわかる。よってE→Bとなる。

　次に，Dの第１文（If the writer …）に着目すると，書き手の「否定的
な状況」と読み手の「肯定的な状況」は，それぞれBの「犬に咬まれたこ

と」と「犬と楽しい経験をした」を指していると考えられる。よってBと
Dは連続した記述となり，B→Dである。

　次にCの Thus「このように」という表現に注目する。この段落は，A，
E，B，Dで述べてきたことを，*Denotation*「明示的な意味」と *connotation*
「言外の意味」と呼んでまとめていることがわかる。よってD→Cとなる。

　最後にFであるが，この段落は As we have seen,「これまで見てきた
ように」で始まっていることから，結論を述べている箇所であると判断し
てよい。それは最終文で next time you read or write「今度読んだり書
いたりするときには」と本文から導かれる注意点が述べられていることか
らもわかる。よってC→Fとなり，本文は完結する。

Ⅱ　解答

A. (1)— D　(2)— A　(3)— C　(4)— B　(5)— B　(6)— C
　　　(7)— A　(8)— D　(9)— C　⑽— A　⑾— D　⑿— C
　　　⒀— D　⒁— B　⒂— A

B. (1)— A　(2)— B　(3)— C　(4)— A　(5)— C　(6)— B　(7)— A

◆全　訳◆

≪アフリカのネコ科の動物をインドに導入する≫

　1947 年のある夜に車で田舎を抜けていく間に，狩猟の業績で悪名高い
一人のインド人統治者が，3 頭のチーターを射殺した。その 3 頭は，おそ
らくインドで最後のその種の個体であろうということが判明し，ここでは
1950 年代に絶滅してしまったと広く信じられている。

　60 年以上も後になって，アフリカチーター——それはかつてインドを
歩き回っていたアジアチーターとは全く異なる——を導入するという大掛
かりな政府案が，最高裁判所からゴーサインをもらった。裁判所は，2013
年に同様の計画を準備不足という理由ではねつけたのだが，1 月 28 日付
の命令で今度はそのプロジェクトが進められることを許可したのである。

　裁判所は，チーターは『実験的な理由』で導入されることになるという
保証とともに出された政府の請願に従ってそうしたのだった。その実験と
は，周到に選ばれた生息地でチーターがインド亜大陸の条件に適応できる
かどうかを調べるというものであった。必要とあらば，政府はインド内で
チーターを転住させることすらするかもしれない。

　さらに裁判所は，専門家委員会を設置して，そのプロジェクトに関して

政府を指導監督し，4 カ月ごとに折り返し報告するよう求めている。あと
どれくらいでそれが起こるかについて何の保証もないが，プロジェクトが
認められれば，インドはライオンやトラやヒョウといった大型のネコ科の
動物に加えてチーター――ナミビアから送られてくる見通しである――を
受け入れるという栄誉を得ることになるだろう。インドの元環境相ジャイ
ラム゠ラメシュは，裁判所の裁定を歓迎している。

　だが，この計画は野生生物保護論者からの不安を引き起こしている。彼
らは数多くの理由から，そのような動向の利点に異議を唱えてきたのだ。
その理由には，インドの草原地帯――チーターはこの地域に生息するので，
適切な居住地を作る点で必要不可欠である――を守る方針が欠如している
点や，インドの多くの絶滅危惧種の保護計画の財源が十分でないときに外
来種を持ち込んで定住させるには相当な経費がかかるという点も含まれて
いる。

　昨年明らかにされた政府データによると，2005 ～ 2015 年の 10 年間で
インドは草原地帯の 31 パーセント，つまり 565 万ヘクタールを喪失した。
主たる理由には，放牧や伐採だけでなく，農業利用から工業利用への転換
も含まれていた。この転換は，生息地内でインドオオカミやカラカル（赤
茶色のヤマネコ），グレートインディアンバスタード（飛ぶことのできる
鳥としては地球上で最も重い種の 1 つ）のような多くのカリスマ的な動物
の生存を危険にさらしてきた。「インドで維持可能な個体数のチーターを
支えていける，邪魔者のいない草原やとげだらけの低木の林はどこにある
のだろうか？」 国立野生動物局の元局員のプレナ゠シン゠ビンドラ女史は
こう語り，チーターは最も広範囲にわたる肉食動物の 1 つで，1,000 平方
キロメートルを超える生息範囲が記録されていると指摘した。

　チーター――この語は『斑点がある』という意味のサンスクリット語の
chitrah に由来している――に再びインド中を歩き回らせるというアイデ
アは，10 年以上も前から存在する。当初の計画には，唯一の生息地であ
るイランからアジアチーターを仕入れることも含まれていた。その計画は
前に進まなかった。現在では 50 頭以下になっている自国のチーターを手
放すことをイランが拒否したからだ。

　チーターを劇的に導入することで，草原とそこに住む動物とを保護する
のに必要な資源と注意を引き付けることができると信じている人もいる。

草原は過去には不毛の『荒地』として無視されていたのだ。インド野生動物研究所とインド野生動物保護団体が共同作成した 2010 年の報告で主張されていたのはこの点である。しかし，ビンドラ女史は，インドにチーターが単に存在するだけでは『我々の草原を救う奇跡』を達成できる可能性は低いと警告した。

「私たちはこれが偶然に起こるのを当てにすることはできません」彼女は『ストレーツ・タイムズ』誌に対してこう語った。「チーターがやってくる前に，草原は他の利用方法から除外される生態学的保護地域であると宣言する方針をまず持とうではありませんか。私たちが方針を持たないのは，これらが政治的経済的に取り上げるのが難しい問題だからです。方針を持てば，産業や他の経済的利益に対してその選択肢は否定されるでしょう」と彼女は付け加えた。

チーターを支えられる可能性のある場所の 1 つは，中央インドのマディヤ・プラデーシュ州のナウレードヒ野生生物保護区である。しかし，チーターを 1 つの保護区域内に囲うことは別の保全問題を作り出すかもしれない。

グジャラート州のギル国立公園だけに限定されているアジアライオンのような遺伝子的に孤立した個体群は，どんな病気の流行にもかかりやすいままであろう。最高裁が 2013 年 4 月に，数頭のアジアライオンをマディヤ・プラデーシュ州の国立公園に移住させて種の保存を助けるよう命じたのは，この理由のためである。

以後 7 年近く，アジアライオンは 1 頭も移住されていない。マンプールのブラウアントラード鹿（ターミンジカ）のような，他の絶滅危惧種動物の移住提案も，先延ばしされ続けている。野生生物保護論者のネハ＝シンハ女史も，草原といばら林の管理体制がチーターの導入よりも先にできる必要があると主張している。

「トラとは違って，チーターの理想的な生息地はインドの保護区域網でカバーされている林には当たりません」と彼女は『ストレーツ・タイムズ』誌にこう語った。これらの地域の過剰開発を防ぐことに加えて，そのような体制は，チーターに家畜を殺されることへの不安を提言する牧畜生活者——牛を放牧するためにこれらの地域を利用する農民——との協働を要求し，チーターが密猟で捕えられるのを防ぐだろう，とシンハ女史は語

る。

　「1 カ所の分離された地域に入れるためだけにチーターを持ち込もうと
しているのなら，生態学的にはあまり役に立たないでしょう。そのアイデ
アはサファリや動物園を作るためのものではありません。チーターを保全
の一助とし，生態学的価値を持たせるためのものなのです」と彼女は付け
加えた。

■━━━━━━━◀解　説▶━━━━━━━■

A. (1)直前の the Asian cheetah「アジアチーター」を，関係代名詞 that
を用いて説明している箇所である。アジアチーターについては，第 1 段第
2 文（They turned out …）で「1950 年代に絶滅してしまった」と述べ
られているので，現在インドには生息していないことがわかる。よって
「かつてインドを歩き回っていた」となる D の once「かつて」が最も適切
である。A.「まだ」　B.「現在」　C.「めったに～しない」

(2)当該箇所の意味は「（法廷は）その計画が…することを許した」となる。
同段第 1 文（More than six …）で，チーター導入の政府案が最高裁から
ゴーサインをもらったことが述べられている。それと同じ趣旨の事柄が再
度記されていると考えられるので，A の proceed「続行する，進む」が正
解である。B.「後退する」　C.「生じる」　D.「～を証明する」

(3)当該箇所以降は，直前の see「調べる」の目的節になっているので名詞
節を作る接続詞が用いられていると考えられる。よって C の if「～かどう
か」が最も適切である。A.「～するときはいつでも」　B.「～とき，～
なので」　D.「～まで」

(4)当該箇所の直前は「まだ何の保証もない」，直後は「あとどれくらいで
それが起こるか」という意味になり，この両者をつなぐための語が必要で
ある。最も適切なのは B の as to「～については」である。A.「～につい
て言えば」（通例文頭で用いられる）　C.「～だけでなく…も」　D.「～
と同量の」

(5)当該箇所は「インドはチーターを受け入れるという…を得ることになる
だろう」という意味になる。同段最終文（India's former environ-
ment …）で，「歓迎している」と表現されていることから，肯定的に受
け止められていると考えてよい。よって B の「名声」が最も適切である。
A.「不名誉」　C.「制度」　D.「場所」

(6)当該箇所は「外来種を持ち込んで…することに関する相当な経費」という意味になる。第3段2～4行目にアフリカから導入したチーターをインド亜大陸の環境に適応するかどうかをみることが政府の計画だと書かれており，この内容に照らした場合，bring と併用できる動詞は stabilize「～を安定させる」であると考えられる。「適応させる」が「安定させる」に対応していると考える。よってCの stabilizing が正解。(原形の意味で)
A.「～を戻す」　B.「～を発見する」　D.「～を関連づける」

(7)当該箇所は，直前の 31 percent of its grassland area「草原地帯の 31 パーセント」を別の表現で言い換えている部分である。よって「すなわち」の意味を持つAの or が最も適切である。B.「そして」　C.「しかし」　D.「まだ」

(8)当該箇所の意味は「これは多くの…な動物たちの生存を危険にさらしてきた」となる。インドオオカミやカラカルなどの珍しい動物を指しているので，Dの charismatic「カリスマ的な，並外れた能力を持つ」が最も適切であると言える。Aの furry「毛で覆われた」は鳥類には使われないので不適。Bの domesticated「飼い慣らされた」は野生動物の形容としては不適。Cの small「小さい」は，重い鳥であるグレートインディアンバスタードには使えない表現なので不適。

(9)当該箇所は「インドで…な個体数のチーターを支えていける林はどこにあるのか」という意味になる。この計画は，チーターを導入して定住させることを目的としているので，最も適切なものはCの sustainable「持続可能な，維持できる」であろう。A.「関連がある」　B.「現在の，最新の」　D.「示された」

(10)当該箇所の意味は「イランは，自国の動物を…することを拒否した」となる。同段第2文（An initial plan …）にあるように，当初の計画ではイランからチーターを仕入れる予定であったので，Aの part with「～を手放す」が最も適切である。B.「～と兼用できる」　C.「～を求めて交渉する」　Dの release は他動詞なので，release to ～ という表現はない。

(11)当該箇所の意味は「インドにチーターが単に存在するだけでは，草原を救う奇跡を達成することは…」となる。この文を完成するのに最も適切な表現はDの unlikely「～しそうもない」であろう。A.「証明された」　B.「まもなく」　C.「思いがけない」

⑿当該箇所は疑問文であるが，何かを尋ねているのではなく，提案しているのだと推測される。よって「〜したらどうですか」の意味の C の Why don't が正解。A は「時」，B は「方法」，D は「場所」をそれぞれ尋ねているので不適。

⒀当該箇所の意味は「チーターを 1 つの…区域内に囲うことは別の保全問題を作り出すかもしれない」となる。同段第 1 文（One of the …）にあるように，この区域とはナウレードヒ野生生物保護区のことなので，正解は D の protected「保護された」である。A.「広々とした」 B.「人間の」 C.「農業の」

⒁当該箇所の意味は「草原といばら林の管理体制がチーターの導入を…する必要がある」となる。これは，動物を導入する場合には，まず環境を整えておく必要があるということを述べているのだと考えられる。よって B の precede「〜よりも先に起こる」が最も適切である。A.「〜の後に起こる」 C.「〜に影響を与える」 D.「〜を巻き込む」

⒂当該箇所は「これらの地域の過剰開発を防ぐこと…」となる。such a regime 以下の部分の意味と照らし合わせて考えると，A の Besides「〜に加えて」が最も適切である。B.「〜もまた」 C.「〜とは違って」 D.「それにもかかわらず」 なお，B と D は副詞なのでここで用いることはできない。

B. ⑴「アフリカチーターをインドに導入しようという計画が当初拒否されたのは，…からである」
A.「その動物のための十分な準備がなされていなかった」
B.「その動物は新しい環境に適応できないであろう」
C.「その動物に適した居住地を見つけるのが困難だった」
　第 2 段最終文（The court had …）参照。拒絶した理由は「準備不足」であったと述べられている。よって A が正解。

⑵「"It has done" で始まる第 3 段によると，インド政府は…」
A.「アフリカチーターがインドの環境に適応できると確信していた」
B.「インドのどの地域にアフリカチーターを導入するかについては融通が利いた」
C.「その国に他のよく似た種を導入するつもりはなかった」
　第 3 段最終文（If required, …）参照。インド政府は国内でチーターを

転住させることも想定していたことがわかる。つまり居住地については柔軟な考え方であったことがわかる。これに合致しているのはBである。

⑶「最高裁の裁定は，…に好意的に受け入れられている」

A．「大型のネコ科動物のハンター」

B．「アフリカの国々」

C．「インド政府」

　第4段最終文（India's former environment …）参照。インドの元環境相が裁定を歓迎していると述べられている。つまり，政府サイドが歓迎しているのである。よって正解はCである。

⑷「"The plan, however," で始まる第5段で，このプロジェクトに関して持ち上がった不安の1つは…である」

A．「導入された種を固有種よりもひいきすることの不公平さ」

B．「遺伝子的に孤立した動物をほかの地域に移動させることの困難さ」

C．「林の生態系のバランスを狂わせることの潜在的な危険性」

　同段最終文（These include the …）参照。この文では異議を唱える理由が述べられているのだが，その1つとして「インドの多くの絶滅危惧種の保護計画の財源が十分でないときに」という表現が出てくる。つまり，土地固有の種の保護も十分でないのになぜ外来種を重視するのか，という趣旨であろう。これに合致するのはAである。

⑸「プレナ＝シン＝ビンドラ女史は，おそらく…という点に賛同するだろう」

A．「アフリカの種は荒地を草原に変えるのに役立つだろう」

B．「アフリカチーターは原産の動物たちと共存していけるだろう」

C．「インドでチーターのために広くて十分な地域を確保することは困難である」

　第6段第4文（"Where are the …）以降を参照。チーターは生息範囲が広く，支えていけるだけの草原や林がインドのどこにあるのか，という趣旨のことが述べられている。これに合致しているのはCである。

⑹「最高裁は，…ためにアジアライオンを別の国立公園に移すよう命じた」

A．「密猟によって殺されるのを防ぐ」

B．「危機に瀕している動物を病気から守る」

C．「ライオンが食料を得ている草原を保護する」

　第 11 段（A genetically isolated …）参照。この段落では，病気にかかりやすいアジアライオンを移住させるよう最高裁が命じたと説明されている。つまり，移住は病気から守るためである。よってBが正解である。

⑺「この文章に対する最も適切な表題は…である」

A．「アフリカのネコ科動物をインドに導入する」

B．「インドの絶滅危惧種を守る」

C．「インドの生態系を調査する」

　この文章のテーマは，何といってもチーターの導入である。なぜアジアチーターではなくアフリカチーターなのか，この案はどのようにして承認されたのか，このプロジェクトに関する問題点は何かなど，チーターの導入を中心に論が展開されている。よって最も適切な表題はAである。

III　解答

A．⑴—B　⑵—C　⑶—A　⑷—A　⑸—B　⑹—C　⑺—B　⑻—C　⑼—A　⑽—A

B．⑴—A　⑵—A　⑶—C　⑷—B　⑸—C　⑹—B　⑺—C

◆全　訳◆

≪教授たちは伝統的な講義に戻っていくべきではない≫

　科学的研究に開かれている事柄の1つは，私たちが科学に関する情報をやり取りする方法である。理科の教育は，少なくとも理論的には，科学的教養のある大衆を生み出し，その主題に最も興味を持った人に彼らが選んだ分野の進んだ研究の準備をさせるべきである。明らかに，それはまだ良い結果を出せていないので，人々は理科の教育自体に対して科学的方法を用いてきたのである。

　わかっているのは，アクティブラーニングと呼ばれる（アクティブインストラクションとも呼ばれる）手法が一貫して最良の結果を出しているという点である。この手法は，学習過程が本来備えている部分として，生徒に強制的に問題に取り組ませて物事を解決させることを含んでいる。

　たとえアクティブラーニングの効果についての科学が疑いのないものであっても，ほとんどの大学教授が授業の時間を講義として取り組むことに専念したままであった。実際，アクティブラーニングを試す講師の大多数が，結果的に標準的な講義に戻ってしまい，彼らが挙げる理由の1つは，学生が講義形式の授業の方を好むという点である。これはやや言い訳めい

ているので，ある講師グループが物理の学生を使ってこの考えを確かめることに決めた。その結果，教授が言い訳をしていたわけではないことが判明したのである。アクティブラーニングによって理解が向上した場合でさえ，学生たちは伝統的な講義からの方がもっと得られるものが多いと感じていたのだった。

　この種の事柄を追跡する場合の難点の1つは，全てのクラスの能力の範囲が異なる点や，ある講師の教え方が単純に上手である点である。この可変性をどのように計算に入れるかを理解することは，教授方法の影響を理解したい場合には欠かせないことである。幸いにも，ハーバード大学の研究者チームがそれをする巧みな方法を思いついた。

　彼らは基本的に，物理のクラスを2つのグループに分けた。一方のグループは標準的な講義を受ける。もう一方のグループを教える人物は，同じスライドや教材を使うのだが，授業中に学生たちをアクティブラーニングの手順を通じて教えるのである。そして2週間後に，2つのグループの学生たちは場所を入れ替える。つまり，最初のグループは別の物理の題材でアクティブラーニングの授業を受け，2つ目のグループは標準的な講義を受けるのである。そのようにして，同じ学生たちが通常の講義とアクティブラーニングの両方を経験したので，講師は双方のやり方に対して自分が持っている才能を何でも注げたのだ。

　それぞれの授業が終わると，学生たちはその体験について調査を受け，授業のテーマをどれくらいきちんと理解できたかを特定するために小テストを受験した。大量のサンプルを提供するために，この全てのことが1つの講座の春期と秋期のどちらの期間にも実施された。過去の研究から予想できた通り，アクティブラーニングの授業の学生たちは，一貫して同学年の学生たち（そして自分たち自身）を上回っており，小テストでかなり高い点を取った。

　しかし，その調査に基づいて言うと，学生たちはそれが事実だとわかれば驚いたであろう。学生たちは，アクティブラーニングの教室には少し一貫性が欠けていたと思っていて，そこには頻繁に邪魔が入り，それが原因で彼らの体験はいらいらさせ，戸惑わせるものになっていた。どれくらい学べたと感じるかと尋ねられた時，アクティブラーニングの教室の学生たちは絶えず自分たちの学びを低めに評価した——小テストが示している結

果と正反対だった。また，彼らは今後の自分たちの授業は全て標準的な講義である方がよいとほのめかした。

　では，際立って効果的な教え方がこんなにも不人気なのはなぜなのだろうか。研究者たちは可能性のある説明を数多く思いついている。1 つは単純に，アクティブラーニングが難しいという点である。「アクティブラーニングのグループで教わった学生は，同級生と悪戦苦闘しながら，初めは解き方を知らない難しい物理の問題に取り組まなければなりませんでした」研究者たちはこう認めている。それは標準的な講義の授業とは好対照である。講義形式は，標準的であるがゆえに，学生たちには馴染みがあるのだ。また，能力のある講師なら，自分の教材をわかりやすくて理路整然とした情報パケットのような感じにすることもできる。これによって，学生たちに，題材に対して実際以上に知っていると思わせることができるのである。

　ここで生じているかもしれないと研究者たちが主張している別の問題は，概念上はダニング・クルーガー効果と似ている。この効果においては，ある題材を理解できない人は，自分がどれだけ知っているかを正確に評価できない。これと一致して，研究者たちは学生を物理学における最も強力な背景事情と同一視し，学生はそれぞれの授業から何を得たかを評価する際にはより正確になる傾向があると考えた。

　原因が何であれ，自分が教わる際に最も効果的な方法を嫌いにさせるのは理想的な姿とは言えない。よって，研究者たちは，アクティブラーニングを採用しようと考えている教授は，その授業で少し講義を用意するための時間をとるべきだと主張している。研究者たちは，アクティブラーニングの手順を説明し，その効果の証拠を提供するような短い講義を用意した。それを導入したことで，上に説明したような証拠が認められた。つまり，学生たちはそれぞれの授業から実際ほどには知識を得られていないと感じているらしいのである。

　これを授業に少し加えたおかげもあり，学期の終わりには，学生の 65 パーセントがアクティブラーニングに対して前向きの気持ちを持っていると報告した。それはまだ正確には圧倒的な情熱とは言えないが，講師が極めて効果的な教授術を諦めるのを防ぐのには十分かもしれない。

出典追記：College students think they learn less with an effective teaching method, Ars Technica on September 4, 2019 by John Timmer

━━━━━ ◀解　説▶ ━━━━━

A．⑴「下線部①に最も意味が近いのは次のどれか」

　当該文の意味は「この手法は，学習過程の当たり前の部分として，生徒に強制的に問題に取り組ませて物事を…させることを含んでいる」となる。問題に取り組ませることと並列してさせるべきことは，問題解決である。よってBの「物事を解決する」が最も意味が近い。A．「物事を書き上げる」　C．「物事を理解する」（通常疑問文または否定文で can とともに用いられる）

⑵「下線部②は何を指しているか」

　当該文の意味は「たとえそれについての科学が疑いのないものであっても，ほとんどの大学教授が授業の時間を講義として取り組むことに専念したままであった」となる。that が指しているのは，前段第 1 文（What has been …）の内容，つまり「アクティブラーニングが最良の結果を出している」という点である。よってCの「アクティブラーニングの効果」が最も適切である。A．「アクティブラーニングの目的」　B．「アクティブラーニングの手順」

⑶「下線部③は実はどういう意味か」

　当該文の意味は「教授が言い訳をしていたわけではないことが判明した」，つまり学生は講義形式の授業の方が好きであるというのは，必ずしも言い訳ではなく，アクティブラーニングは（講義形式ほど）好まないという意味である。これに最も近いのは，A．「大学生は，本当はアクティブラーニングを好まない」である。B「研究者たちは伝統的な講義の利点を明らかにした」　C．「大学教授が不満を言うもっともな場合がある」

⑷「下線部④は実はどういう意味か」

　outperform は「～をしのぐ」という意味なので，当該箇所は，「アクティブラーニングの授業の学生たちは，一貫して同学年の学生たち（そして自分たち自身）を上回っていた」となる。つまり，アクティブラーニングは学習法として効果があるということである。この趣旨に最も近いのは，Aの「アクティブラーニングの方が知識を得るのに役立った」である。B．「講師たちはアクティブラーニングの授業の方が得意だった」　C．「アクティブラーニングの授業の学生の方が頭が良かった」

⑸「下線部⑤は何を示唆しているか」

　当該箇所の意味は，「学生たちはそれが事実だとわかれば驚いたであろう」となる。直後の文（The students found …）以降で述べられているように，学生たちはアクティブラーニングの授業の効果を実感していない。したがって，アクティブラーニングの方が成績が良くなったと知れば驚くであろう，という趣旨である。これに当てはまるのはBの「学生たちは，自分たちが授業中に学んで会得したことに気づいていなかった」である。A.「学生たちは，自分の成績が同学年の学生たちよりも悪いと確信していた」　C.「学生たちは，講義が人気があることを発見して驚いた」

⑹「下線部⑥は実はどういう意味か」

　当該文の意味は「1つは単純に，アクティブラーニングが難しいという点である」となる。アクティブラーニングのどんな点が hard なのかを考える。直後の文（"Students in the …）で，仲間とともに最初は答えのわからない難しい問題に悪戦苦闘しなければならないことが述べられている。アクティブラーニングについては，第2段第2文（This involves …）に，その特徴が述べられている。つまり，講義形式で答えをすぐに与えられる授業形態ではなく，自分たちで課題に取り組み，考え，答えを導き出すところが難しいのである。よって，C.「アクティブラーニングは本当に教室内の学生に課題を取り組ませる」が最も適切である。A.「アクティブラーニングは学生に重い肉体的負担を課す」　B.「アクティブラーニングは他の学生と競争することを伴う」

⑺「下線部⑦は何を指しているか」

　当該文の意味は「これによって，学生たちに，題材に対して実際以上に知っていると思わせることができる」となる。This は学生たちにそう思わせる要因を指しており，直前の文（A talented instructor …）の，能力のある講師がわかりやすい講義をしてくれるという内容を指している。よってB.「授業内容を発表する時の講師の前向きな影響」が正解。A.「最も優秀な学習者によって提供されたあいまいな部分の明確化」　C.「伝統的な講義の方がわかりやすいという学生たちの錯覚」

⑻「下線部⑧の具体例となる可能性があるのは次のどれか」

A.「能力のある人は自分の実際の力を認識しやすい」

B.「平均的な人は自分の成績を過小評価しがちである」

C.「未熟な人は自分の知識を過大評価しがちである」

　ダニング・クルーガー効果は，直後の関係副詞 where 以下で「ある題材を理解できない人は，自分がどれだけ知っているかを正確に評価できない」と説明されているように，「理解できない人」を対象としている。「理解できない人」=「未熟な人」と考えられるので，具体例となりえるのはCである。

⑼「下線部⑨に最も意味が近いのは次のどれか」

　当該文の意味は「（短い講義の）導入は上に説明したような証拠を…した」となる。ここでの acknowledge は「（過失・敗北など）〜を（しぶしぶ）認める」という意味である。これはAの admit「〜を認める」が近い。admit は「自分の不利なことを仕方なく認める」ときに主に用いられる。内容的には，研究者たちはアクティブラーニングに対して完全支持派だが，生徒はそれほど学んでいないかも，という証拠を突き付けられて，認めざるを得ないという感じかもしれない。B.「（証拠など）を（本当だと）確認する」　C.「〜を論じる」　なお，今回のように単語のニュアンスの違い知りたい時は英英辞典の活用を勧める。

⑽「筆者が下線部⑩で最も伝えたいことは何か」

　当該文の意味は「それはまだ正確には圧倒的な情熱とは言えない」となる。つまり，アクティブラーニングはだんだんと認められてきてはいるが，受け入れようとしない人たちも存在するという意味である。よってAの「アクティブラーニングは，必然的に何人かの学生の反対を受ける」が最も適切である。B.「アクティブラーニングではあまり身につかない学生もいた」　C.「講師たちはアクティブラーニングが不人気ではないことを認めるべきである」

B. ⑴「第1段での筆者の見解は，理科の教育は…ということである」

A.「社会に有意義に貢献するという試みに失敗してきた」

B.「科学的な方法の効果的利用を調査してきた」

C.「人々のコミュニケーションの中心の話題であった」

　第1段最終文（That clearly hasn't…）で「明らかに良い結果を出せていない」と述べられているので，「失敗してきた」という表現を含むAが最も適切である。

⑵「講師たちのほとんどがアクティブラーニングを止めたのは，彼らが…からである」

Ａ．「学生たちの支持をすぐに失ってしまうと感じている」

Ｂ．「学生たちはたいてい成績が下回ると考えている」

Ｃ．「自分はそれを得意ではないと知っている」

　第 3 段第 2 文（In fact, …）に，「アクティブラーニングを試す講師の大多数が，結果的に標準的な講義に戻ってしまい，彼らが挙げる理由の 1 つは，学生が講義形式の授業の方を好むという点である」と述べられているように，学生がアクティブラーニングをあまり支持していないというのが大きな理由になっている。よってＡが最も適切である。

⑶「"One of the" で始まる第 4 段によると，教授法の効果を調査するためには，…べきである」

Ａ．「優秀な講師の根本的な特徴を調査する」

Ｂ．「学生たちの情熱のレベルを考慮に入れる」

Ｃ．「結果に影響を及ぼす可能性がある要因を意識する」

　第 4 段第 1 文で述べられている学生の能力の差や講師の力量の差は，調査結果に影響を及ぼし得る難点として挙げられている。よってＣが最も適切である。

⑷「"They essentially split" で始まる第 5 段の目的は，…を説明することである」

Ａ．「その研究に参加している人の経歴」

Ｂ．「その研究で採用された実験構想」

Ｃ．「その研究で使われた物理の授業の内容」

　この実験では，同じ学生が 2 通りの授業を受けることになるので，学生の能力差による影響は排除できる。また，同じ講師が 2 通りの授業を行うので，講師の授業の巧拙にも影響されない。そういう方法で実験をしたのだと説明している箇所であるから，最も適切なのはＢである。

⑸「"But based on" で始まる第 7 段では，講義に対する学生たちの態度は…である」

　最終文（The students also …）に「彼らは今後の自分たちの授業は全て標準的な講義である方がよいとほのめかした」とあるように，学生たちは小テストの結果とは反対に，講義の方を希望している。よってＣの「賞賛を表す」が最も適切である。Ａ．「批判的な」　Ｂ．「混乱している」

⑹「"Whatever the cause," で始まる第 10 段によると，研究者たちは…だ

と提案している」

A．「失敗の原因の説明に代わるもの」

B．「学生たちの授業への満足感を改善する実質的な方法」

C．「学生たちがアクティブラーニング方式を嫌う理由に対する仮説」

　第 2 文（So, the researchers …）で，「アクティブラーニングを採用しようと考えている教授は，その授業で少し講義を用意するための時間をとるべきだと主張している」と述べられているが，これはアクティブラーニングの授業に対する好感度を上げるための実用的な方法である。よって B が最も適切である。

⑺「この文に対する最も適切な表題は，…である」

A．「科学的調査でアクティブラーニングが最も効果的であることがわかった」

B．「学生たちは伝統的な講義では身につく量が少ないと考えている」

C．「教授たちは伝統的な講義に戻っていくべきではない」

　本文では，アクティブラーニングが不人気なのは効果がないからではないと述べ，定着させる方法も提案している。つまり，アクティブラーニングを諦めて伝統的な講義に戻っていくべきではないと主張しているのである。これと合致しているのは C である。

❖講　評

　2022 年度も例年通り大問 3 題の出題であった。

　Ⅰの A の会話文問題は，購入済み商品の返品交換についての留学生と店員との会話という設定である。会話文問題では，当該部分の直前直後の表現が大きなヒントになる。B の段落整序問題は単語の明示的な意味と言外の意味とを扱った英文。同じ語が段落をまたいで用いられているので，それをヒントに順番を絞り込んでいきたい。

　Ⅱの読解問題は，チーターをインドに導入する計画を取り上げた英文。A は単語・語句を入れる空所補充問題。文法的に正解を導く設問も含まれている。B は内容説明の英文を完成させる形式の設問。英文自体がわかりやすい内容になっているので，比較的早めに正解に到達できるだろう。

　Ⅲの読解問題は，アクティブラーニングの効果と受け取られ方につい

ての論説文。Ⅱの英文と比べてやや内容が硬いので，読み取るのに苦労するかもしれない。Aは下線部の意味や指示内容を問う問題。問われる場所が確定しているので，主にその前の部分をヒントにして解答していくことになるだろう。BはⅡの問題と同様に，内容説明英文の完成問題である。やや難度の高い語句も含まれているので，時間をかけてじっくりと取り組みたい。

　全体的なレベルは標準的だが，Ⅲについては英文も設問もやや難であり，正確な読解力を要する。また，Ⅲ. Aの⑼の解説内でも紹介したが，acknowledge, admit, confirm は，個々にはざっくりと「認める」と訳しても違和感はないが，今回のように単語の細かな意味の違いを意識した同義が問われることもある。気になる単語は，英英辞典で英語の定義を調べることをお勧めする。それにより新しい発見があるだろうし，語彙力の幅も広がるだろう。

２月４日実施分　　問　題

(90 分)

〔 Ⅰ 〕 A. 次の会話文の空所(1)〜(5)に入れるのに最も適当なものをそれぞれＡ〜Ｄか
ら一つずつ選び, その記号をマークしなさい。

Andy, an exchange student from England, sees his friend Taichi at a cafe on campus.

Taichi: I'm so glad the exams are over now. I can finally relax tomorrow.

Andy: You and me both, Taichi. So, what do you usually do over the break?

Taichi: Well, I really like listening to music. I love rock music and I sometimes go to watch live performances. There's a small live-music club near my house.

Andy: Cool. _____
(1)

Taichi: It depends how much money I have, but usually about once a month. How about you Andy? What do you do in your free time?

Andy: Well, lately I've been watching a lot of movies. I really like romantic comedies. Two weeks ago, I went to the movie theater with some exchange students. _____
(2)

Taichi: Yeah! I especially like scary movies. They make me feel alive.

Andy: Really? If I watch those kinds of movies, I just can't sleep. _____ What I really like, though, is
(3)
basketball. It's going to be sunny tomorrow. Want to play?

Taichi: With you? No way. _____
(4)

Andy: No, I wouldn't.

Taichi: Sure, you would. You're taller than I am. You're stronger, too.

Andy:　　Come on, it'll be fun and good exercise.

Taichi:　Okay, I'll make a deal with you.　I'll play basketball for a while. But then, we'll watch a scary movie.

Andy:　　So you can get your revenge?

Taichi:　
　(5)

(1)　A.　Is the price reasonable?

　　　B.　How much do you play?

　　　C.　How often do you go?

　　　D.　Can I join you next time?

(2)　A.　Do you like watching movies?

　　　B.　They love watching movies too.

　　　C.　We ate together after the show.

　　　D.　Would you take them next time?

(3)　A.　I keep eating popcorn and chocolate.

　　　B.　I have to do my homework afterwards.

　　　C.　We should go to the movie theater together.

　　　D.　I try to avoid horror movies whenever I can.

(4)　A.　You'd cheat, wouldn't you?

　　　B.　You'd beat me too easily.

　　　C.　Let's just watch a movie instead.

　　　D.　Would you really like to play with me?

(5)　A.　Yes, you're welcome!

　　　B.　Not if you get it first.

　　　C.　You could say that!

　　　D.　Yes, I appreciate your help.

B. 下の英文A〜Fは，一つのまとまった文章を，6つの部分に分け，順番をばらばらに入れ替えたものです。ただし，文章の最初にはAがきます。Aに続けてB〜Fを正しく並べ替えなさい。その上で，次の(1)〜(6)に当てはまるものの記号をマークしなさい。ただし，当てはまるものがないもの(それが文章の最後であるもの)については，Zをマークしなさい。

(1) Aの次にくるもの
(2) Bの次にくるもの
(3) Cの次にくるもの
(4) Dの次にくるもの
(5) Eの次にくるもの
(6) Fの次にくるもの

A. It can be very rewarding to bake your own bread. Rather than just settling for what is available at the supermarket, baking bread at home makes it possible to use the exact ingredients you want.

B. Next, in a large bowl, added to the starter is more flour, salt, and other ingredients you like, such as seeds, olive oil, and sugar. This dough needs to rise twice. The first time takes about two hours.

C. About half of the starter will be used to make the natural yeast bread. The other half is kept in the refrigerator to be used next time.

D. To make the bread, each time there are two steps to follow. First mix the starter with additional water and flour in a jar, then let it sit out on the counter for about four hours.

E. It then needs to be flattened and allowed to sit and rise again for one hour before baking it. When the dough is finally ready to be baked, cook it in the oven at about 190 degrees Celsius for 40 to 45 minutes. You have now baked your own fresh bread!

F. Of course, the best way to make bread is to keep and use natural yeast. A natural yeast "starter" is simply made from flour and water. It allows us to use naturally occurring yeasts in flour to raise dough.

〔Ⅱ〕 A. 次の英文の空所（ 1 ）〜（ 15 ）に入れるのに最も適当なものをそれぞれA〜Dから一つずつ選び，その記号をマークしなさい。

Ziaulhaq Ahmadi sits on the floor of his small, one-story house, a brown, mud-walled building at the end of a dusty alley in a small village. Surrounded by vineyards, fruit trees, and snow-capped mountains, Aqa Saray is a half-hour's drive north of Kabul, Afghanistan's capital. With great gentleness, he taps on what looks like a sealed mud bowl until it cracks open.

Ahmadi, 45, reveals a handful of grapes from inside the mud container. He explains they have been there （ 1 ） harvest time nearly five months ago, and kept for Nowruz, the Persian New Year, which is celebrated on the spring equinox. After all these months, his grapes still look perfect, and are perfectly fresh. A proud smile forms on his wrinkled face. "We use an ancient preservation technique," he says.

Afghans developed this method of food preservation, which uses mud-straw containers and is （ 2 ） as *kangina*, centuries ago in Afghanistan's rural north. Thanks to the technique, people in （ 3 ） communities who can't afford imported produce are able to enjoy fresh fruit in winter months. But even in villages like Ahmadi's, near the capital, the tradition is kept（　4　）for good reason. "Have you ever seen another method that can keep grapes fresh for nearly half a year?" Ahmadi asks with a laugh.

　Despite the practice's generation-to-generation longevity, it has （　5　）been documented or studied, explains Murtaza Azizi, Acting Director for Tourism at the Ministry of Culture and Information. But the clay-rich mud,（　6　）seal keeps out air and moisture like a Tupperware container, protects the fruit from the winter cold, and works best for certain types of grapes. "Usually, farmers who use *kangina* as storage choose the Taifi grape, which has thicker skin and is harvested at the end of the season," explains Rajendra Aryal, the UN's Food and Agriculture Organization's Country Representative.

　"My father taught me how to preserve fruit when I was a teenager," Ahmadi explains as he places the grapes back into the mud bowl, "and I （　7　）to my own children." He usually spends his days in his little roadside shop, selling grapes to passengers driving by.

　With its fertile soil and dry, warm climate high up in the Hindu Kush mountains, Afghanistan is（　8　）in fruit variety. At least 1.5 million tons are produced each year, according to the Ministry of Agriculture, Irrigation, and Livestock, but just one third of it is exported, and fresh fruit is served alongside most meals.

　The South produces the majority of the country's pomegranates—a fruit with juicy red seeds—and melons,（　9　）Ahmadi's village in Central Afghanistan is home to apple and cherry trees, apricots, and vineyards. The area is especially famous for its grapes.

　Each season, when the green fields turn red and yellow, Ahmadi buys 1,000 kilograms of grapes. About half of them he sells fresh; the other half he preserves using *kangina* and（　10　）for a profit months later. "We use mud from the village, mix it with straw and water, and then form the bowls," explains Ahmadi's daughter Sabsina, 11, who, during the harvest, helps her father after school.

After laying the bowls in the sun for about five hours, they place the grapes in the dry bowls, which they seal with more mud and store in a dry, cool corner over the winter. Most families in the village do the same, in a process that takes up to 20 days. Grapes that aren't preserved are either eaten or dried and （　11　） into raisins.

The seasonal scene can be rustic, and Ahmadi has childhood memories of his father returning from the vineyards with fresh grapes. But it takes place amid the country's （　12　） of wars and conflicts, which have made family life difficult.

"The most difficult time was during the Taliban's rule. Our village became the frontline of the battle and we had to flee," Ahmadi says. In Pakistan, he sold bananas and worked as a brick laborer. "When we returned, our houses were burned down, （　13　） were the vineyards. The entire village had to start from scratch." The family settled back in Afghanistan after the American-led invasion in 2001, but the war never stopped, and the family fears that they could face more violence.

Still, Ahmadi expects his children will one day take （　14　） his *kangina* business, and the Nowruz celebration this year is special. According to the Solar Hijri calendar used in the country, Afghanistan is ringing in a new century, the year 1400.

Nowruz is usually a large family （　15　） where food and gifts are exchanged. It is also celebrated by heading into the mountains for picnics, reading poetry, and eating *haft mewa*, a dessert made from seven types of dried fruits, including grapes. "This year's celebration will be special," Ahmadi says. "We'll only see a new century once in our lifetime."

I ask if he has any wishes for the new year. "A plentiful harvest," he answers. "And peace for our country."

(1) A. in time for　　　　　B. as soon as
　　C. after　　　　　　　　D. since

(2) A. given　　　　　　　　B. introduced
　　C. known　　　　　　　D. named

(3) A. prosperous　　　　　B. remote
　　C. convenient　　　　　D. urban

(4) A. secret　　　　　　　B. warm
　　C. alive　　　　　　　　D. updated

(5) A. barely　　　　　　　B. openly
　　C. completely　　　　　D. frequently

(6) A. which　　　　　　　B. whose
　　C. what　　　　　　　　D. that

(7) A. shouted it out　　　B. passed it on
　　C. dropped it down　　D. handed it over

(8) A. rich　　　　　　　　B. available
　　C. rare　　　　　　　　D. essential

(9) A. if　　　　　　　　　B. so
　　C. because　　　　　　D. while

(10) A. grapes　　　　　　　B. shops
　　C. resells　　　　　　　D. apricots

(11)　A．put　　　　　　　　　　B．made
　　　C．cut　　　　　　　　　　D．joined

(12)　A．succession　　　　　　　B．results
　　　C．achievement　　　　　　D．victims

(13)　A．nor　　　　　　　　　　B．which
　　　C．they　　　　　　　　　　D．as

(14)　A．over　　　　　　　　　　B．through
　　　C．back　　　　　　　　　　D．out

(15)　A．performance　　　　　　B．enjoying
　　　C．gathering　　　　　　　　D．relationship

B．本文の内容に照らして最も適当なものをそれぞれＡ～Ｃから一つずつ選び，
　その記号をマークしなさい。

⑴　Based on the information in the second paragraph, Ahmadi probably
　picked his grapes during
　　A．winter.
　　B．fall.
　　C．summer.

⑵　One reason *kangina* is still used today is that
　　A．mountain weather makes it hard to deliver items there.
　　B．selling fruit is not a part of the traditional culture.
　　C．no other method works as well as the mud bowls.

(3) According to the passage, *kangina* is

   A. a cooking method that can preserve fruit for a year.

   B. a traditional method transmitted within families.

   C. an ancient method that is the origin of Tupperware.

(4) The seventh paragraph, starting with "The South produces,"

   A. introduces fruit that cannot be stored in *kangina*.

   B. accounts for Ahmadi's connection to grapes.

   C. contrasts the urban and rural in Afghanistan.

(5) The 11th paragraph, starting with "The most difficult," implies that

   A. Ahmadi wishes for a more peaceful Afghanistan.

   B. the Taliban presence did not affect Ahmadi's life.

   C. the war was aimed at the *kangina* tradition.

(6) The end of the passage is best described as

   A. formal.

   B. pessimistic.

   C. hopeful.

(7) The author's primary purpose in this passage is to

   A. present an ancient way to keep grapes fresh all winter.

   B. tell the story of a family man who owns a fruit store.

   C. reveal the secret history of Afghanistan's rural regions.

〔**Ⅲ**〕 A. 次の英文の下線部①〜⑩について，後の設問に対する答えとして最も適当なものをそれぞれA〜Cから一つずつ選び，その記号をマークしなさい。

Nobody knows how long sign language has existed. An early form of signing was probably around when the human brain developed enough to make language possible. The beings who lived earlier than 30,000 years ago didn't have the physical ability to make many vocal sounds. But they could use their hands. Maybe they were able to use their hands to make signs.

It's a pretty natural thing to do, after all. ①We've all got a few hand signals that we can use to express some basic meanings. I can give you a thumbs-up to show that everything's OK. I can wave to say hello or goodbye. But these are all very simple notions, and there aren't many gestures that we regularly use in this way. We can't say very much with ②them.

There are a few jobs where people have had to develop their signing more fully. We see referees and umpires using their arms and hands to signal directions to the players. ③Orchestra conductors control the musicians through their movements. People working at a distance from each other have to invent special signals if they want to communicate.

But these kinds of signing aren't like real languages. Real languages have thousands of words which can be joined together to make thousands of sentences to talk about anything we want. The signs used by umpires and crane drivers are very limited in their range and meaning. It wouldn't be much use my asking a football referee or an orchestra conductor to explain how a car engine works or to say what the latest bestselling pop song is.

④That is the big difference with the sign languages used by deaf people. Deaf sign languages *are* used to express the same sort of complicated thoughts that hearing people want to express when they speak or write. Deaf sign languages have several thousand signs, which can be used in sequences to do the same job as the sentences of spoken and written language. And when we see signers on television, they're translating everything they hear into sign language—and working at great speed.

There are two important things to remember about deaf sign languages. First, deaf people don't simply take the words from spoken language and translate them into signs: The signs directly express meaning.
⑤
So if a signer heard me say, "The boy who won the long jump has also won the high jump," we wouldn't see signs for "the," then "boy," then "who," and so on. What we'd see is something like: boy + win + past time + long jump + also + high jump. Nor would the signs need to come out in that particular
⑥
order.

The second thing to remember about deaf sign languages is that they're very different from each other. Just as we don't expect someone who speaks only English to understand Chinese, so we mustn't expect someone who knows only British Sign Language to understand Chinese Sign Language. Nor, surprising as it seems, does someone who knows only British Sign Language even understand American Sign Language. These
⑦
two sign languages have gone in different directions over the past 200 years. There are a few similar signs, but they aren't enough to make the languages comprehensible to each other.

You might think that at least some of the signs used by the deaf will be shared by all the sign languages of the world. What about the sign for "elephant"? Surely that will always have a hand movement showing the distinctive trunk? But actually, there's more than one way in which we can
⑧
show a trunk. Do we start at the nose and make a shape sideways or towards the front? Do we make a hand movement downwards or upwards? Is the hand movement straight or curved? There are obviously many possibilities, even in the case of something as easy to see as an elephant. And when we start to think of such notions as "garden," "blue," or "argue," it's clear that different sign languages will express them in many different ways.

All the important notions that we use in studying spoken and written language are needed in relation to sign language too. For instance, we'll find dialects and accents. Deaf people from one part of a country will have a few signs that differ from those used in other places. And if someone from Britain went to China, and started to learn Chinese Sign Language, they would make the Chinese signs but probably not in exactly the Chinese way. For instance, the sign for "father," which involves closing the fingers over the palm of the hand, might be made with fingers very straight and tense, or with the fingers slightly bent and relaxed. A British person would be likely to make it with the fingers relaxed, and that would be noticed by a Chinese deaf person as a foreign accent.

<u>It all adds up to one thing.</u> Never think of deaf signing as if it were
⑨
simply a set of <u>primitive</u> gestures. It's as complex, useful, and beautiful as
⑩
any spoken or written language.

(1)　Which of the following has a meaning closest to Underline ①?

　　A．There are some gestures that are easy for anyone to understand the meaning of.

　　B．Gestures are more convenient than words for conveying simple information.

　　C．Some gestures are better than others for communicating complex messages.

(2)　What does Underline ② refer to?

　　A．hands

　　B．notions

　　C．gestures

(3)　What does Underline ③ actually mean?

　　A．Conductors use secret communication codes with musicians.

出典追記：A Little Book of Language by David Crystal, Yale University Press

　　B．Musicians play following the gestures of conductors.

　　C．The hand movements of musicians match those of conductors.

⑷　What does Underline ④ refer to?

　　A．the narrow scope of signs used by people like umpires and crane drivers

　　B．the widespread use of real languages in professional activities

　　C．the explanation of car engines and the ratings of pop songs

⑸　What does Underline ⑤ imply?

　　A．Signs are an exact duplicate of spoken words in terms of their sense.

　　B．Signs carry enough information to convey a message like spoken words.

　　C．Signs must translate spoken words in order to make sense to people.

⑹　What does Underline ⑥ actually mean?

　　A．A grammatical structure is necessary to convey messages through signs.

　　B．The ordering of signs aids deaf people in interpreting meaning.

　　C．Signs may appear in a different sequence to that of words.

⑺　Which of the following has a meaning closest to Underline ⑦?

　　A．These two sign languages evolved in distinct ways.

　　B．These two sign languages are utilized for varying purposes.

　　C．These two sign languages' gestures are the opposite of each other.

⑻　What does Underline ⑧ actually mean?

　　A．unique

　　B．characteristic

　　C．peculiar

(9)　What does Underline ⑨ actually mean?

　　A．Meaning is created through the combination of signs.

　　B．The story about signs amounts to a single central idea.

　　C．Sign language can be used to sum up a story.

(10)　Which of the following has a meaning closest to Underline ⑩?

　　A．ancient

　　B．native

　　C．basic

B．本文の内容に照らして最も適当なものをそれぞれ A ～ C から一つずつ選び，
　　その記号をマークしなさい。

(1)　According to the first paragraph, the author believes that

　　A．the first humans living around 30,000 years ago had a comprehensive
　　　　spoken language of their own.

　　B．sign language started when early humans learned to use their hands
　　　　more than 30,000 years ago.

　　C．the ability of humans to create vocal sounds helped develop sign
　　　　language some 30,000 years ago.

(2)　The author uses examples such as the hand signals used by referees,
　　umpires, and orchestra conductors to show that

　　A．knowing signals is an important first step in learning sign language.

　　B．there is a potential in developing their signs for sign-language use.

　　C．hand signals and sign language are completely different concepts.

(3)　In the fifth paragraph, starting with "That is the," the author's primary
　　purpose is to show that deaf sign languages

　　A．can express a great variety of ideas.

　　B．are appropriate for artistic expression.

　　C．are best to convey complex thoughts.

⑷　In the eighth paragraph, starting with "You might think," the author uses the elephant's trunk as an example to show

　　A．how sign languages have significantly changed over the years.

　　B．the similarities of various sign languages all around the world.

　　C．the number of possibilities to represent an item using hand signs.

⑸　One point expressed in the ninth paragraph, starting with "All the important," is that

　　A．regional variation is a feature of sign language.

　　B．mastering any two sign languages requires time and effort.

　　C．location plays an important role in teaching sign language.

⑹　The author of this passage implies that sign language is

　　A．a set of hand gestures that is considered universal in form.

　　B．here to stay as the world moves forward in communication.

　　C．of the same standard as any language in the world.

⑺　The most appropriate title for this passage is

　　A．"The Unity of Sign Language."

　　B．"Understanding Sign Language."

　　C．"Spoken and Sign Languages."

2 月 4 日実施分　　解　答

I 解答
A. (1)—C　(2)—A　(3)—D　(4)—B　(5)—C
B. (1)—F　(2)—E　(3)—D　(4)—B　(5)—Z　(6)—C

◆全　訳◆

A. ≪趣味の話≫

イギリスからの交換留学生のアンディが構内のカフェで友人のタイチと会っている。

タイチ　：試験が終わってとても嬉しいよ。明日はやっとゆっくりできるな。

アンディ：僕もだよ，タイチ。休みの間君はたいてい何をするのかな？

タイチ　：うーん，僕は音楽を聴くのが大好きなんだ。ロックが好きでライブ演奏を見に行くこともあるよ。家の近くに小さなライブハウスがあるんだ。

アンディ：すごいね。どれくらいの頻度で行くんだい？

タイチ　：お金がいくらあるかによるけど，通常は月に 1 回くらいかな。君はどうなの，アンディ？　暇なときには何をするんだい？

アンディ：そうだな，最近では映画をたくさん見ているよ。ラブコメディが大好きなんだ。2 週間前は留学生の人たちと一緒に映画館に行ったよ。君は映画を見るのが好きかい？

タイチ　：もちろんだよ。特に怖い映画が好きだよ。生きているって感じがするからね。

アンディ：本当？　僕はそういう映画を見たら眠れなくなっちゃうな。ホラー映画はできれば避けるようにしているよ。でも，僕が本当に好きなのはバスケットボールだよ。明日は晴れそうだから，一緒にやらない？

タイチ　：君と？　絶対いやだよ。僕のことをあっという間にやっつけてしまうんだろう？

アンディ：そんなことしないよ。

タイチ　：絶対そうだって。君は僕より背が高いし，力もあるし。

アンディ：やろうよ，面白いし，いい運動になるよ。

タイチ　：わかった，君に付き合うよ。しばらくはバスケットボールをす
　　　　　るけれど，その後は怖い映画を見よう。

アンディ：それで仕返しをするってことだね？

タイチ　：その通りだよ。

B. ≪自家製パンの作り方≫

A. 自分でパンを焼くことは非常にやりがいがある。スーパーで手に入る
もので我慢するよりも，家でパンを焼けば自分がほしい材料を正確に使う
ことができる。

F. もちろん，パンを作る最善の方法は天然酵母を保存して使うことであ
る。天然酵母の『スターター』は小麦粉と水で簡単に作ることができる。
そうすることで，小麦粉に自然に存在する酵母を使ってパン生地をふくら
ませることができるのである。

C. スターターは半分くらいを天然酵母パン作りに使う。もう半分は冷蔵
庫で保存して，次回に使う。

D. パンを作るには，いつでも2段階の作業が続く。まずスターターに水
と小麦粉を加えてびんの中で混ぜる。その後，カウンターで4時間ほど寝
かせる。

B. 次に，大きなボウルで，スターターにさらに小麦粉，塩，好みの他の
材料（シード類やオリーブオイルや砂糖など）を加える。この生地は2回
ふくらませる必要がある。1回目には2時間ほどかかる。

E. その後生地を伸ばし，焼く前にもう一度1時間寝かせてふくらませる。
最後に生地を焼く準備が出来たら，オーブンに入れて190℃ほどの温度
で40〜45分焼く。これであなた自身の焼きたてパンが出来上がる。

━━━━━━━━━━ ◀解　説▶ ━━━━━━━━━━

A. (1)直後の発言後半で，タイチが「通常は月に1回くらい」と頻度を答
えている点に着目。当該部分の直前に，タイチがロックのライブ演奏を見
に行くという発言をしているので，この頻度を尋ねたのだと考えられる。
よってCの「どれくらいの頻度で行くんだい？」が最も適切である。A.
「値段は手ごろなのかい？」　B.「どれくらいたくさん演奏するんだい？」
D.「次回一緒に行ってもいいかな？」

(2)直後でタイチが「もちろんだよ。特に怖い映画が好きだよ」と答えてい

ることから，映画が好きかどうかについて尋ねられたのだと考えられる。よってＡの「君は映画を見るのが好きかい？」が正解。Ｂ．「彼らも映画を見るのが好きなんだ」　Ｃ．「上映の後一緒に食事をしたよ」　Ｄ．「次は彼らを連れて行ってくれないか？」

(3)直前でアンディ自身が「そういう映画（ホラー映画）を見たら眠れなくなっちゃう」と述べており，これと関連のある発言であったと考えられる。よってＤの「ホラー映画はできれば避けるようにしているよ」が最も適切である。Ａ．「ポップコーンとチョコレートを食べ続けるんだ」　Ｂ．「あとで宿題をしなくちゃね」　Ｃ．「僕たち一緒に映画館に行くべきだね」

(4)直後のタイチ自身の発言で，「君は僕より背が高いし，力もあるし」とある点がヒントとなる。この発言でタイチはアンディの方がバスケットボールが上手であるということを表現していると考えられるので，Ｂの「僕のことをあっという間にやっつけてしまうんだろう？」が最も適切である。Ａ．「僕のことをだますんだろう？」　Ｃ．「代わりに映画を見ようよ」　Ｄ．「本当に僕とやりたいのかい？」

(5)直前でアンディが「それで仕返しをするってことだね」と発言している。これは，バスケットボールで負けても，アンディに苦手なホラー映画を見せることで穴埋めしようという意図を含んでいる。よってＣの「その通りだよ」が正解。Ａ．「どういたしまして」　Ｂ．「君が先にやればそうはならないよ」　Ｄ．「君の助けに感謝するよ」

Ｂ．正しい順序はＡ→Ｆ→Ｃ→Ｄ→Ｂ→Ｅである。

　段落整序の問題は，指示語や冠詞，ディスコースマーカー（next, then, so, therefore など）に注意して読むことが大切である。

　Ａでは，手作りのパンを焼くことを薦めており，以降はパンを焼く手順の説明が続いている。ここで，starter「スターター」という語に注目すると，Ｆにおいてのみ不定冠詞のａがつけられている。よってスターターはＦが初出であると考えられる。これによりＡ→Ｆとなる。

　次に，Ｃの内容を見てみると，スターターの使い方や保存の仕方の説明で終わっていて，パンを焼く手順がまだ始まっていない。よってこの段落は，Ｆで出てきたスターターを続けて説明している部分だと考えられる。これによりＦ→Ｃとなる。

　次に注目すべき部分は，Ｄの第 1 文の To make the bread, という出だ

しである。「パンを作るためには」で始まっているので，ここからパンを焼くための手順の説明が始まっているのだと考えられる。実際に，2つある手順のうちの最初の1つがここで説明されている。よってC→Dとなる。

　さらに，Dで出てきた2つの手順のうち，2つ目の説明がこれに続いているのではないかと推測できる。よってNext「次に」で始まり，2つ目の手順を説明しているBがこれに続き，D→Bとなる。

　最後に，Eであるが，その内容がパン作りの最終段階である「焼き」の説明であることや，最終文が「これであなた自身の焼きたてパンが出来上がる」となっていることから，この段落が最後に来て本文が完結していると考えられる。

Ⅱ　解答

A. (1)— D　(2)— C　(3)— B　(4)— C　(5)— A　(6)— B　(7)— B　(8)— A　(9)— D　(10)— C　(11)— B　(12)— A　(13)— D　(14)— A　(15)— C

B. (1)— B　(2)— C　(3)— B　(4)— B　(5)— A　(6)— C　(7)— A

━━━━━◆全 訳◆━━━━━

≪アフガニスタンに伝わる果物の保存方法≫

　ジアラク゠アーマディは，小さな1階建ての自宅の床に座っている。その家は茶色いモルタル壁で，小さな村の汚い小道の端にある。ブドウ園や果実の木や雪を頂いた山々に囲まれ，アカサライはアフガニスタンの首都カブールの北，車で半時間のところにある。格別な穏やかさで，彼は密閉された粘土の器のようなものを，それが割れて開くまで叩いている。

　45歳のアーマディは粘土の容器から手に一杯のブドウを出して見せる。彼はそのブドウが5カ月近く前の収穫時からそこにあり，ペルシアの正月であるノウルーズ——それは春分の日に祝われる——のためにとっておかれたのだと説明する。これだけの月が経過しても，彼のブドウはまだ完ぺきな外見で，完ぺきに新鮮である。彼のしわだらけの顔に誇らしい微笑みが浮かぶ。「私たちには古来からの保存術があるのです」と彼は言う。

　アフガン人は，何世紀も前にアフガニスタン北部の農村でこの食品保存方法を開発した。この方法は粘土と藁の容器を使い，カンギーナとして知られている。この技術のおかげで，離れた社会に住む輸入製品を手に入れられない人々も，冬季に新鮮な果物を楽しむことができるのだ。しかし，

アーマディの村のような首都に近い場所でも，当然その伝統は存続している。「ブドウを半年近くも新鮮な状態で保てる別の方法を見たことがあるかい？」　アーマディは笑いながら尋ねる。

　この実践が世代を超えて生き続けているにもかかわらず，ほとんど記録も研究もされてこなかったと，文化情報省観光産業長のムータザ＝アジジは説明する。しかし，粘土が豊富な泥――その密閉性はタッパーウェア容器のように空気や湿気を締め出す――が果物を冬の寒さから守り，特定の種類のブドウには最も効果がある。「通常，カンギーナを保存法として使う農民はタイフィブドウを選びます。このブドウは皮が厚く，季節の終わりに収穫されます」　こう説明するのは，国連食糧農業機関の国家代表のラジェンドラ＝アーヤルである。

　「父は私が 10 代の時に果物の保存方法を教えてくれました」アーマディはブドウを土のボウルに戻しながら説明する。「自分の子供たちにもこれを伝えました」　彼はたいてい道路沿いの小さな店で日々を過ごし，車で通過する人たちにブドウを売っている。

　ヒンドゥークシュ山脈の高地の肥沃な土壌と乾燥した温暖な気候で，アフガニスタンは果物の種類が豊富である。農業灌漑家畜省によると，毎年少なくとも 150 万トンが生産されているが，輸出されるのはほんの 3 分の 1 で，ほとんどの食事とともに新鮮な果物が供される。

　南部はこの国の大半のザクロ――ジューシーな赤い種を持つ果物――と，メロンを生産している。一方，中央アフガニスタンにあるアーマディの村は，リンゴ，サクランボ，アンズ，ワイン用のブドウの本拠地である。この一帯は特にブドウで有名である。

　どの季節も，緑の畑が赤や黄色に変わると，アーマディはブドウを 1,000 キロ購入する。そのうちの半分ほどは新鮮な状態で売り，残りの半分はカンギーナを使って保存する。そして数カ月後にそれを転売して利益を得るのである。「私たちは村でとれた泥を使い，それに藁と水を混ぜます。それからボウルを形成するのです」　アーマディの娘のサブシナは語る。彼女は 11 歳で，収穫期には放課後に父親を手伝っている。

　ボウルを太陽の下に 5 時間ほど置いた後，乾燥したボウルの中にブドウを置く。そのボウルはさらに泥で密閉し，乾燥した涼しい隅で一冬貯蔵する。村のほとんどの家族が，20 日かかるプロセスで同じことをする。保

存されないブドウは食べてしまうか，乾燥させてレーズンにする。

　季節の風景は田舎のそれで，アーマディは子供の頃に父親がブドウ園から新鮮なブドウを持って帰ってきたことを記憶している。しかし，それはこの国のたび重なる戦争や紛争の最中に行われるので，家族の生活は困難になっている。

　「最も困難な時期はタリバンの支配の間でした。私たちの村は戦闘の前線になり，私たちは逃げざるを得ませんでした」 アーマディはこう話す。パキスタンで，彼はバナナを売りレンガ職人として働いた。「私たちが戻った時，ブドウ園と同様に家も焼け落ちていました。村全体がゼロから始めなければなりませんでした」 一家は，2001年のアメリカ主導の侵攻後にアフガニスタンに戻ったが，戦争は継続し，家族はさらなる暴力にさらされるのではないかと恐れた。

　それでも，アーマディはいつか子供たちが彼のカンギーナの仕事を受け継いでくれることを期待しており，今年のノウルーズの祝典は特別である。この国で使われているイラン歴によると，アフガニスタンは1400年を迎え，新しい世紀に入るのである。

　ノウルーズは通常，食料や贈り物を交換する大規模な家族の集まりである。山間部にピクニックに向かう，詩を読む，ブドウなど7種のドライフルーツから作るデザートのハフトメワを食べるなどの祝い方もある。「今年の祝典は特別なものになるでしょう」とアーマディは語る。「私たちが新しい世紀を目にすることができるのは生涯で1回だけですから」

　新年に向けて何か望みはあるかと彼に尋ねてみた。「豊作です」彼は答えた。「それと国の平和です」

出典追記：The Ancient Method That Keeps Afghanistan's Grapes Fresh All Winter, Atlas Obscura on March 25, 2021 by Stefanie Glinski

━━━━━━━◀解　説▶━━━━━━━

A．⑴当該文の時制が they have been と現在完了になっている点と，直後の表現が「5カ月近く前の収穫時」と過去の始点になっている点から，「～からずっと…である」の継続の内容であると考えられる。よってDの since「～から」が正解。A．「～に間に合って」　B．「～するやいなや」　C．「～のあと」

⑵直前の is は受動態を作る be 動詞であり，主語は関係代名詞 which で先

行詞は this method of food preservation「この食料保存方法」である。
当該箇所は「（この保存方法は）カンギーナとして…されている」という
意味になるので，Cの known が入って「知られている」になると考える。
(3)当該箇所は「…な社会に住む人々」という意味になるが，直後の関係代
名詞以下で述べられているように，彼らは「輸入製品を手に入れる余裕が
ない」人々である。この点を考慮すると，最も適切なものはBの remote
「遠く離れた，辺鄙な」である。A.「繁栄している」　C.「便利がよい」
D.「都市部の」
(4)当該文が But「しかし」で始まっている点に注意する。直前の文は，カ
ンギーナのおかげでへんぴな場所の人々が冬季に新鮮な果物を食べられる
という内容であり，それに対して首都に近い場所にもカンギーナは存在す
るという趣旨で But が用いられたのだと考えられる。よってCの alive
「（伝統などが）存続して」が最も適切である。A.「秘密の」　B.「暖か
い」　D.「最新の」
(5)当該箇所の意味は「それは（…な風に）記録または研究されてきた」と
なるのだが，前半部分が「この実践が世代を超えて生き続けているにもか
かわらず」となっているので，肯定ではなく否定表現ではないかと考えら
れる。よって，「ほとんど～ない」という意味を持つAの barely が最も適
切である。B.「率直に」　C.「完全に」　D.「頻繁に」
(6)どの関係代名詞が入るかという選択である。the clay-rich mud「粘土
が豊富な泥」が先行詞であり，直後の seal が「封，密閉」という意味の
名詞であることから，当該箇所には所有格の whose が入って，「（その泥
の）封，密閉」となると考えられる。
(7)当該箇所は「そして私は自分の子供たちに…」となるが，この文の冒頭
が「父が私に保存方法を教えてくれた」となっているので，「私も同じこ
とをした」という意味であると考えられる。よってBの「伝えた」が最も
適切である。A.「大声で言った」　C.「落とした」　D.「手渡した」
(8)当該箇所の意味は「アフガニスタンは果物の種類において…である」と
なる。直後の文（At least 1.5 …）では果物の生産量が多いことが述べら
れているので，「種類が多い」という趣旨の内容であると考えられる。よ
ってAの rich「豊富な」が最も適切である。B.「入手できる」　C.「ま
れな」　D.「不可欠の」

(9)適切な接続詞を選択する問題である。前後の節の意味を比較して考えることになる。前半は南部で収穫される果物，後半は中央部で収穫される果物の説明になっており，両者を対照的に述べているので，Dの while「だが一方」が入る。A.「もし」　B.「それで」　C.「なぜなら」

(10)当該箇所の意味は「残りの半分はカンギーナを使って保存し，数カ月後に利益を得るために…する」となる。利益を得るのであるから，販売するのだと考えられる。よってCの resell「～を転売する」が正解。A，B，Dはいずれも名詞の複数形であり，ここに補うには不適である。

(11)当該文の意味は「保存されないブドウは食べられるか，乾燥されてレーズンに…されるかのどちらかである」となる。make *A* into *B* で「*A*（材料）を *B*（製品）にする」という意味になる。よってBが正解。

(12)当該箇所の意味は「それはその国の戦争や紛争の…の最中に行われる」となる。Aは a succession of ～ で「～の連続，たび重なる～」を表す用法があり，「その国のたび重なる戦争や紛争」という意味になっていると考えられる。よってAが正解。B.「結果」　C.「業績」　D.「犠牲」

(13)当該部分に直後の were が入るとすると，接続詞がないので前の部分とつながらない。よって were の主語は the vineyards で，当該部分の接続詞の影響を受けて倒置したのだと考えるべきである。Dの as には「～ように」の意味で接続詞の働きがあり，後続が主語と be 動詞のみの場合には倒置が起こる。よってこれが正解である。

(14)当該箇所の意味は「自分の子供たちがいつかカンギーナの仕事を…するだろう」となる。本文の趣旨から考えて，「引き継ぐ」などの意味になると予想される。Aを選ぶと take over となり，「～を引き継ぐ」という意味を持つ。よってこれが正解。

(15)当該文の意味は「ノウルーズは通常，食料や贈り物を交換する大規模な家族の…である」となる。この日はペルシアの正月にあたるので，家族・親族が集まって祝うのだと考えられる。よってCの gathering「集まり」が最も適切である。A.「公演」　B.「楽しむこと」　D.「関係」

B.　(1)「第2段の情報に基づくと，アーマディがブドウを摘んだのはおそらく…の間である」

　　第2文（He explains they …）によると，ブドウの収穫は5カ月前であり，春分の日に行うノウルーズのために保存されていたと述べられている。

逆算すれば 10 月となり，Bの fall「秋」が正解である。

⑵「カンギーナが今日でも使われている理由の 1 つは…という点である」

A．「山の気候が物資をそこに届けるのを困難にしている」

B．「果物の販売は伝統的な文化の一部ではない」

C．「他の方法は泥のボウルほどうまく機能しない」

　　第 3 段第 4 文（"Have you ever …"）参照。アーマディは「ブドウを半年近くも新鮮な状態で保てる別の方法を見たことがあるかい」と言っているが，これはカンギーナほど効き目のある方法は他にはないという意味である。これが大きな理由になっていると考えられるので，Cが正解。

⑶「本文によると，カンギーナは…である」

A．「果物を 1 年間保存できる調理法」

B．「家族内で伝えられる伝統的な方法」

C．「タッパーウェア容器の起源である古代の方法」

　　消去法で考える。カンギーナは果物を保存するけれども，1 年保存できるという記述はなく，調理をするわけでもないのでAは不適。また，原理はタッパーウェア容器と似ているが，カンギーナに由来しているとは述べられていないのでCも不適。残りのBに関しては，アーマディが父親から教わったという記述もあり，特に矛盾はない。よってBが正解である。

⑷「"The South produces" で始まる第 7 段は…」

A．「カンギーナでは貯蔵できない果物を紹介している」

B．「アーマディのブドウに対する関わりを説明している」

C．「アフガニスタンの都市部の人と田舎の人とを対比している」

　　第 7 段の内容について重要なのは，後半部分，すなわち，アーマディの村は特にブドウが有名であるという点である。彼がカンギーナでブドウを保存している理由はこれであると考えられる。よってBが最も適切である。

⑸「"The most difficult" で始まる第 11 段は，…ということを示唆している」

A．「アーマディはより平和なアフガニスタンを切望している」

B．「タリバンの存在はアーマディの生活に影響を与えなかった」

C．「戦争はカンギーナの伝統を狙っていた」

　　同段第 2 文（"Our village became …"）で，アーマディは「私たちは逃げざるを得なかった」と話しているので，彼の生活はタリバンの影響を受

けている。よってBは不適。カンギーナを狙って戦争が起こったという記述はどこにもないのでCも不適。最終段でアーマディが「(私の望みは)私たちの国の平和です」と話しているが，Aはこの部分に一致している。よってAが正解。

(6)「本文の終わりは，…と表現するのが最適である」

A.「堅苦しい」　B.「悲観的」　C.「希望を持った」

　本文は，アーマディが望みはあるかと尋ねられて，「豊作」と「平和」を口にした所で終わっている。この部分は，彼が希望を捨てていないことをうかがわせる。よってCが最も適切である。

(7)「この文における筆者の主要な目的は…ことである」

A.「ブドウを一冬新鮮な状態で保つ古来の方法を示す」

B.「果物店を所有している所帯持ちの男性の物語を話す」

C.「アフガニスタンの田園地帯の隠された歴史をあばく」

　アーマディがこの文の中心人物だが，彼は果物店を所有している訳ではないのでBは不適。また，田園地帯が特に話題になっている訳でもなく，Cも不適。彼はカンギーナという果物保存方法を知っている人物として描かれており，これはAと合致する。

Ⅲ　解答

A. (1)—A　(2)—C　(3)—B　(4)—A　(5)—B　(6)—C
(7)—A　(8)—B　(9)—B　(10)—C

B. (1)—B　(2)—C　(3)—A　(4)—C　(5)—A　(6)—C　(7)—B

◆全　訳◆

≪手話への理解≫

　手話がどれくらい前から存在していたのか，誰も知らない。手話の初期の形態ができたのは，おそらく人間の脳が十分に発達して，言葉を可能にした頃であったろう。3万年前よりも以前に暮らしていた人類は，多くの音声を出せるだけの身体的能力を持っていなかった。しかし，彼らは手を使うことはできた。多分彼らは手を使って身振りをすることができたであろう。

　そもそも，それをすることはとても自然なことなのだ。私たちはみんな，基本的な意味を表現できる手ぶりをいくつか持っている。私はあなたに親指を挙げて，万事うまく行っているということを示すことができる。「こ

んにちは」や「さようなら」を伝えるために手を振ることもできる。しかし，これらは全て非常に単純な観念で，このように頻繁に用いる身振りは多くない。それらを使ってもあまり多くのことを伝えられないからだ。

　手話をもっと十分に発展させねばならなかった職業がいくつかある。レフェリーや審判が腕や手を使って，選手に指示を合図しているのを目にする。オーケストラの指揮者は自分の動きで演奏者たちを掌握する。お互いに離れて働く人たちは，意思疎通を図りたければ特別な合図を考え出さねばならない。

　しかし，この種の手ぶりは本当の言語とは似ていない。本当の言語には数千の単語があって，それらを組み合わせることで，自分が望むどんなことでも伝えられる，数千の文章を作ることができるのである。審判やクレーンの運転手が用いる手ぶりは，範囲や意味が非常に限られている。サッカーの審判やオーケストラの指揮者に，車のエンジンはどのようにして動くのか説明してくださいとか，最近最も売れた流行歌を言ってくださいと頼んでも，あまり役には立たないだろう。

　それが耳の聞こえない人が使う手話との大きな違いである。耳の聞こえない人たちのための手話は，耳が聞こえる人たちが話したり書いたりする時に伝えたいと思うのと同じ種類の複雑な考えを表現するために使われている。耳の聞こえない人たちのための手話には数千の手ぶりがあり，それらを順番に使うことで書き言葉や話し言葉の文章と同じ働きをすることができる。手話をする人をテレビで見ると，彼らは聞こえることを全て手話に翻訳している——そして，猛スピードで体を動かしている。

　耳の聞こえない人のための手話に関して，忘れてはならない重要な点が2つある。1つ目は，耳の聞こえない人は，話し言葉から単語を引用してそれらを手話に翻訳しているだけではないという点である。手ぶりが直接意味を表現しているのだ。したがって，手話をしている人が，私が「幅跳びで優勝した少年が高跳びでも優勝した（the boy who won the long jump has also won the high jump）」と言うのを耳にした場合，私たちはまず"the"，次に"boy"，次に"who"に当たる手ぶりを目にする訳ではない。私たちが目にするであろうものは，「少年」＋「勝つ」＋「過去」＋「幅跳び」＋「〜もまた」＋「高跳び」のようなものになるだろう。また，手ぶりは特にその順番で現れる必要もないであろう。

　耳の聞こえない人のための手話に関して忘れてはならない 2 つ目は，それらが互いに大きく異なるという点である。英語しか話せない人に中国語をわかってほしいと期待しないのと全く同様に，英国式の手話しか知らない人に中国式の手話をわかってほしいと期待してはいけないのだ。また，驚くべきことかもしれないが，英国式の手話しか知らない人は，米国式の手話すら理解できないのである。この 2 つの手話は，この 200 年の間に，異なる方向へ行ってしまったからである。多少似たところはあるが，2 つの手話は互いにわかり合えるようにするには十分ではない。

　耳の聞こえない人が使う手話のうち，少なくともいくつかは世界中の全ての手話に共有されていると考えるかもしれない。「象（elephant）」の手話はどうだろうか？　その手話には，きっと常に独特な鼻を示す手の動きが含まれるのではないだろうか？　しかし実際には，鼻を示すことのできる方法は 2 つ以上あるのだ。鼻をスタート地点にして斜めか前方に形を作っていくだろうか？　手の動きを上下に行うだろうか？　その手の動きは直線的だろうか，それともカーブしているだろうか？　象のような，見て簡単にわかるようなものの場合ですら，明らかに数多くの可能性がある。「庭」や「青い」や「議論する」のような観念を考え始めると，いろいろな手話がいろいろに異なる方法でそれらを表現していくことは明らかである。

　話し言葉や書き言葉を学習する時に使う重要な観念は全て，手話についても必要である。たとえば，私たちは方言や訛りに気づく。ある国のある地域出身の耳の聞こえない人は，ほかの場所で使われているのとは異なる手ぶりをいくつか持っているだろう。英国出身の人が中国へ行き，中国式の手話を習い始めたら，彼らは中国式の手ぶりをするようになるだろうが，おそらく正確には中国式ではないかもしれない。たとえば，「父親」を表す手ぶり——手のひらの上で指をたたむ動作を含む——が，指をまっすぐにぴんと伸ばした状態で作られることもあれば，わずかに曲げられてリラックスした状態で作られることもある。英国人なら，指がリラックスした状態でこの手ぶりを作りそうであり，それは耳の聞こえない中国人には外国語訛りだと見なされるであろう。

　そのことは，結局 1 つのことを意味している。耳の聞こえない人のための手話を，単なる基本的な身振りのまとまりであるかのように考えてはい

けないということだ。それは話し言葉や書き言葉と同じく，複雑で有用で
美しいものなのだ。

━━━━━━━━ ◀解　説▶ ━━━━━━━━

A．(1)「下線部①に最も意味が近いのは次のどれか」

A．「誰でも意味を簡単に理解できる手ぶりもいくつかある」

B．「単純な意味を伝えるには，手ぶりの方が言葉よりも便利である」

C．「複雑なメッセージをやり取りするのに他よりも優れている手ぶりが
ある」

　当該文の意味は「私たちはみんな，基本的な意味を表現できる手ぶりを
いくつか持っている」となる。つまり，誰でもが意味を理解できるような
身振りが存在するということである。この趣旨に最も近いのはAである。

(2)「下線部②は何を指しているか」

　当該文の意味は「私たちはそれらを使ってもあまり多くのことを伝えら
れない」となる。この段落では，意味のある手ぶりもあるが，それほど多
くはないと述べられている。当該文はその理由に関わる部分である。よっ
てCの「手ぶり」が最も適切である。

(3)「下線部③は実はどのような意味か」

A．「指揮者は演奏者とともに秘密のやり取りをする暗号を使う」

B．「演奏者たちは指揮者の身振りにしたがって演奏する」

C．「演奏者の手の動きは，指揮者の手の動きとそっくりである」

　当該文の意味は「オーケストラの指揮者は自分の動きで演奏者たちを掌
握する」となる。つまり，指揮者の動きに従って演奏が行われるというこ
とである。この趣旨に合致しているのはBである。

(4)「下線部④は何を指しているか」

　この That は第 5 段第 1 文の主語なので，前段で述べられたものを指し
ていると考えられる。また，当該文は「それが耳の聞こえない人が使う手
話との大きな違いである」という意味になるので，手話と異なるものは何
なのかを考えればよい。よってAの「審判やクレーンの運転手が使う狭い
範囲の合図」が最も適切である。B．「プロの活動の中で広範囲で用いら
れる本物の言語」　C．「車のエンジンの説明や流行歌のランキング」

(5)「下線部⑤は何を示唆しているか」

　当該箇所の意味は「耳の聞こえない人は，話し言葉から単語を引用して

それらを手話に翻訳しているだけではないという点である。手ぶりが直接
意味を表現しているのだ」となる。つまり，手話は，1つ1つの単語の意
味を表せているかどうかよりも，相手がそれを理解できるかどうかが重要
なのである。意味・情報伝達に比重を置いているということ。これに最も
近いのは，Bの「手話は話し言葉と同じく，1つのメッセージを伝えるた
めの十分な情報を含んでいる」である。A.「手話は意味に関して話し言
葉と全く同じものである」　C.「手話は，人にとって意味が通じるものに
なるように，話し言葉をわかりやすく説明しなければならない」

(6)「下線部⑥は実はどのような意味か」

　Nor…は「…もまた～でない」という意味なので，当該文の意味は
「また，手ぶりは特にその順番で現れる必要もないであろう」となる。つ
まり，実際の言葉の順番と手話の順番は，異なる場合があるということで
ある。これに意味が最も近いのは，Cの「手話は単語とは異なる順番で現
れるかもしれない」である。A.「手話でメッセージを伝えるには，文法
構造が必要である」　B.「手話の順序は耳が聞こえない人が意味を解釈す
るのを助けてくれる」

(7)「下線部⑦に最も意味が近いのは次のどれか」

　当該文の意味は「この2つの手話は，この200年の間に，異なる方向へ
行ってしまった」となる。つまり，200年間にわたって異なる発達の仕方
をした，という意味であろう。よってこの趣旨に最も意味が近いのはAの
「これら2つの手話は，全く異なる方法で発達した」である。B.「これら
2つの手話は，さまざまな目的で利用されている」　C.「これら2つの手
話の手ぶりは互いに正反対である」

(8)「下線部⑧は実はどのような意味か」

　下線部⑧のdistinctiveは，「独特な，特有の」という意味である。ここ
では，ある象がほかの象とは異なる独特な特徴を持っているという意味で
はなく，「象という種に特有の」という意味であると考えられる。よって
Bの「特有の，特徴的な」が最も適切である。A.「（その個体が）独特
な」　C.「独特の」（叙述用法）

(9)「下線部⑨は実はどのような意味か」

　add up to～は「結局～を意味する」という意味であり，当該文は「そ
れは結局1つのことを意味している」となる。Itは「手話（の話）」を指

しているので，この部分の意味に最も近いのは B の「手話についての話は結局のところ 1 つの中心的な考えに行き着く」である。A.「手ぶりの組み合わせによって意味が作られる」　C.「手話は 1 つの話を要約するために用いることができる」

⑽「下線部⑩に最も意味が近いのは次のどれか」

　primitive には「原始的な，単純な，基本的な」などの意味があるが，ここでは審判や指揮者の手ぶりに見られるような基本的で単純な形態のものを指しているのだと考えられる。よって C の basic「基本的な」が最も意味が近い。A.「古代の」　B.「原産の」

B.　⑴「第 1 段によると，筆者は…だと信じている」

A.「約 3 万年前に住んでいた最初の人類は，理解可能な独自の話し言葉を持っていた」

B.「手ぶり・手まねが始まったのは，初期の人類が 3 万年以上前に手を使えるようになった時である」

C.「音声を出せるという人類の能力は 3 万年ほど前に手ぶり・手まねを発達させるのに役立った」

　第 3・4 文（The beings who …）で説明されているように，「3 万年以上前の人類は話し言葉を持っていなかったが，手を使うことができて，おそらくは手を使ってサインを作ることができただろう」とある。もちろんこの時点では「手話」ではないが，「手話のもとになるもの」と考えると B がこの趣旨に合致している。

⑵「筆者がレフェリーや審判やオーケストラの指揮者が使う手ぶりのような例を用いているのは，…ことを示すためである」

A.「手ぶりを知ることは手話を学ぶ時の重要な第一段階である」

B.「手話で使うために手ぶりを発達させることには可能性がある」

C.「手ぶりと手話は全く異なる概念である」

　この例が挙げられているのは第 3 段（There are a …）で，続く第 4 段（But these kinds …）では「手ぶりは本当の言語とは異なる」と述べられている。さらに，第 5 段（That is the …）では，手話は話し言葉と同じくらいの表現力を持つと説明されている。これらのことから，手ぶりと手話は根本的に違うものであることがわかる。この趣旨に最も合致しているのは C である。

(3)「"That is the"で始まる第5段で，筆者の当初の目的は，耳の聞こえない人のための手話が…のを示すことである」
A．「非常にさまざまな考えを表現できる」
B．「芸術表現に適している」
C．「複雑な考えを伝えるのに最適である」
　第3文（Deaf sign languages …）で「耳の聞こえない人たちのための手話には数千の手ぶりがあり，書き言葉や話し言葉の文章と同じ働きをすることができる」と述べられている。この趣旨に最も近いのはAである。書き言葉や話し言葉に匹敵するけれども，「最適」とまでは述べられていないのでCは不適。
(4)「"You might think"で始まる第8段で，筆者が象の鼻を使っているのは，…を示す例としてである」
A．「手話が年月を経て大きく変化してきた様子」
B．「世界中のさまざまな手話の類似点」
C．「手ぶりを使って1つの品目を表せる可能性の数」
　最終文（And when we …）にあるように，象の鼻の例は「いろいろな手話がいろいろに異なる方法で（同じものを）表現している」ことを示すために用いられている。この趣旨に最も近いのはCである。
(5)「"All the important"で始まる第9段で表されている要点の1つは，…ということである」
A．「地域による違いは手話の特徴である」
B．「どんな手話でも，2つ習得するには時間と努力が必要である」
C．「場所は手話を教える上で重要な役割を果たす」
　この段落で述べられているのは，手話にも方言や訛りのような地域による違いが存在するということである。この趣旨に最も近いのはAである。
(6)「この文章の筆者は，手話が…であると示唆している」
A．「形が共通であると考えられている手ぶりのまとまり」
B．「コミュニケーションにおいて世界が前進していくときに存在している」
C．「世界のどんな言語とも同じ基準をもつ」
　第9段第1文（All the important …）にあるように，手話は話し言葉や書き言葉と同じ観念に基づいている。つまり，どの国の言葉であれ，そ

れと同じ基準をもつ手話が存在する，ということである。この趣旨に最も近いのはCである。

(7)「この文章に最適な表題は…である」

A.「手話の統一」　B.「手話の理解」　C.「話し言葉と手話」

　本文では，身振りと手話と話し言葉の3つの表現形態が出てきているが，手話とはどういうものなのか，その複雑さ等を話し言葉と照らし合わせて理解を促す文章である。これを端的に示す表題として適切なのはBである。

❖講　評

　2022年度も例年通り大問3題の出題であった。

　ⅠのAの会話文問題は，交換留学生と日本人学生が自分の趣味の話をしているという設定である。会話文問題では，当該部分の直前直後の表現が大きなヒントになるが，会話表現にも注意が必要である。Bの段落整序問題は，自家製パンの作り方を説明している英文。内容が工程の説明なので，整序問題としては取り組みやすいだろう。どちらも難易度は易しいものなので，満点を狙いたい。

　Ⅱの読解問題は，アフガニスタンに古くから伝わる果物の保存方法についての英文。Aは単語を入れる空所補充問題。文法的に正解を導く設問も含まれている。Bは内容説明の英文を完成させる形式の設問。英文はやや意味を取りにくいかもしれないが，設問はわかりやすい内容になっているので，比較的早めに正解に到達できるだろう。

　Ⅲの読解問題は，聴覚障害者用手話の複雑さと多様さを，話し言葉・書き言葉との類似点・相違点を引き合いに出して，その理解を促す論説文。Ⅱの英文と比べてやや内容が硬いので，読み取るのに苦労するかもしれない。Aは下線部の意味や指示内容を問う問題。問われる場所が確定しているので，主にその前の部分をヒントにして解答していくことになるだろう。BはⅡの問題と同様に，内容説明英文の完成問題である。紛らわしい選択肢もあり，やや難度の高い語句も含まれているので，時間をかけてじっくりと取り組みたい。

　全体的なレベルは標準的だが，Ⅲについては英文も設問もやや難である。正確な読解力を要する。

2月7日実施分　　　　　問　題

(90 分)

〔Ⅰ〕A．次の会話文の空所(1)〜(5)に入れるのに最も適当なものをそれぞれA〜Dから一つずつ選び，その記号をマークしなさい。

Aki, a Japanese exchange student, visits the campus gym with her friend Kim.

Aki: Wow, this is quite a modern place, isn't it?

Kim: Yeah, it opened five years ago. _____
(1)

Aki: Really? Maybe coming here will help me study as well as get fit!

Kim: Ha ha, you never know! So what sort of exercise do you want to do exactly?

Aki: I don't really know, but I've heard it's a good idea to get a balance between aerobic exercise and strength training.

Kim: _____
(2)

Aki: Hmm, I'm not so sure about the second one. I've never actually lifted anything heavy!

Kim: _____ Just start with something light and
(3)
work your way up.

Aki: Okay. By the way, are there any group classes besides dance? I'm not that good at it.

Kim: _____ My favorite is the step class. You just
(4)
step up and down on a platform. There's a session coming up in half an hour, actually.

Aki: Well, if you'll join me, I'll give it a go.

Kim:　Absolutely. _____
　　　　　　(5)
Aki:　Great! Lead the way to the changing rooms!

⑴　A．And it's just about to close again.

　　B．Before that the library was here.

　　C．But it's not all that new.

　　D．The English teachers are running.

⑵　A．In that case, check out the hip-hop class and the weight room.

　　B．If I were you, I'd try the running machines and the pool.

　　C．How about trying the sauna and the yoga class?

　　D．Have you ever thought about doing rope climbing and stretches?

⑶　A．There's an exciting climbing wall, too.

　　B．Don't forget to eat before you come.

　　C．I'm glad to hear that.

　　D．You'll get used to it.

⑷　A．You can say that again.

　　B．Not my problem.

　　C．Not that I know of.

　　D．There sure are.

⑸　A．That's the last thing I want to do.

　　B．You should climb up the stairs to practice.

　　C．It's about time I attended again.

　　D．It's on our way home.

　B．下の英文A～Fは，一つのまとまった文章を，6つの部分に分け，順番をば
　らばらに入れ替えたものです。ただし，文章の最初にはAがきます。Aに続け

てB〜Fを正しく並べ替えなさい。その上で，次の(1)〜(6)に当てはまるものの
記号をマークしなさい。ただし，当てはまるものがないもの(それが文章の最
後であるもの)については，Zをマークしなさい。

(1)　Aの次にくるもの

(2)　Bの次にくるもの

(3)　Cの次にくるもの

(4)　Dの次にくるもの

(5)　Eの次にくるもの

(6)　Fの次にくるもの

A. Have you noticed how some TV shows have no live audience, yet frequent laughter can be heard throughout the program? This "pre-recorded laughter" used by TV producers to make their shows seem more entertaining is one example of the psychological technique called *social proof*.

B. TV producers know that if audiences at home hear laughter while watching a show, they will feel that it is funny, even if it is not. People watching are likely to enjoy the program more if they think that other people also enjoy the program.

C. At times when we are not sure how to act—for instance, in a situation we are experiencing for the first time—we tend to use social proof. An example is when we see a person lying down on the ground outside a train station. If all other people walk by without helping the person, we will also walk by without helping him.

D. At times, we do need to know how others act in a given situation. However, it is also important to think critically about certain situations when we should actually act differently to others. Remember that the next time you are a part of a group.

E．This second example raises the question of whether or not social proof is beneficial. In other words, is it a good way to make decisions about how we should behave?

F．The term refers to a tendency people have to look at those around them to determine how to act. Recorded laughter played during TV programs is just one example of how social proof is used.

〔Ⅱ〕A．次の英文の空所（　1　）～（　15　）に入れるのに最も適当なものをそれぞれA～Dから一つずつ選び，その記号をマークしなさい。

Erno Rubik was born on July 13, 1944, near the end of World War II, in the basement of a Budapest hospital. His father was an engineer who designed aerial gliders.

As a boy, Rubik loved to draw, paint, and sculpt. He studied architecture at the Budapest University of Technology, then studied at the College of Applied Arts. He became obsessed with geometric patterns. As a professor, he taught a class called descriptive geometry, which involved teaching students to use two-dimensional images to represent three-dimensional shapes and problems. It was an odd and obscure field, but it prepared him to develop the cube.

In the spring of 1974, when he was 29, Rubik was in his bedroom at his mother's apartment, tinkering. He describes his room as （　1　） the inside of a child's pocket, with crayons, string, sticks, springs, and scraps of paper scattered across every surface. It was also full of cubes he made, out of paper and wood.

One day—"I don't know exactly why," he writes—he tried to put together eight cubes so that they could stick together but also move （　2　）, exchanging places. He made the cubes out of wood, then drilled a hole in the corners of the cubes to link them together. The object quickly fell apart.

Many versions later, Rubik （　3　） the unique design that allowed him to build something paradoxical: a solid, static object that is also fluid. After he gave his wooden cube an initial twist, he decided to add color to the squares to make their movement visible. He painted the faces of the squares yellow, blue, red, orange, green, and white. He gave it a twist, then another turn, then another, and kept twisting until he realized he might not be able to restore it to its original （　4　）. He was lost in a colorful maze, and had no clue how to navigate it. "There was no way back," he writes.

After the cube became a global phenomenon, there would be inaccurate accounts of Rubik's creative process. Reports described how he secluded himself and worked on the cube （　5　） for weeks. In reality, he went to work, saw friends, and worked on solving the cube in his spare time, for fun.

After he cracked it, Rubik submitted （　6　） at the Hungarian Patent Office for a "three-dimensional logical toy." A manufacturer of chess sets and plastic toys made 5,000 copies. In 1977, Rubik's "Buvös Kocka," or "Magic Cube," （　7　） in Hungarian toy shops. Two years later, 300,000 cubes had sold in Hungary.

Rubik got a contract at an American company, Ideal Toy, which wanted one million cubes to sell overseas. In 1980, Ideal Toy brought Rubik to New York to a toy fair. He was not the most charismatic salesman—a shy architecture professor with a then-limited command of English—（　8　） the company needed someone to show that the puzzle was solvable.

（　9　） exploded. In three years, Ideal sold 100 million Rubik's Cubes.

Guides to solving the cube shot up the best-seller lists. "There's a sense in which the cube is very, very simple—it's only got six sides, six colors," said Steve Patterson, a philosopher and author of *Square One: The Foundations of Knowledge*, who has written about the cube as a representation of paradoxes. "In a very short period of time, it becomes unbelievably complex."

At first, Rubik did not have a salary from the toy company, and for a while, he saw little of the profits. He lived on his professor's salary of $200 a month.

Besides, the attention made him (　10　). "I'm not the person who loves to be in the spotlight and so on and so forth," he said. "That kind of success is like a fever, and a high fever can be very dangerous. It's not reality."

Rumors began to spread that he was the richest man in Hungary, (　11　) he had lost all his money to greedy assistants. Neither was true. He started to feel trapped by his creation. "The cube loves attention; I don't. He is eager to interact with everyone; I sometimes find this a bit difficult. He's quite ambitious; I am less so," Rubik writes.

Almost (　12　) the craze started, it faded away. Cheaply made fakes flooded the market, and demand fell. In 1986, the *New York Times* published an article that bordered on an obituary, calling the cube "a bright meteor that burned out." Rubik started his own design studio in Hungary and began to (　13　) new projects and revive abandoned ones, including puzzles called the Snake and Rubik's Tangle.

Reports of the cube's death were premature. In the 1990s, a new generation of enthusiasts discovered it. New speed records were set, as were records for solving the cube underwater, while skydiving, with eyes covered, and while juggling. The World Cube Association now hosts more than 1,000 "speedcubing" competitions each year.

Rubik himself wouldn't make the final round. He can solve the cube in about a minute—an improvement from that first, agonizing process—but he's not interested in speed. "The elegant solution, the quality of the solution, is much more important than (　14　)," he said.

(　15　), he spends his time reading science fiction, playing table tennis, gardening, and tending to his cactuses: "They have wonderful flowers and long life spans." He is not done with the cube. He still reflects on its possibilities—not an improvement to its design, but on its potential applications. "I am not doing it because I want to become a champion, or because I am expecting new discoveries from playing it. At the same time, I am expecting some new potentials for the basic ideas," Rubik said. "I see potentials which are not used yet. I'm looking for that."

(1) A．designing　　　　　　　B．resembling
　　C．revealing　　　　　　　D．developing

(2) A．in　　　　　　　　　　　B．around
　　C．beyond　　　　　　　　D．through

(3) A．looked into　　　　　　B．tossed away
　　C．figured out　　　　　　D．left behind

(4) A．state　　　　　　　　　B．shape
　　C．weight　　　　　　　　D．size

(5) A．left and right　　　　　B．in and out
　　C．day and night　　　　　D．back and forth

(6) A．an application　　　　　B．a photograph
　　C．an offer　　　　　　　D．a petition

出典追記：© The New York Times

(7)　A．played　　　　　　　　B．performed

　　　C．expanded　　　　　　　D．debuted

(8)　A．and　　　　　　　　　　B．so

　　　C．because　　　　　　　　D．but

(9)　A．Cubes　　　　　　　　　B．Ideas

　　　C．Sales　　　　　　　　　D．Factories

(10)　A．unreasonable　　　　　B．uncomfortable

　　　C．superior　　　　　　　D．inferior

(11)　A．on what　　　　　　　B．but which

　　　C．for whom　　　　　　　D．or that

(12)　A．as long as　　　　　　B．as quickly as

　　　C．as slowly as　　　　　D．as well as

(13)　A．apply for　　　　　　　B．approve of

　　　C．sell out　　　　　　　D．work on

(14)　A．timing　　　　　　　　B．rounding

　　　C．fasting　　　　　　　　D．completing

(15)　A．Lastly　　　　　　　　B．Instead

　　　C．These days　　　　　　D．Before that

B．本文の内容に照らして最も適当なものをそれぞれA〜Cから一つずつ選び，
　　その記号をマークしなさい。

(1)　Erno Rubik's bedroom in his twenties showed

　　A．how he loved to play creatively.

　　B．how much he wanted to be outdoors.

　　C．how he ignored what his mother said.

(2)　Rubik added colors to the cubes so that

　　A．it would be difficult to return each cube to its first position.

　　B．it would be more obvious where each one shifted to.

　　C．it would be more fun to watch when it was twisted.

(3)　It is most likely that Rubik was chosen by the toy company as the salesman because

　　A．the cube would be sold mainly to timid children.

　　B．they wanted the creator of the cube to sell it in the US.

　　C．he had in-depth knowledge of how the cube works.

(4)　As soon as Rubik became famous all over the world,

　　A．false information about him spread widely.

　　B．the true story of how he created the cube came out.

　　C．studies explained the geometry of the fluid cube.

(5)　After Rubik's cube became successful,

　　A．it became like a prison cell to him.

　　B．he no longer wanted the toy to be sold.

　　C．he was able to enjoy the money he made.

(6)　In the 1980s and 1990s the cube

　　A．lost its original design and became surprisingly trendy.

　　B．stopped being made, then was converted into other types of puzzles.

　　C．went from selling very little to becoming quite popular again.

(7)　More recently, as he thinks about the cube, Rubik

　　A．hopes that there will be revisions to the form.

　　B．ponders on the different ways it could be used.

　　C．predicts that designers will discover further different solutions.

〔Ⅲ〕A．次の英文の下線部①〜⑩について，後の設問に対する答えとして最も適当なものをそれぞれA〜Cから一つずつ選び，その記号をマークしなさい。

　　　The English are not usually given to patriotic boasting—indeed, both patriotism and boasting are regarded as inappropriate, so the combination of these two sins is doubly offensive. But there is one significant exception to this rule, and that is the patriotic pride we take in our sense of humor, particularly in our expert use of irony. The popular belief is that we have a better, more subtle, more highly developed sense of humor than any other nation, and specifically that other nations are all boringly literal in their thinking and incapable of understanding or appreciating irony. Almost all of the English people I interviewed subscribed to this belief, and many foreigners, rather surprisingly, humbly agreed.

　　　Understatement is a form of irony, rather than a distinct and separate type of humor. It is also a very English kind of irony. Understatement is by no means an exclusively English form of humor, of course: again, we are talking about quantity rather than quality. George Mikes said that the understatement "is not just a specialty of the English sense of humor; it is a way of life." The English are rightly renowned for our use of understatement, not because we invented it or because we do it better than anyone else but because we do it so *much*.

　　　The reasons for our prolific understating are not hard to discover: our strict prohibitions on earnestness, gushing, and boasting require almost constant use of understatement. Rather than risk exhibiting any hint of forbidden seriousness, improper emotion, or excessive zeal, we go to the opposite extreme and feign dry, poker-faced indifference. The understatement rule means that an agonizing chronic illness must be described as "a bit of a nuisance"; a truly horrifying experience is "well, not exactly what I would have chosen"; a sight of breathtaking beauty is "quite pretty"; an outstanding performance or achievement is "not bad"; an act of dreadful cruelty is "not very clever"; and any exceptionally delightful object, person or event, which in other cultures would warrant exaggerated praise, ④ is pretty much covered by "nice," or, if we wish to express more ardent approval, "very nice."

Needless to say, the English understatement is another trait that many foreign visitors find utterly confusing and irritating. "I don't get it," said one exasperated informant. "Is it supposed to be funny? If it's supposed to be funny, why don't they laugh—or at least smile? Or *something*. How are you supposed to know when 'not bad' means 'absolutely brilliant' and when it just means 'OK? Why can't they just say what they mean?"

This is the problem with English humor. Much of it, including and ⑤ perhaps especially the understatement, isn't actually very funny—or at least not obviously funny, not laugh-out-loud funny, and definitely not cross-culturally funny. Even the English, who understand it, are not exactly wildly amused by the understatement. At best, a well-timed, well-turned ⑥ understatement only raises a slight grin. But, then, that is surely the whole point of the understatement: it is amusing, but only in an understated way. It is humor, but it is a restrained, refined, subtle form of humor.

Even those foreigners who appreciate the English understatement, and find it amusing, still experience considerable difficulties when it comes to using it themselves. My father tells me about some Italian friends of his, who were determined to be as English as possible—they spoke perfect English, wore English clothes, even developed a taste for English food. But ⑦ they complained that they couldn't quite "do" the English understatement, and pressed him for instructions. On one occasion, one of them was describing, heatedly and at some length, a terrible meal he had had at a local restaurant—the food was inedible, the place was disgustingly filthy, the service rude beyond belief, etc., etc. "Oh," said my father, at the end of the long, angry speech. "So, you wouldn't recommend it, then?"

"YOU SEE?" cried his Italian friend. "That's it! How do you *do* that?" How do you *know* to do that? How do you know *when* to do it?"

"I don't know," said my father, apologetically. "I can't explain. We just do it. It just comes naturally."

This is the other problem with the English understatement: it is a rule, but a rule in the fourth *Oxford English Dictionary* sense of "the normal or usual state of things"—we are not aware of obeying it; it is somehow wired into our brains. We are not taught the use of the understatement: we learn it gradually but without conscious effort. The understatement "comes naturally" because it is deeply embedded in our culture, part of the English spirit.

The understatement is also difficult for foreigners to "get" because it is, in effect, a joke about our own unwritten rules of humor. When we describe, say, a dreadful, traumatic, and painful experience as "not very pleasant," we are exercising restraint, but in such an exaggerated manner that we are also (quietly) laughing at ourselves for doing so. We are parodying ourselves. Every understatement is a little private joke about Englishness.

(1)　What does Underline ① imply?

　　A．The English and non-English have different opinions about loyalty.

　　B．Many people agree that the English excel at a particular type of humor.

　　C．The English are among the world's most patriotic people.

出典追記：Watching the English by Kate Fox, Hodder & Stoughton

(2)　What does Underline ② imply?

　　A．George Mikes has a lively sense of understatement.

　　B．Understatement requires a special sense of humor.

　　C．Citizens of that nation habitually use understatement.

(3)　What does the author want to express most in Underline ③?

　　A．the characteristic attitude of the group to which the author belongs

　　B．the problematic features of a group the author is familiar with

　　C．the contradictory nature of the author's cultural group

(4)　Which of the following has a meaning closest to Underline ④?

　　A．be guaranteed to be a little inspiring

　　B．be hardly deserving of compliments

　　C．be worthy of great admiration

(5)　What does the author want to express most in Underline ⑤?

　　A．English humor rarely suits the circumstances in which it appears.

　　B．English speakers will not necessarily respond well to humor.

　　C．English people do not clearly indicate when they are using humor.

(6)　Which of the following has a meaning closest to Underline ⑥?

　　A．well-phrased

　　B．well-inverted

　　C．well-located

(7)　Which of the following can be a concrete example for Underline ⑦?

　　A．They learned how to find a new flavor in English cooking.

　　B．They learned how to follow some English recipes.

　　C．They learned how to enjoy some English meals.

(8)　What does Underline ⑧ refer to?

　　A．asking a question

　　B．giving a witty comment

　　C．recommending a restaurant

(9)　What does Underline ⑨ imply?

　　A．There is no way to analyze the humor of the English people.

　　B．It is natural for the English to behave in such a way.

　　C．The brains of the English are like rule-based computers.

(10)　What does Underline ⑩ actually mean?

　　A．deliberately adding an element of fun and sarcasm to expressions

　　B．exercising self-control and occasionally employing overstatement

　　C．expressing the funny aspects of conversation as clearly as possible

B．本文の内容に照らして最も適当なものをそれぞれ A ～ C から一つずつ選び，
　その記号をマークしなさい。

(1)　The main purpose of the first paragraph is to

　　A．compare the nature of the English with that of other nations.

　　B．raise the issue of the concept of guilt held by the English.

　　C．introduce the general national traits of the English people.

(2)　One reason the English use understatement is that

　　A．modest personalities are well-liked in this country.

　　B．they want to avoid showing off about things.

　　C．they do not want to get into conflicts with others.

(3)　In the third paragraph, starting with "The reasons for," the author
　suggests that understatement can help someone

A．prevent an overreaction to a given situation.

B．clarify the hidden meanings of what people say.

C．make an unpleasant experience feel more enjoyable.

⑷　The author asserts in the fifth paragraph, starting with "This is," that

A．understatement isn't quite as humorous as it may first appear.

B．people who use understatement often barely comprehend its humor.

C．the charm of understatement is that it contains limited humor.

⑸　The sixth paragraph, starting with "Even those foreigners," implies that foreigners

A．find it challenging to replicate English understatement.

B．may eventually manage to master English understatement.

C．discourage themselves from using English understatement.

⑹　Based on this passage, what an English visitor to the Sahara Desert might say is

A．"this place is a bit too warm for my taste."

B．"this is the first time I've visited such a hot place."

C．"I am proud of how strong I am in the heat."

⑺　The most appropriate title for this passage is

A．"Unstated Humor in the English Language."

B．"Understanding English Understatement."

C．"The Understated Humor of English Parody."

2 月 7 日実施分　解　答

I 解答 **A.** (1)— B　(2)— A　(3)— D　(4)— D　(5)— C
　　　B. (1)— F　(2)— C　(3)— E　(4)— Z　(5)— D　(6)— B

◆全　訳◆

A. ≪運動メニューについての相談≫

日本人交換留学生のアキが友人のキムと大学のジムを訪れている。

アキ：わあ，とても最新的な場所じゃない？

キム：そうね，5 年前にオープンしたの。その前はここには図書館があったのよ。

アキ：本当？　ここに来れば，健康になるだけではなくて勉強の助けにもなりそうね。

キム：ハハ，そうかもね。で，本当はどんな種類の運動がしたいのかしら？

アキ：よくわからないけれど，エアロビクスと筋力トレーニングのバランスをとるのがいいと聞いたことがあるわ。

キム：その場合はヒップホップのクラスとウェイトルームを検討しなさいよ。

アキ：ふーん，2 つ目の方については自信がないわ。実は重いものを持ち上げたことがないのよ。

キム：慣れていくわよ。軽いもので始めて，少しずつ進んでいけばいいのよ。

アキ：わかったわ。ところで，ダンスのほかにもグループで受けられるクラスはあるのかしら？　私ダンスはそんなに上手くないのよ。

キム：もちろんあるわよ。私が好きなのはステップクラスね。壇に上がったり下りたりするだけなの。実はあと半時間でそのクラスが始まるわ。

アキ：じゃあ，あなたも一緒に来てくれるならやってみるわ。

キム：もちろんいいわよ。そろそろまたやってみてもいい頃だしね。

アキ：やった！　更衣室へ連れて行ってちょうだい。

B. ≪社会的証明の効果≫

A. あるテレビ番組で，生の観客がいないのに番組中に頻繁に笑い声が聞こえる様子に気づいたことはあるだろうか。テレビ制作者が自分の番組をより面白く見せるために用いるこの『事前録音の笑い声』は，「社会的証明（social proof）」と呼ばれている心理学的手法の一例である。

F. この用語は，人が持っている，周りの人を見てどう行動するかを決めるという傾向を表している。番組中に再生される録音済みの笑い声は，社会的証明がどのように利用されているかのほんの一例である。

B. テレビの制作者は，家にいる視聴者が番組を見ている最中に笑い声を耳にしたら，たとえその番組が面白くなくても面白いと感じるということを知っている。見ている人は，ほかの人も楽しんでいると思ったら，その番組をより楽しいと思う傾向があるのだ。

C. 自分がどう行動すべきか自信がない時——たとえば，初めての体験をしている状況——には，私たちは社会的証明を利用する傾向がある。その一例が，駅の外の地面に横たわっている人を目にした時である。ほかの人がみんなその人物を助けることなく通り過ぎた場合には，私たちもその人を助けずに通り過ぎていくのである。

E. この2番目の例は，社会的証明が有益であるかどうかという疑問を提起する。言い換えれば，それはどのように振る舞うべきかを決定するのに適した方法なのだろうか，という疑問である。

D. 確かに，時には与えられた状況で他人がどう行動するかを知ることも必要である。しかし，実際には他人とは違う行動をすべき特定の状況についても注意深く考えることが重要である。次回は自分が集団の一員であるということを忘れてはいけない。

━━━━━◀解　説▶━━━━━

A. (1)直後のアキの発言が「健康になるだけではなくて勉強の助けにもなりそうね」となっており，それをキムが笑っていることから，この発言はジョークであったと考えられる。Bの「その前はここには図書館があったのよ」ならば，ジョークとしても通じるのでこれが正解。A.「ちょうど閉まる頃だわ」　C.「全部がそれほど新しい訳じゃないわよ」　D.「英語の先生たちが走っているわよ」

(2)直後でアキが「2つ目の方については自信がないわ。実は重いものを持

ち上げたことがないのよ」と話していることから，キムが提案した組み合わせのうちの2つ目はウェイトトレーニングであったと考えられる。よってAの「その場合はヒップホップのクラスとウェイトルームを検討しなさいよ」が最も適切である。B.「私なら，ランニングマシンとプールを試してみるでしょうね」　C.「サウナとヨガクラスを試してみない？」　D.「ロープクライミングとストレッチを検討したことはある？」

(3)直前でアキが「実は重いものを持ち上げたことがないのよ」，直後でキムが「軽いもので始めて，少しずつ進んでいけばいいのよ」と発言していることから，ウェイトトレーニングに関するやり取りの場面であると考えられる。よってDの「慣れていくわよ」が最も適切である。A.「ワクワクするようなクライミング用の壁もあるわよ」　B.「来る前に食事をするのを忘れないようにね」　C.「それを聞いて嬉しいわ」

(4)直前でアキが「ダンスのほかにもグループで受けられるクラスはあるのかしら？」と尋ねているのがヒントとなる。直後のキムの発言「私が好きなのはステップクラスね」から考えて，他にもクラスがあることは間違いない。よってDの「もちろんあるわよ」が正解。A.「その通りよ」　B.「私には関係ないわ」　C.「そんなこと知らないわ」

(5)直後でアキが「やった！」と言っていることから，直前のアキの「あなたも一緒に来てくれるならやってみるわ」という申し出は受け入れられたのだと考えられる。この場面に当てはまる表現は，Cの「そろそろまた（ステップクラスを）やってみてもいい頃だしね」である。A.「それって私が一番やりたくないことだわ」　B.「練習のために階段を上ってみたらいいわ」　D.「帰り道にあるのよ」

B．正しい順序はA→F→B→C→E→Dである。

　段落整序の問題は，指示語や冠詞，ディスコースマーカー（so, therefore, for example, など）に注意して読むことが大切である。

　Aの最終文で，social proof「社会的証明」というフレーズが斜字体で登場していることから，筆者がこの語を特別なものとして扱っていることがわかるが，この段落だけでは意味がはっきりしない。The term refers to …「その用語は…という意味である」と説明をしているFがこれに続くと考えられる。よってA→Fとなる。

　段落Fは，録音済みの笑い声が社会的証明を利用するためのものである

ことを述べて終了している。よってこれに続く段落では，笑い声と社会的証明との関係が説明されているはずである。その説明が行われているのはBなので，F→Bとなる。

　テレビ番組中の録音済みの笑い声の話題が登場するのは以上の3つの段落であり，その他の段落には出てこない。つまり，この話題はBでいったん終わり，この後は別の例もしくは話題について述べられていくのだと考える。

　ここで残り3つの段落のうち，EのThis second example「この2つ目の例」という表現に注目する。これは笑い声以外の例が登場したことを意味する。それに当たるのは，Cの「地面に横たわっている人を目にした時」である。この例は当然笑い声の後の例であるから，B→C→Eとなる。

　最後に，Dは「次回は自分が集団の一員であるということを忘れてはいけない」と読者に対する注意喚起で終わっており，これが本文全体の結論部分であろうと考えられる。よってE→Dとなり，本文は完結する。

II　**解答**　A. ⑴―B　⑵―B　⑶―C　⑷―A　⑸―C　⑹―A
　　　　　　　⑺―D　⑻―D　⑼―C　⑽―B　⑾―D　⑿―B
⒀―D　⒁―A　⒂―C
B. ⑴―A　⑵―B　⑶―C　⑷―A　⑸―A　⑹―C　⑺―B

◆━━━━◆全　訳◆━━━━◆

≪ルービックキューブの考案者≫

　エルノー゠ルービックは，第二次世界大戦の終結が近い1944年7月13日に，ブダペストにある病院の地下で生まれた。彼の父親は航空グライダーを設計する技師であった。

　少年の頃，ルービックは絵を描いたり彫刻をしたりするのが大好きだった。彼はブダペスト工科大学で建築学を学び，その後応用美術大学で学んだ。彼は幾何学模様に取りつかれた。教授として，彼は描写幾何と呼ばれる授業を教えたが，これは学生に二次元の像を使って三次元の形や課題を表すことを教えることも含んでいた。それは奇妙で目立たない分野だったが，これこそが彼にあのキューブを開発する準備をさせたものであった。

　1974年の春，29歳の時，ルービックは母親のアパートにある寝室で色々な物をいじくり回していた。彼は自分の部屋を子どものポケットの中に

似ていると説明している。クレヨンや糸や棒切れやバネや紙くずなどが床や壁一面にばらまかれているからだ。彼が紙や木で作ったキューブ（立方体）も溢れるほどあった。

「理由は正確にはわからない」と彼は書いているが——彼はある日，8 個のキューブを，くっついてはいるが動き回って場所を互いに変えられるように組み合わせようとした。彼はキューブを木で作り，角に穴を開けてそれらをつないだ。その物体はたちまちバラバラになった。

改作を重ねた後，ルービックは独特なデザインを考案し，なにか矛盾したものを作ることができた。それは固くて静止したものでありながら，同時に柔軟でもある物体だ。木製のキューブに最初のひとひねりを加えた後，彼は正方形の動きを見やすくするために色を付けようと決めた。彼は正方形の表面を黄，青，赤，橙，緑，白に塗った。彼はそれを 1 回ひねり，次に 1 回回転させ，さらに回転させ，元の状態に回復させられないかもしれないと思うまでひねり続けた。彼は色とりどりの迷路の中で迷子になり，どうすれば通り抜けられるか手がかりは何もなかった。「戻ることはできませんでした」と彼は書いている。

キューブが世界的現象になった後，ルービックの独創的な製法に誤った話が生じることとなった。報告では，彼が引きこもって数週間も昼夜を問わずキューブ作りに取り組んだと説明されていた。実際は，彼は仕事に行き，友人と会い，空いた時間に楽しみとしてキューブの解決に取り組んだだけだった。

成功した後，ルービックはハンガリー特許局に『三次元の論理的玩具』のための申請書を提出した。チェスのセットとプラスチック玩具の製造会社が 5,000 個製作した。1977 年に，ルービックの『ブボス・コッカ』，すなわち『魔法のキューブ』がハンガリーの玩具店でデビューした。2 年後，ハンガリー国内で 30 万個の売上を記録した。

ルービックはアメリカの企業アイデアルトーイと契約を結んだ。アイデアルトーイは海外での販売用に 100 万個のキューブを望んでいた。1980 年にアイデアルトーイはルービックをニューヨークの玩具フェアに招いた。彼は決してカリスマ性のあるセールスマンではなかった——英語の理解力にも限りがある，照れ屋の建築学教授であった——が，会社はパズルが解答可能なものであることを誰かに示してもらう必要があったのだ。

　売れ行きは爆発的だった。３年間で，アイデアルは１億個のルービックキューブを売り上げた。キューブを解く手引書もベストセラーのリストに飛び込んできた。「キューブがごくごく単純である——側面が６面，色が６色でしかない——ことに価値があります」と，哲学者で『スクウェアワン：知識の基礎』の著者であるスティーブ＝パターソンは語る。彼は逆説の象徴としてキューブについて書いている。「それは非常に短時間で信じられないほど複雑になります」

　最初，ルービックは玩具会社から給料をもらっておらず，しばらくの間は儲けを目にすることもほとんどなかった。彼は月 200 ドルの教授としての給料で生計を立てていた。

　その上，注目を浴びたことで彼は落ち着かなくなった。「私はスポットライトやその他あれこれを浴びることを愛する人間ではありません」と彼は言った。「その類の成功は熱病のようなもので，高熱は時として非常に危険です。現実のものではありません」

　彼がハンガリーで最も裕福であるとか，欲深い助手のせいでお金を全て失ったという噂が広まり始めた。どちらも真実ではなかった。彼は自分の創作に閉じ込められていると感じるようになった。「キューブは注目されたがっていますが，私はそうではありません。キューブは誰とでも触れ合いたがっていますが，私はそれが少し難しいと思う時があります。彼はとても野心的ですが，私には彼ほど野心はありません」とルービックは書いている。

　ブームは，始まったのとほとんど同じくらいの速さで消えていった。安物の偽商品が市場に溢れ，需要は落ち込んだ。1986 年に，ニューヨーク・タイムズはほとんど死亡記事とも言える記事を発行して，キューブのことを『燃え尽きた明るい流星』と呼んだ。ルービックはハンガリーで自分自身の設計スタジオを始め，新しいプロジェクトに取り組むことや中止されたプロジェクトを復活させることを始めた。その中にはヘビとルービックタングルと呼ばれるパズルも含まれている。

　キューブが死んだという記事は早すぎた。1990 年代に新しい世代の熱狂者たちがキューブを発見した。スピードの新記録が定められ，水中でキューブを完成させたり，スカイダイビング中に完成させたり，目隠しして完成させたり，ジャグリングをしながら完成させたりというようなことも

行われた。今では，世界キューブ協会が毎年 1,000 以上の『スピードキュービング』大会を主催している。

　ルービック自身は決勝には進めないだろう。彼はキューブをおよそ 1 分で完成させることができる——あの最初の苦闘の過程からは進歩している——が，彼はスピードには興味がない。「優雅な解法，解法の質，その方が計時よりも重要です」と彼は語った。

　最近では，彼は SF を読んだり卓球をしたり園芸をしたりサボテンの世話をしたりして時間を過ごしている。「サボテンは素晴らしい花を咲かせ，寿命も長いのです」　彼はキューブを止めてしまった訳ではない。今もその可能性——デザインの改善ではなく，応用の可能性——を考えている。「私がそれをしているのは，チャンピオンになりたいからではありませんし，プレイすることで新しい発見をすることを期待しているからでもありません。同時に，基本的なアイデアに対する新しい可能性を期待しているのです」とルービックは語った。「まだ使われていない可能性のことです。私はそれを探しているのです」

━━━━━━━ ◀解　説▶ ━━━━━━━

A．(1)describe *A* as 分詞で「*A* を〜だと表現する」という意味である。ここで用いられる分詞は通例 being か having であるが，状態を表す B の resembling であれば「自分の部屋を…に似ていると表現する」となり，意味が成立する。よって B が正解。(原形の意味で) A．「〜を設計する」　C．「〜を明らかにする」　D．「〜を開発する」

(2)キューブの動きを説明している箇所である。「くっついてはいるが，同時に…して場所を交換する」となり，「くっつく」とは逆の意味を表す表現が入る。よって B の move around「動き回る」が最も適切である。

(3)当該箇所は「ルービックは独特なデザインを…」となる。このデザインをもとに作られたのは，that 以下で詳しく説明されているように，これまでに存在しなかった物体である。よって最も適切なのは，C の「〜を考え出した」である。A．「〜を調査した」　B．「〜を投げ捨てた」　D．「〜を置き去りにした」

(4)当該箇所は「(彼は) それを元の…に回復させられないかもしれない」という意味になる。このキューブの遊び方は，何度もひねったり回転させたりした後に，元の状態に戻すというものである。よって A の state「状

態」が最も適切である。ひねっても回転させても立方体の形や重さや大きさは変わらないので，B.「形」，C.「重さ」，D.「大きさ」はいずれも不適。

⑸当該部分は，直前の「キューブに取り組んだ」様子を表す副詞句である。よってCの「昼夜の別なく」が最も適切である。A.「左右に」　B.「内外に」　D.「前後に」

⑹当該文の意味は「（キューブ作りに）成功した後，ルービックはハンガリー特許局に『三次元の論理的玩具』のための…を提出した」となる。特許を申請したのであるから，最も適切なのはAの「申請書」である。B.「写真」　C.「提案」　D.「嘆願書」

⑺当該箇所の意味は「1977 年に，ルービックの『魔法のキューブ』がハンガリーの玩具店で…」となる。特許を取り，企業が製作し，製品が店頭に並んだわけなので，Dの「デビューした」が正解。A.「行った」　B.「演じた」　C.「拡大した」

⑻接続詞を選ぶ問題。前半と後半の意味を比較すると，「彼はカリスマ性のあるセールスマンではなかった」と「会社はパズルが解答可能なものであることを誰かに示してもらう必要があった」となる。この 2 つは「順接（and や so）」でもなければ「原因と結果（because）」でもなく，「対立」を表している。よってDの but が最も適切である。

⑼当該文は「…爆発的に増加した」という意味になる。直後でルービックキューブが 1 億個売れたと述べられているので，「売れ行き」が爆発したのだと考えられる。よってCの Sales が正解。A.「キューブ」　B.「アイデア」　D.「工場」

⑽当該文の意味は「その上，注目（されたこと）が彼を…にした」となる。直後で彼自身が「私はスポットライトやその他あれこれを浴びることを愛する人間ではありません」と述べていることから，彼は注目を浴びることを望んでいなかったことがわかる。よってBの「不愉快な」が最も適切である。A.「分別のない」　C.「優越感を持った」　D.「劣等感を持った」

⑾文法問題。当該文の spread の後の that は，主語の Rumors の同格となる接続詞で，「～という噂」という意味になる。第 2 文で Neither was true.「どちらも真実ではなかった」と述べられているので，噂は 2 つあったことがわかる。したがって，もう 1 度同格 that が用いられたと考え

られ，Dが正解となる。

⑿いずれの選択肢も「ブームが始まったのと同じくらい…」という意味になる。したがって，ルービックキューブのブームがどのように始まったのかを考えることになる。第9段に「3年間で1億個売り上げた」とあるように，ブームの到来は急であったと考えられる。よって「急速に」の意味の quickly を含むBが最も適切である。

⒀当該文の意味は「ルービックはハンガリーで自分自身の設計スタジオを始め，新しいプロジェクトに…ことや中止されたプロジェクトを復活させることを始めた」となる。目的語が「新しいプロジェクト」なので，適切な動詞はDの「～に取り組む」である。A.「～に申し込む」 B.「～を認める」 C.「～を売り尽くす」

⒁当該箇所の意味は，「優雅な解法や解法の質の方が…よりも重要だ」となる。第14段でキューブを完成させるスピードが競われるようになったと述べられており，これに対してルービックが自分の意見を述べた部分である。「スピード」という語があれば問題ないが，これに近い意味の語としてAの timing「時間を計ること」も妥当である。B.「丸めること」 C.「断食」 D.「完成させること」

⒂現在時制になっていることから，当該文はルービックの近況を述べていると考えられる。よって「近頃では」という意味になるCの These days が正解である。A.「最後に」 B.「そうではなくて」 D.「その前は」

B. ⑴「20代の時のエルノー＝ルービックの寝室は，…を表していた」

A.「創作力を持って遊ぶことを彼がいかに愛していたか」

B.「彼がどれほど外に出たがっていたか」

C.「母親の言うことを彼がいかに無視していたか」

　第3段第2文（He describes his …）および第3文（It was also …）にあるように，彼の寝室は，子どものポケットの中身のように独創的な遊びの道具であふれていた。この趣旨に最も近いのはAである。

⑵「ルービックは…ようにキューブに色を付けた」

A.「それぞれのキューブが最初の位置に戻るのが難しくなる」

B.「それぞれのキューブがどこに位置を変えたかが，よりわかりやすくなる」

C.「キューブがひねられた時に見るのがより楽しくなる」

第5段第2文（After he gave …）で彼がキューブに色を付けた目的が「キューブの動きを見やすくするため」だと述べられている。この趣旨に最も近いのはBである。

(3)「ルービックが玩具会社からセールスマンに選ばれた理由としては，…ことが最も可能性が高い」

A.「キューブが主に内気な子どもたちに売れそうであった」

B.「アメリカでキューブの創作者に売ってほしかった」

C.「彼がキューブの動き方について詳細な知識を持っていた」

第8段最終文（He was not …）の後半部分参照。「会社はパズルが解答可能なものであることを誰かに示してもらう必要があった」とある。つまり，キューブのことがよくわかっていて，バラバラになったキューブをもとの状態に戻せる人物として彼を選んだのである。よって最も適切なものはCである。

(4)「ルービックが世界中で有名になるとすぐに，…」

A.「彼について事実に反する情報が広まった」

B.「彼がキューブを創作した経緯についての真実の話が広まった」

C.「研究によって流動的なキューブの幾何学（形状）が説明された」

第12段第1文（Rumors began to …）および第2文（Neither was true.）参照。彼についてのうわさが広まり始めたが，それは真実ではなかったと述べられている。これに合致しているのはAである。

(5)「ルービックキューブが成功した後，…」

A.「それ（キューブ）は彼にとって刑務所の独房のようなものになった」

B.「彼はもはやその玩具が売れてほしいと思わなかった」

C.「彼は自分が稼いだお金を享受することができた」

第12段第3文（He started to …）に，「彼は自分の創作に閉じ込められていると感じるようになった」とある。Aの趣旨はこの部分にほぼ合致していると言える。よってAが正解。

(6)「1980年代および1990年代に，キューブは…」

A.「元のデザインを失って驚くほど流行した」

B.「製作がストップし，他の種類のパズルに転換された」

C.「ほとんど売れない状態から，再度大きな人気を博するようになった」

第13段第2文（In 1986, the …）および第14段第2文（In the 1990s,

…）参照。1980 年代に需要が落ちて売れなくなり，1990 年代に再発見さ
れブームが再発したことがわかる。この内容に合致しているのはＣである。
⑺「さらに最近になって，キューブのことを考えるとき，ルービックは
…」
Ａ．「形状の見直しがされることを希望している」
Ｂ．「異なった使い方について熟考している」
Ｃ．「デザイナーたちがさらに違った解決策を見つけるだろうと予測して
いる」

　最終段最終 2 文（"I see potentials … looking for that."）参照。「まだ使
われていない可能性を探している」とある。この趣旨に最も近いのはＢで
ある。

III　解答

A. ⑴—B　⑵—C　⑶—A　⑷—C　⑸—C　⑹—A
⑺—C　⑻—B　⑼—B　⑽—A
B. ⑴—C　⑵—B　⑶—A　⑷—C　⑸—A　⑹—A　⑺—B

◆全　訳◆
≪英国式の控えめ表現を理解する≫

　たいていの場合，英国人には愛国心があることを自慢する癖はない。実
際，愛国心も自慢も，不適切なものだと考えられているので，この 2 つの
罪悪の組み合わせは二重にイライラさせるのである。しかし，この法則に
は重要な例外が 1 つある。それはユーモア感覚，とりわけ皮肉を上手に使
えることに愛国心を持っているという点である。一般的な信念として，私
たちは他のどの国よりも上質で手の込んだ高度な技のユーモア感覚を持っ
ていると信じている。特に，他の国々は考え方がまったくもって退屈なく
らい平凡で，皮肉を理解したり鑑賞したりすることはできないと信じてい
る。私がインタビューした英国人のほぼ全員が，この信念に同意し，多く
の外国人もむしろ驚くべきことに，慎ましやかに同意したのだ。

　控えめに言うことは，独特で独立した種類のユーモアというよりも，一
種の皮肉である。それは非常に英国的な種類の皮肉でもある。もちろん，
控えめに言うことは，もっぱら英国的ユーモアに限定されるものでは決し
てない。この場合もまた，私たちは質よりもむしろ量の話をしているので
ある。ジョージ＝マイクスは，控えめに言うことは「単なる英国的な形態

のユーモアではなく，1つの生活様式である」と言った。英国人は間違いなく控えめな言い方を用いることで有名であるが，それは私たちがそれを発明したからでも他の誰よりもそれの使い方が上手いからでもなく，それを非常に多く使うからである。

　私たちが控えめな言い方を多用する理由は，見つけるのが難しいものではない。私たちが真面目さやしゃべりまくることや自慢することを厳に禁じているために，ほぼ絶え間なく控えめな言い方を用いることが必要なのである。禁じられた真剣さや不作法な感情や過度な熱意の兆候を少しでも見せる危険をおかすよりも，私たちは反対側に行って平静を装い無関心のポーカーフェイスを作るのである。控えめな表現の法則では，苦しい慢性の病気は「ちょっとした嫌なこと」，本当に恐ろしい体験は「うん，必ずしも自分が選ぼうとしたものではない」，息を飲むような美しい景色は「なかなかきれい」，際立った演技や業績は「悪くない」，恐ろしい残酷行為は「あまり利口ではない」と表現しなければならない。並外れて楽しいもの，人物，出来事は，別の文化では当然誇大な賞賛の対象になるだろうが，「ナイス」とか，あるいはもっと激しい承認が欲しいのであれば「とてもナイス」くらいで表現されることが非常に多い。

　言うまでもなく，英国式の控えめ表現は，外国からの多くの訪問者がまったくもって戸惑い，イライラさせると感じるもう1つの特色である。「私はわかりません」と，ある資料提供者は腹を立てて語った。「それで愉快になるのでしょうか？　そうであるならば，なぜ彼らは笑わないのでしょう——あるいは，少なくともにやりとしないのでしょうか？　まだあります。『悪くない』が『断然素晴らしい』という意味なのはどういう時で，単に『大丈夫』という意味なのはどういう時なのか，私たちはどうやって知ることになるのでしょうか？　彼らはなぜ思っていることをそのまま言えないのでしょうか？」

　これは英国人のユーモアに関する問題点である。それ（ユーモア）の多くは，おそらくは特に控えめな言い方がそれにあたるだろうが，実はあまりおかしくない——あるいは少なくともあからさまにはおかしくない，声を出して笑うほどのおかしさではない，異なる文化では絶対におかしくない。英国人ですら，控えめな表現が理解できるはずなのに，必ずしも控えめ表現で大笑いする訳ではない。せいぜい，タイミングの良い巧みな表現

の控えめな物言いが僅かな笑いを引き起こす程度である。しかし，それは確かに控えめ表現の要点の全てなのである。おかしいが，控えめな点でのみおかしいのだ。それはユーモアであるが，控え目で洗練された微妙な形態のユーモアなのである。

　英国人の控えめ表現を評価し，それを愉快だと思う外国人でも，それを自分で使うとなるとやはりかなりの困難を経験する。私の父親はイタリア人の友人について私に話をしてくれるのだが，その友人はできる限り英国式であろうと決心している——完璧な英語を話し，英国式の服を着て，英国風の食べ物を好むようにした。しかし，彼らは，英国人の控えめ表現だけは全く『する』ことができないと不満を漏らし，父に指導をせがんだ。ある時，彼らの1人が，地元のレストランで食べたひどい食事について，熱っぽく長々と説明していた——その食べ物は食べられるものではなく，その場所はうんざりするほど汚かった，サービスは信じられないくらい無作法であった，などなど。怒りのこもった長い話の後，「ああ」と父は言った。「じゃあ君はそこはお薦めしないんだね」

　「わかるかい？」イタリア人の友人は叫んだ。「それだよ！　どうやってそれをしているんだい？　どうすればそれをするやり方がわかるんだい？　どうすればそれをするタイミングがわかるんだい？」

　「自分ではわからないよ」と父は申し訳なさそうに言った。「説明できないね。ただやっているだけだよ。自然にやっていることなんだ」

　これが，英国式の控えめ表現に関するもう一方の問題である。それは規則なのだが，オックスフォード英語辞典第4版の『物事の通常のあるいは当たり前の状態』という意味の規則である——私たちはそれに従っていることに気づいていない。それは何らかの方法で私たちの脳内に接続されているのである。私たちは控えめ表現の使い方を教わるわけではない。私たちはそれを次第に身につけていくのだが，意識して努力するのではない。控えめ表現は，私たちの文化に深く埋め込まれていて，英国人の精神の一部になっているので，「自然に発生する」のである。

　外国人が控えめ表現を「会得する」のは難しい。なぜなら，それは事実上，私たち自身の慣習上のユーモアの規則に関するジョークだからである。私たちが，たとえば，恐ろしい苦痛に満ちたトラウマになるような経験を「あまり楽しくない」と説明する時には，私たちは遠慮の気持ちを働かせ

ているのだが，それをしている自分自身を（静かに）笑っているような誇
大なやり方なのである。私たちは自分自身をもじっているのだ。あらゆる
控えめ表現は英国人らしさについてのちょっとした個人的ジョークなので
ある。

━━━━◀解　説▶━━━━

A. (1)「下線部①は何を示唆しているか」

　当該文の意味は「私がインタビューした英国人のほぼ全員が，この信念
に同意し，多くの外国人もむしろ驚くべきことに，慎ましやかに同意し
た」となる。つまり，英国人自身も外国人も，ともに「英国人はユーモア
感覚が優れている」という考えに同意しているということである。よって，
Bの「多くの人々が，英国人は特定の種類のユーモアに長けているという
ことに同意している」が最も適切である。A.「英国人と他国人は忠誠心
についての意見が異なる」　C.「英国人は世界で最も愛国的な国民に含ま
れる」

(2)「下線部②は何を示唆しているか」

　当該箇所の意味は「それ（控えめに言うこと）は1つの生活様式であ
る」となる。この表現は後続の文で「私たちがそれを発明したからでも他
の誰よりもそれの使い方が上手いからでもなく，それを非常に多く使うか
らである」と補足している。この趣旨に合致しているのは，Cの「その国
の国民は控えめ表現を習慣的に使っている」である。A.「ジョージ＝マ
イクスは控えめ表現の感覚が鋭い」　B.「控えめ表現には特別なユーモア
感覚が必要である」

(3)「下線部③において筆者が最も伝えたいことは何か」

　当該文の意味は，「禁じられた真剣さや不作法な興奮や過度な熱意の兆
候を少しでも見せる危険をおかすよりも，私たちは反対側に行って平静を
装い無関心のポーカーフェイスを作るのである」となる。筆者はこの文に
よって，英国人が控えめ表現を多用する理由を伝えようとしている。この
趣旨に最も近いのは，Aの「筆者が属している集団（英国人）が持ってい
る特有の態度」である。B.「筆者がよく知っている集団の解決しがたい
特徴」　C.「筆者の文化的集団の矛盾した性質」

(4)「下線部④に最も意味が近いのは次のどれか」

A.「少しやる気にさせると保証される」

B．「ほとんど賞賛に値しない」

C．「大きな賞賛の価値がある」

　当該箇所の意味は「大げさな賞賛に値する」となる。よってCが最も意味が近い。この文では，他国では賞賛の対象になるような事柄も，英国では控えめに表現されてしまうということを説明している。

⑸「下線部⑤において筆者が最も伝えたいことは何か」

　当該文の意味は「これは英国人のユーモアに関する問題点である」となるが，This が指しているのは，前段の最終文（Why can't they …）の内容「彼らはなぜ思っている事をそのまま言えないのか？」である。これに合致しているのは，Cの「英国人がユーモアを用いる時，はっきりと指摘しない」である。A．「英国式のユーモアは，それが使われる状況にほとんど適していない」　B．「英語を話す人々は必ずしもユーモアにうまく反応するわけではない」

⑹「下線部⑥に最も意味が近いのは次のどれか」

A．「上手に表現された」

B．「上手に倒置された」

C．「上手に配置された」

　well-turned は，「巧みに表現された」という意味なので，これに最も近いのはAである。当該文の意味は「せいぜい，タイミングの良い巧みな表現の控えめな物言いが僅かな笑いを引き起こす程度である」となる。

⑺「下線部⑦の具体例となり得るのは次のどれか」

A．「彼らは英国料理の中に新しい風味を見つける方法を身につけた」

B．「彼らは英国式のレシピを理解できるようになった」

C．「彼らは英国式の食事を楽しめるようになった」

　当該箇所の意味は「英国式の食べ物に対する好みを身につけた」となる。つまり英国の料理をおいしく食べられるようになった，ということである。この具体例として最も適切なのはCである。

⑻「下線部⑧は何を指しているか」

　当該文は「どうやってそれをしてるんだい？」という意味であるが，that は筆者の父親が「じゃあ君はそこはお薦めしないんだね」と，あまり過激でない表現を使ったことを指している。よってBの「機知に富んだコメントを言うこと」が正解。A．「質問すること」　C．「レストランを

推薦すること」

(9)「下線部⑨は何を示唆しているか」

　当該箇所の意味は，「それは何らかの方法で私たちの脳内に接続されている」となる。つまり，控えめ表現は，生まれてから身につくものではなく，先天的に備わっているものであるという意味である。この趣旨に最も近いのは，Bの「英国人がそのように振る舞う（控えめ表現を用いる）のは自然なことである」である。A．「英国人のユーモアを分析する方法はない」　C．「英国人の脳は法則に基づいたコンピューターのようなものである」

(10)「下線部⑩は実はどういう意味か」

A．「表現にわざとおかしさや皮肉の要素を加えている」

B．「自制心を行使して，時々大げさな表現を使っている」

C．「会話の中の滑稽な面をできる限りはっきりと伝えている」

　当該部分は「自分自身をパロディ化している（もじっている）」という意味で，敢えて控えめな表現を使って自分自身を笑っているのである。この趣旨に最も近いのはAである。

B．(1)「第1段の主要な目的は…ことである」

A．「英国人の性質を他国の人と比較する」

B．「英国人が抱いている罪の意識の問題を提起する」

C．「英国人の一般的な国民性を紹介する」

　同段第3文（The popular belief …）にあるように，この段落では，英国人がユーモア感覚に関して自信を持っているという国民性が述べられている。よってこの段落の目的と言えるのはCである。

(2)「英国人が控えめな表現を使う理由の1つは，…ということである」

A．「この国では控えめな性格が好感を持たれる」

B．「物事を誇示するのを避けたいと思っている」

C．「他人とのいざこざに関わりたくない」

　英国人が控えめ表現を使う理由は，第3段第1文（The reasons for …）の後半で「真面目さやしゃべりまくることや自慢することを厳に禁じているために」と説明されている。この理由に最も近いのはBである。

(3)「"The reasons for"で始まる第3段で，筆者は，控えめ表現は誰かが…のに役立つと主張している」

Ａ．「与えられた状況に過剰に反応することを防ぐ」

Ｂ．「人が言っていることの隠された意味を明らかにする」

Ｃ．「不愉快な体験をより楽しい感じにする」

　同段第 2 文（Rather than risk …）にあるように，英国人は「不作法な感情や過度な熱意の兆候を少しでも見せる危険をおかすよりも，反対に平静を装う」とある。つまり過剰な反応を避けようという意識が，彼らに控えめな表現をさせるのである。よってＡが最も適切である。

⑷「"This is" で始まる第 5 段で，筆者は…と主張している」

Ａ．「控えめ表現は，最初感じられるほどにはユーモラスではない」

Ｂ．「控えめ表現を用いる人たちは，そのおかしみをほとんど理解できないことが多い」

Ｃ．「控えめ表現の魅力は，含まれているユーモアが乏しい点である」

　同段第 4 文（At best, …）で，「せいぜい，タイミングの良い巧みな表現の控えめな物言いが僅かな笑いを引き起こす程度である」と述べられているように，控えめ表現は大笑いするほどのユーモアを含んでいないのが特徴である。この趣旨に最も近いのはＣである。

⑸「"Even those foreigners" で始まる第 6 段は，外国人が…ということを示唆している」

Ａ．「英国式の控えめ表現を模写するのは難しいと考えている」

Ｂ．「結局は英国式の控えめ表現を何とかマスターできるかもしれない」

Ｃ．「英国式の控えめ表現を使うことをあきらめている」

　同段第 1 文参照。「それ（控えめ表現）を自分で使うとなると，やはりかなりの困難を経験する」とある。つまり外国人が英国人のように控えめ表現を使うのは難しいと述べているのである。この趣旨に合致しているのはＡである。

⑹「この文章によると，サハラ砂漠を訪れた英国人が言うかもしれないことは，…である」

Ａ．「私の好みとしては，この場所はちょっと暑すぎるかな」

Ｂ．「こんな暑い場所を訪れたのはこれが初めてだ」

Ｃ．「自分がどれだけ熱に強いか，誇りに思っています」

　筆者の主張によれば，英国人なら控えめな表現を用いるはずである。世界最大の砂漠に対して控えめな言い方をしているのはＡである。

(7)「この文章に対する最適な表題は…である」

A.「英語の中の暗黙のユーモア」

B.「英国式の控えめ表現を理解すること」

C.「英国式のパロディが持つ控えめなユーモア」

　何度もこの単語が出てくるように，この文のテーマは understatement「控えめ表現」である。ただし，控えめ表現の例を紹介するよりも，その理由や特性についての説明を加えて理解を促している。この趣旨に最も合致する表題はBである。

❖講　評

　2022年度も例年通り大問3題の出題であった。

　ⅠのAの会話文問題は，ジムで行う運動メニューについての日本人留学生と友人との会話という設定である。会話文問題では，当該部分の直前直後の表現が大きなヒントになる。Bの段落整序問題は，社会的証明と呼ばれる心理現象を扱った英文。Eの This second example やFの The term など，段落の冒頭部分が大きなヒントになっている。

　Ⅱの読解問題は，ルービックキューブの考案者を紹介している英文。ルービックキューブがどういうものであるかはほとんどの人が知っているだろうから，比較的取り組みやすい英文になっている。Aは単語を入れる空所補充問題。文法的に正解を導く設問も含まれている。Bは内容説明の英文を完成させる形式の設問。英文自体がわかりやすい内容になっているので，比較的早めに正解に到達できるだろう。

　Ⅲの読解問題は，英国人の国民性とも言える『控えめ表現』についての論説文。Ⅱの英文と比べると内容が硬いので，読み取るのに苦労するかもしれない。Aは下線部の意味や指示内容を問う問題。問われる場所が確定しているので，主にその前の部分をヒントにして解答していくことになるだろう。BはⅡの問題と同様に，内容説明英文の完成問題である。選択肢が3つしかないとは言え，やや難度の高い語句も含まれているので，時間をかけてじっくりと取り組みたい。

　全体的なレベルは標準的だが，Ⅲについては英文も設問もやや難である。日頃から分量の多い英文を読むことに慣れておく必要がある。

/////////////// · **memo** · ///////////////

教学社 刊行一覧

2025年版　大学赤本シリーズ

国公立大学（都道府県順）

374大学556点 全都道府県を網羅

全国の書店で取り扱っています。店頭にない場合は，お取り寄せができます。

1	北海道大学（文系−前期日程）
2	北海道大学（理系−前期日程）　医
3	北海道大学（後期日程）
4	旭川医科大学（医学部〈医学科〉）
5	小樽商科大学
6	帯広畜産大学
7	北海道教育大学
8	室蘭工業大学／北見工業大学
9	釧路公立大学
10	公立千歳科学技術大学
11	公立はこだて未来大学　総推
12	札幌医科大学（医学部）　医
13	弘前大学　医
14	岩手大学
15	岩手県立大学・盛岡短期大学部・宮古短期大学部
16	東北大学（文系−前期日程）
17	東北大学（理系−前期日程）　医
18	東北大学（後期日程）
19	宮城教育大学
20	宮城大学
21	秋田大学　医
22	秋田県立大学
23	国際教養大学　総推
24	山形大学　医
25	福島大学
26	会津大学
27	福島県立医科大学（医・保健科学部）　医
28	茨城大学（文系）
29	茨城大学（理系）
30	筑波大学（推薦入試）　医 総推
31	筑波大学（文系−前期日程）
32	筑波大学（理系−前期日程）　医
33	筑波大学（後期日程）
34	宇都宮大学
35	群馬大学　医
36	群馬県立女子大学
37	高崎経済大学
38	前橋工科大学
39	埼玉大学（文系）
40	埼玉大学（理系）
41	千葉大学（文系−前期日程）
42	千葉大学（理系−前期日程）　医
43	千葉大学（後期日程）　医
44	東京大学（文科）　DL
45	東京大学（理科）　DL
46	お茶の水女子大学
47	電気通信大学
48	東京外国語大学　DL
49	東京海洋大学
50	東京科学大学（旧 東京工業大学）
51	東京科学大学（旧 東京医科歯科大学）　医
52	東京学芸大学
53	東京藝術大学
54	東京農工大学
55	一橋大学（前期日程）
56	一橋大学（後期日程）
57	東京都立大学（文系）
58	東京都立大学（理系）
59	横浜国立大学（文系）
60	横浜国立大学（理系）
61	横浜市立大学（国際教養・国際商・理・データサイエンス・医〈看護〉学部）

62	横浜市立大学（医学部〈医学科〉）　医
63	新潟大学（人文・教育〈文系〉・法・経済科・医〈看護〉・創生学部）
64	新潟大学（教育〈理系〉・理・医〈看護を除く〉・歯・工・農学部）　医
65	新潟県立大学
66	富山大学（文系）
67	富山大学（理系）　医
68	富山県立大学
69	金沢大学（文系）
70	金沢大学（理系）　医
71	福井大学（教育〈看護〉・工・国際地域学部）
72	福井大学（医学部〈医学科〉）　医
73	福井県立大学
74	山梨大学（教育〈看護〉・工・生命環境学部）
75	山梨大学（医学部〈医学科〉）　医
76	都留文科大学
77	信州大学（文系−前期日程）
78	信州大学（理系−前期日程）　医
79	信州大学（後期日程）
80	公立諏訪東京理科大学　総推
81	岐阜大学（前期日程）　医
82	岐阜大学（後期日程）
83	岐阜薬科大学
84	静岡大学（前期日程）
85	静岡大学（後期日程）
86	浜松医科大学（医学部〈医学科〉）　医
87	静岡県立大学
88	静岡文化芸術大学
89	名古屋大学（文系）
90	名古屋大学（理系）　医
91	愛知教育大学
92	名古屋工業大学
93	愛知県立大学
94	名古屋市立大学（経済・人文社会・芸術工・看護・総合生命理・データサイエンス学部）
95	名古屋市立大学（医学部〈医学科〉）　医
96	名古屋市立大学（薬学部）
97	三重大学（人文・教育・医〈看護〉学部）
98	三重大学（医〈医〉・工・生物資源学部）　医
99	滋賀大学
100	滋賀医科大学（医学部〈医学科〉）　医
101	滋賀県立大学
102	京都大学（文系）
103	京都大学（理系）　医
104	京都教育大学
105	京都工芸繊維大学
106	京都府立大学
107	京都府立医科大学（医学部〈医学科〉）　医
108	大阪大学（文系）　DL
109	大阪大学（理系）　医
110	大阪大学（後期日程）
111	大阪公立大学（現代システム科学域〈文系〉・文・法・経済・商・看護・生活科〈居住環境・人間福祉〉学部−前期日程）
112	大阪公立大学（現代システム科学域〈理系〉・理・工・農・獣医・医・生活科〈食栄養〉学部−前期日程）　医
113	大阪公立大学（中期日程）
114	大阪公立大学（後期日程）
115	神戸大学（文系−前期日程）
116	神戸大学（理系−前期日程）　医

117	神戸大学（後期日程）
118	神戸市外国語大学　DL
119	兵庫県立大学（国際経済・社会情報科・看護学部）
120	兵庫県立大学（工・理・環境人間学部）
121	奈良教育大学／奈良県立大学
122	奈良女子大学
123	奈良県立医科大学（医学部〈医学科〉）　医
124	和歌山大学
125	和歌山県立医科大学（医・薬学部）　医
126	鳥取大学　医
127	公立鳥取環境大学
128	島根大学　医
129	岡山大学（文系）
130	岡山大学（理系）　医
131	岡山県立大学
132	広島大学（文系−前期日程）
133	広島大学（理系−前期日程）　医
134	広島大学（後期日程）
135	尾道市立大学　総推
136	県立広島大学
137	広島市立大学
138	福山市立大学　総推
139	山口大学（人文・教育〈文系〉・経済・医〈看護〉・国際総合科学部）
140	山口大学（教育〈理系〉・理・医〈看護を除く〉・工・農・共同獣医学部）　医
141	山陽小野田市立山口東京理科大学　総推
142	下関市立大学／山口県立大学
143	周南公立大学　新 総推
144	徳島大学　医
145	香川大学　医
146	愛媛大学　医
147	高知大学　医
148	高知工科大学
149	九州大学（文系−前期日程）
150	九州大学（理系−前期日程）　医
151	九州大学（後期日程）
152	九州工業大学
153	福岡教育大学
154	北九州市立大学
155	九州歯科大学
156	福岡県立大学／福岡女子大学
157	佐賀大学　医
158	長崎大学（多文化社会・教育〈文系〉・経済・医〈保健〉・環境科〈文系〉学部）
159	長崎大学（教育〈理系〉・医〈医〉・歯・薬・情報データ科・工・環境科〈理系〉・水産学部）　医
160	長崎県立大学　総推
161	熊本大学（文・教育・法・医〈看護〉学部・情報融合学環〈文系型〉）
162	熊本大学（理・医〈看護を除く〉・薬・工学部・情報融合学環〈理系型〉）　医
163	熊本県立大学
164	大分大学（教育・経済・医〈看護〉・理工・福祉健康科学部）
165	大分大学（医学部〈医・先進医療科学科〉）　医
166	宮崎大学（教育・医〈看護〉・工・農・地域資源創成学部）
167	宮崎大学（医学部〈医学科〉）　医
168	鹿児島大学（文系）
169	鹿児島大学（理系）　医
170	琉球大学　医

私立大学①

2025年版　大学赤本シリーズ

私立大学③

医 医学部医学科を含む
総推 総合型選抜または学校推薦型選抜を含む
DL リスニング音声配信　新 2024年 新刊・復刊

掲載している入試の種類や試験科目、収載年数などはそれぞれ異なります。詳細については、それぞれの本の目次や赤本ウェブサイトでご確認ください。

akahon.net
赤本 [検索]

難関校過去問シリーズ

出題形式別・分野別に収録した
「入試問題事典」
20大学 73点
定価2,310~2,640円(本体2,100~2,400円)

先輩合格者はこう使った!
「難関校過去問シリーズの使い方」

61年,全部載せ!
要約演習で、総合力を鍛える
東大の英語 要約問題 UNLIMITED

国公立大学

私立大学

DL リスニング音声配信
新 2024年 新刊
改 2024年 改訂

いつも受験生のそばに──赤本

大学入試シリーズ＋α
入試対策も共通テスト対策も赤本で

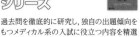